VemPraRua

ROGERIO CHEQUER E COLIN BUTTERFIELD

VemPraRua

© 2016 - Rogerio Chequer e Colin Butterfield
Direitos em língua portuguesa para o Brasil:
Matrix Editora
www.matrixeditora.com.br

Diretor editorial
Paulo Tadeu

Revisão
Silvia Parollo
Maria A. Medeiros

Capa
Caio Caetano e Evandro Truzzi

CIP-BRASIL – CATALOGAÇÃO NA PUBLICAÇÃO
SINDICATO NACIONAL DOS EDITORES DE LIVROS, RJ

Chequer, Rogerio
Vem Pra Rua / Rogerio Chequer, Colin Butterfield. - 1. ed. - São Paulo: Matrix, 2016.
292 p.: il.; 23 cm.

Inclui índice
ISBN 978-85-8230-278-1

1. Brasil - Política e governo. 2. Brasil - Política econômica. I. Butterfield, Colin. II.
Título.
16-35243

CDD: 320.981
CDU: 32(81)

*Este livro é dedicado a todos
os jovens que mudarão o Brasil.*

Sumário

CAPÍTULO 1
Os inconformados se encontram 9

CAPÍTULO 2
Fracassos em série 25

CAPÍTULO 3
Back to the basics 35

CAPÍTULO 4
Debates internos 75

CAPÍTULO 5
15 de março de 2015 91

CAPÍTULO 6
O longo caminho até o impeachment 113

CAPÍTULO 7
13 de março de 2016...143

CAPÍTULO 8
Os bastidores do impeachment...159

CAPÍTULO 9
Uma luz em Curitiba...187

CAPÍTULO 10
Mudança no protagonismo 203

CAPÍTULO 11
Crise de representatividade 223

CAPÍTULO 12
Liderança voluntária x corporativa 241

CAPÍTULO 13
A história de amanhã 259

CAPÍTULO I

Os inconformados se encontram

O que leva um empresário e um executivo a protagonizar um embate contra a corrupção e o governo federal de seu país? Mais que isso, a convidar praticamente toda sua rede de relacionamentos – conhecidos, amigos e familiares –, que compreende centenas de pessoas, a se expor com eles nas ruas, nas mídias sociais e diante da imprensa tradicional? O que leva duas pessoas que tiveram excelentes oportunidades de formação educacional e que poderiam simplesmente fazer suas malas e procurar um lugar melhor para viver a esbravejar por um país mais honesto em cima de um caminhão diante de milhões de pessoas?

"Tempo de sobra" certamente não é a resposta. Temos agendas ocupadas, a ponto de, não raro, deixarmos as pessoas mais queridas de nossas vidas, como familiares, namorada e amigos, chateadas pelo fato de o trabalho preencher 10, 12, 14 horas diárias.

"Necessidade" também não responde a essas perguntas. Temos condições de vida melhores que 99% da população brasileira. E, se ainda assim, considerarmos que viver aqui não está valendo a pena, podemos ir para qualquer outro lugar do mundo.

Tampouco é uma tentativa de "barganha" por meio da política, seja ela em benefício pessoal, seja corporativo. Executivos e empresários, em geral, não querem comprar briga com o governo – do qual, boa parte deles, depende de alguma forma. Não querem ter sua intimidade, empresarial e pessoal, investigada e exposta – até por uma questão de segurança. Em um país em que muitos têm tão pouco ou quase nada, e em que a violência se tornou corriqueira, não é exatamente sugerido dar a cara a tapa com megafones em rede nacional.

Mas nós estávamos indignados o bastante para, inicialmente, andar na contramão. Inicialmente. O que não esperávamos – embora buscássemos – era encontrar tantos outros indignados dispostos a tomar a mesma atitude. Indignados a ponto de topar fazer algo diferente do que haviam feito (ou deixado de fazer) ao longo da vida inteira. Indignados a ponto de se mexer e tomar a responsabilidade para si. Indignados que se tornaram inconformados e que se levantaram do confortável sofá em que assistem diariamente ao jornal para protagonizar o noticiário.

Vários motivos para deixar o Brasil

Por Colin Butterfield

Eu estava seriamente decidido a ir embora do Brasil. Era agosto de 2014 e eu articulava a maneira certa de me mudar para os Estados Unidos. Essa foi uma decisão difícil. Sou casado e tenho três filhos – de 9, 7 e 2 anos, no momento em que escrevia este livro. Naquela data, minha filha mais nova tinha 4 meses de idade. Além de toda a mobilização necessária para uma mudança dessa natureza, eu vivia também o dilema de deixar os amigos e familiares no Brasil. O relacionamento com as pessoas próximas era o que mais me segurava no país.

Sair do Brasil significava sair da minha zona de conforto. Isso não era um problema. Um indivíduo só evolui quando se desafia – e eu sempre gostei de desafios. Apresente-me um e é para lá que eu vou. Deixar o Brasil seria também uma maneira de oferecer uma educação melhor aos meus filhos.

O que pesava mais sobre minha decisão, no entanto, eram outros motivos. Especificamente, três: o primeiro era o esgotamento que eu sentia em relação a comportamentos que nós, brasileiros, temos e que nos levaram a uma situação catastrófica. Na minha opinião, nós sofremos de três males culturais crônicos: (1) a omissão; (2) o conformismo; e

(3) uma imensa falta de senso comunitário. O resultado desse tripé é o cenário político que tínhamos naquele momento: falta de engajamento da população e ausência de renovação política. Para dizer o mínimo.

Desde 2007 eu vinha percebendo e falando sobre uma crise fiscal que iria explodir o Brasil. Não havia saída! Era claro para mim que o PT estava levando o país em direção a um cataclismo fiscal. O governo expandia gastos e, em contrapartida, o país não estava crescendo para sustentar isso. Obviamente alguém pagaria a conta. Sem contar a sensação de raiva que sentia por pagar impostos equivalentes aos da Dinamarca e receber em troca serviços públicos equivalentes aos de Gana.

O segundo motivo que me levava a planejar deixar o país era o desejo de não precisar viver com a sensação que chamo de "redoma de vidro". Eu nasci no interior de São Paulo, na cidade de Marília (200 mil habitantes). Cresci a 140 quilômetros de lá, em Piacatu, uma cidade com 5 mil habitantes, localizada também no interior do estado. Meu pai é agricultor, então passei a infância em uma fazenda. Eu brincava o dia todo na rua com os meus amigos. E hoje não posso oferecer a mesma liberdade aos meus filhos. Minha porta é blindada. Não porque eu quis, mas porque o apartamento já era assim quando me mudei. Eu dirijo dois carros blindados. Meus filhos são levados à escola por seguranças. Depois da aula, são conduzidos às suas atividades em carro blindado. Tudo isso porque, quando você tem uma carreira de sucesso no Brasil, como felizmente é o meu caso, automaticamente começa a ter exposição e, consequentemente, tem que se proteger. Isso é um horror. Entristece-me brutalmente.

Morei três vezes nos Estados Unidos para estudar. A primeira foi num programa de intercâmbio. Mais tarde, cursei Engenharia de Produção na Universidade de Boston e MBA na Universidade de Dartmouth. Fui bolsista da Fundação Estudar. Trabalhei em um banco de investimentos nos anos 1990. Fundei com amigos um site de viagens, hoje conhecido, e fui diretor e presidente de grandes empresas. Sempre tive família na Suíça, então, desde a infância, costumava visitar o país. Nunca vou esquecer certa vez, quando eu tinha 8 anos. Estava em um tram (transporte público elétrico, comum na Suíça, semelhante ao bonde), em companhia de um tio. Ele me cutucou e apontou um homem, que estava sentado lendo o jornal:

– Colin, você está vendo aquele senhor sentado ali?

– Estou, claro.

– Sabe quem ele é?

– Não.

– É o presidente da Suíça. Ele está indo para o trabalho.

Essa imagem incrível está comigo até hoje.

O terceiro motivo que me levou a querer sair do Brasil foi justamente a corrupção e a impunidade. Ou seja, a distância entre aquela realidade representada pela cena que vi na infância e a realidade que vivemos no Brasil. Quando vi o tamanho do rombo do governo daqui, fruto da corrupção, atrelado ao sofrimento do nosso povo, comecei a ficar absolutamente mal e deprimido. Eu pensava: "Gente, como nós, brasileiros, toleramos isso? Como não fazemos nada?". Aquilo me deixava louco.

Eu tentava fazer minha parte. Há cerca de cinco anos, fui jantar num restaurante e, ao entrar, vi um político do PP, que já foi condenado por corrupção, com a família. Falei bem alto:

– Desculpe, mas não janto em lugares frequentados por essa corja – e fui embora.

Quando uma de minhas filhas nasceu, no quarto ao lado da mesma maternidade nascia o filho de outro político acusado de corrupção, este do PMDB. Quando chegavam visitas, eu saía no corredor e gritava:

– Entra rápido, que tem muito bandido aqui neste corredor.

Faço isso porque, para mim, é um absurdo as pessoas não manifestarem sua indignação na frente de quem usa dinheiro público para benefício próprio. Esses políticos precisam se sentir mal ao sair na rua. Não podem ficar na total impunidade no Brasil.

Em junho de 2013, eu participei das manifestações populares contra o governo. Fiquei fascinado com o que estava acontecendo e muito curioso em ver as reais motivações dessas saídas espontâneas. Estava esperançoso de que o povo tivesse acordado, que aquilo seria o início de uma mudança profunda no país. Porém, poucas semanas depois, para minha tristeza, vi que aquele fervor era apenas momentâneo e foi passageiro.

Efeito Lava Jato

Eu falava justamente sobre isso com meu amigo José Carlos* em um almoço, em junho de 2014. Naquele momento, o que não faltavam eram temas atuais para sustentar meu inconformismo. Os problemas na economia já davam sinais claros. Não se tratava mais de algo que iria explodir, como eu avaliara anos antes. Era chegada a hora da explosão.

A inflação estava em alta no Brasil. O PIB estava derretendo: 0,2% naquele primeiro trimestre, segundo o IBGE. A situação ficaria ainda mais crítica sob a luz da Operação Lava Jato, que apura esquemas de corrupção na Petrobras e outras estatais, deflagrada em 17 de março de 2014. Em 20 de março, o engenheiro Paulo Roberto Costa, ex-diretor de Abastecimento da Petrobras, fora preso. A partir de então, começava a se desenrolar o novelo da corrupção na estatal. Em junho, a operação iniciava sua quarta fase.

Aquele não era o primeiro escândalo envolvendo a Petrobras. Em 2013, o Tribunal de Contas da União (TCU) começou a investigar a supervalorização na compra da refinaria de Pasadena – e o assunto continuava na mídia no ano seguinte. Com esses fatos no pano de fundo, em 12 de junho de 2014 Dilma foi vaiada na abertura da Copa do Mundo. A cena teve grande repercussão da imprensa.

Eu manifestava minha indignação diante de tudo isso. Principalmente diante da paralisia da sociedade. Contei ao José que estava decidido e triste por uma decisão praticamente certa: ir embora do Brasil. Depois do almoço, ele me acompanhou em uma curta caminhada até o meu escritório. No percurso, comentou:

– Colin, preciso te apresentar um amigo. Não sei por quê. Mas vocês vão se dar bem.

Não entendi bem sua motivação. Ele nunca havia me apresentado ninguém – nem o fez novamente desde então. Mas não falei nada sobre isso. Apenas perguntei o nome do amigo. "Rogerio Chequer", ele respondeu.

É para ele que eu passo a palavra agora.

---

* José Carlos é um nome fictício, utilizado para proteger sua real identidade.

Um motivo para ficar no Brasil

Por Rogerio Chequer

Para mim, tudo começou no dia 11 de janeiro de 2014, quando meu amigo José Antônio completou 62 anos. Para comemorar, o Zé fez uma festa na casa de um amigo, no Butantã, bairro de classe média na zona oeste de São Paulo. Por insistência de outros amigos meus, Marcos e Cadu, fomos para a festa de bicicleta. Bicicletas, por algum motivo, permeiam esta história.

Chegando lá, as pessoas começaram a reclamar do governo. Naquela época, esse tipo de conversa era recorrente. Até que, de repente, entrei em transe. Isto é, fiquei totalmente focado nos meus pensamentos, desligado do exterior. Comecei a ter um intenso diálogo interno que beirava a euforia.

"Nossa, está todo mundo bravo com o governo. O nível de indignação é o maior da minha geração. Todo mundo só reclama ao meu redor... Opa! Temos eleições em 11 meses. Quais são as projeções das pesquisas? Dilma vence no primeiro turno. Uma coisa é ganhar as eleições, outra é ganhar as eleições em primeiro turno. Ganhar em primeiro turno é ter a chancela da população para continuar governando da mesma forma que estava fazendo."

A essa altura já dava para ver que o desastre estava próximo. A catastrófica política econômica dos governos lulopetistas explodiria em forma de desemprego, em recessão. No entanto, Dilma aparecia, em pesquisas, como a provável vencedora em primeiro turno. Em 14 de outubro de 2013, um levantamento do Datafolha mostrava Dilma na frente de todos os, até então, principais pré--candidatos: José Serra e Aécio Neves, ambos do PSDB – Aécio ainda não tinha a relevância que ganhou mais à frente na corrida eleitoral –, Marina Silva e o ex--governador pernambucano Eduardo Campos, ambos do PSB (Campos morreria meses depois, em agosto, no meio da campanha). Ponderando essas informações, continuei a pensar rapidamente, totalmente desconectado das pessoas ao redor, que iam, vinham, falavam, comiam, bebiam, sem que eu tomasse conhecimento de quem fazia o quê.

"Temos uma enorme dicotomia: de um lado, é o maior nível de indignação da minha geração. De outro, é um governo que está projetado para vencer no primeiro turno, chancelado pela população como estando fazendo as *coisas certas. Espera aí. Existe um enorme gap entre um extremo e o outro. Precisamos fazer alguma coisa. E precisa ser rápido, pois temos apenas nove meses. Mas o quê?".*

No instante em que fiz essa pergunta para mim mesmo, e tomei consciência de sua urgência, uma imagem que eu nem sabia que havia guardado voltou à minha mente. Lembrei-me de um gráfico que havia visto no jornal O Estado de S. Paulo no ano anterior. O gráfico, que foi publicado no fim de junho de 2013 – logo após as manifestações daquele ano que tiveram início com o Movimento Passe Livre –, mostrava que o índice de aprovação da Dilma havia caído 35% – de 65%, entre 20 e 21 de março, para 30%, entre 27 e 28 de junho.

No dia 29 de junho de 2013, o Instituto Datafolha noticiou: "A avaliação positiva do governo da presidente Dilma Rousseff (PT) caiu 27 pontos em três semanas – período que coincide com a onda de protestos pelo país – e atingiu seu menor patamar desde o início do mandato. São 30% os brasileiros que consideram a gestão da petista ótima ou boa atualmente, ante 57% na primeira semana de junho. O índice de avaliação positiva obtido por Dilma neste momento representa menos da metade do que ela havia obtido em março deste ano, quando teve maior aprovação (65%)".

Sou engenheiro de formação. Trabalhei por 18 anos no mercado financeiro. Isso explica a minha abordagem diante daqueles dados, vivíssimos na minha cabeça: "Pera aí... Em três semanas dá para diminuir o índice de aprovação de 57% para 30%? São 27 pontos percentuais em um eleitorado de 140 milhões de pessoas. Então... são quase 40 milhões de eleitores! No máximo, 1 milhão de pessoas foram às ruas. Esse negócio de ir pra rua tem um poder muito grande! Para mudar o cenário atual, portanto, a rua pode ser um caminho. Vamos levar as pessoas para a rua! Mas temos que ser rápidos".

Nesse ponto, voltei a prestar atenção na festa do Zé. Olhei ao redor, na tentativa de responder à minha pergunta. A primeira questão era: quem levar às ruas? A maioria presente era de profissionais liberais: advogados, jornalistas, médicos. "As pessoas que estão aqui conseguem chegar a qualquer outra pessoa do Brasil com dois graus de conhecimento. Ou seja, se não conhecerem alguém, conhecem quem conhece. Se ampliarmos a rede para além dessa festa, conheceremos gente ainda mais influente. Então, já* *é possível começar um movimento de rua." Mais importante foi a seguinte conclusão: "Se esse grupo de pessoas que teve o privilégio de ter acesso a uma boa educação, informação e mercado não tiver a iniciativa de começar um movimento desses, quem terá? Cabe a NÓS dar o primeiro passo". Pronto, o "quem" estava resolvido.*

Mas como? Estamos em 2014, temos mídias sociais em abundância. Nesse ano, o Facebook tinha 1,23 bilhão de usuários no mundo; 61,2 milhões no Brasil. O WhatsApp tinha 465 milhões de pessoas conectadas; 38 milhões no Brasil. Temos instrumentos tecnológicos hoje que não tínhamos dez anos atrás para criar um movimento como esse. Existe uma oportunidade aí.

Todo esse turbilhão de pensamentos e ideias deve ter durado entre dois e três minutos.

Voltei a interagir com as pessoas, mas minha mente estava monotemática. Só pensava nas ideias que acabavam de se encaixar na minha cabeça. Expliquei ao Cadu o que havia pensado. Estávamos falando sobre a situação do país quando o Rogerio soltou: "Será que a gente não podia fazer alguma coisa para mudar isso tudo?", lembra Cadu. Essa frase fez todo mundo que estava em volta pensar. E caiu como uma luva para as ideias que estavam na minha cabeça havia muito tempo. Começamos a debater o assunto, e já abordamos a importância de ser um movimento apartidário. Abrimos o tema da conversa para outras pessoas naquela festa, e a ideia estava plantada.

Nesse episódio – e em muitos outros que vieram a seguir – eu passei a reconhecer a importância de ter um interlocutor que escuta sua ideia e fala "tá bom", "pode ser", ou outra frase que, mesmo sem a intenção clara, alimenta seu discurso, faz com que você continue. Se o Cadu tivesse falado: "Que besteira!", talvez eu olhasse para meus pensamentos com um ceticismo fatal. Felizmente não foi o que aconteceu.

Cidadania no Brasil?

Até os 45 anos de idade eu não tive nenhuma participação cívica ou política. Não tenho orgulho disso – tenho vergonha, na verdade. Em 1997, aos 29 anos, eu trabalhava no mercado financeiro. Fui para os Estados Unidos para ficar seis meses, mas acabei ficando 15 anos.Criei fundos de investimento e trabalhei como administrador nessa área. Como investidor, cheguei a analisar a macroeconomia de 33 países emergentes. Simultaneamente, era sócio da SOAP (State of the Art Presentations), empresa que atua na preparação de executivos para momentos corporativos decisivos desde 2003. Abri a filial norte-americana da empresa brasileira em 2010. Voltei para o Brasil em julho de 2012.

Durante esse período, sempre tive a certeza de que voltaria para o Brasil. Nunca passou pela minha cabeça que eu moraria fora para sempre. Era uma questão de feeling. Eu sabia que pertencia ao Brasil, que minha felicidade, de alguma forma, estava aqui e não lá. Nesse período em que morei nos Estados Unidos, um dos aspectos que mais me chamavam a atenção era o engajamento das pessoas com cidadania, civismo, o senso de comunidade, a consciência do outro. Por que não temos isso no Brasil? Por que, fora dos períodos de Copa do Mundo, não vemos ninguém carregando a bandeira do Brasil? Por que não colocamos, como lá, as bandeiras na frente de nossas casas? Mais importante, por que assistimos a condutas políticas abomináveis sem nada fazer? Enquanto morei fora, me perguntava por que não poderíamos ter, no Brasil, engajamento cívico e exercício de cidadania.

Eu consigo enfrentar com razoável equilíbrio emocional qualquer notícia ruim sobre a política brasileira. Mas, se tem algo que me incomoda, é ouvir as pessoas dizendo que querem morar fora do país. Eu aceito qualquer comentário, qualquer notícia de corrupção do governo, falhas do Estado, da estrutura de representatividade, de desvio de dinheiro. Isso não me deprime. Porém, quando escuto de alguém que está deixando o Brasil, não fico legal. Porque o país investe no jovem e, depois dos 25 anos, a pessoa começa a produzir para o país. Ou seja, retorna ao país o que o país investiu nele. Começamos a fazer isso com real eficiência, geralmente, quando mais velhos. E quando alguém nessa fase, qualificado, com talento, preparado, vai embora, não significa menos uma pessoa no Brasil. São menos duas pessoas. Porque vivemos em um mundo competitivo. Um profissional competente que sai do Brasil vai produzir para outro país. O Brasil perde um talento, e o outro país ganha um talento. Ficamos duas pessoas atrás. Isso me incomoda.

Chega de reclamar

Depois da festa do Zé, continuei conversando sobre a ideia de organizar um movimento de rua com o Cadu, que estava sem trabalho e, portanto, tinha mais tempo para se dedicar ao projeto. Nessa época, eu trabalhava cerca de 12 horas por dia na minha empresa. Mesmo assim, passava algumas madrugadas conversando sobre esse assunto.

O Cadu e eu estávamos de acordo que o ponto de partida seriam as mídias sociais. E a primeira coisa que se faz nesse ambiente é criar um perfil no Facebook. Nessa fase, nos deparamos com um fenômeno interessante. Os primeiros nomes em que pensávamos para dar forma ao embrião do movimento já estavam todos tomados. Novo Brasil, Muda Brasil, Brasil Diferente, Chega e Basta foram algumas das nossas tentativas. A surpresa veio quando fomos investigar o que havia nesses perfis. Basicamente, notícias ruins. Em sua maioria, notícias ruins ligadas à política. Esses perfis nada mais faziam do que repetir o padrão de comportamento do brasileiro à época: reclamar e amplificar notícias ruins, sem fazer algo construtivo a respeito.

Eu andava especialmente interessado em observar o funcionamento desse padrão. Comecei a perceber o modus operandi das relações: indignação gera energia, e as pessoas usavam essa energia para reclamar. Reclamavam com amigos, compartilhavam notícias ruins no Facebook, extravasavam sua indignação de alguma forma, sempre estéril. Batizei esse comportamento de "flagelamento coletivo". Aos poucos, concluí que era preciso canalizar essa energia de indignação para as pessoas fazerem algo. Ou seja, transformá-la em uma ação construtiva, de mudança. E voltava à ideia inicial: o mote era ir para a rua.

Enquanto as ideias amadureciam, aprendi outro comportamento de massa. Depois que a aprovação da Dilma passou de 57% para 30% em três semanas, voltou para 42% ao longo de três meses. Conclusão: o efeito da rua é temporário. Tem prazo de validade. Então, deveríamos ir para as ruas às vésperas das eleições de outubro. Entendi que o timing tinha um papel muito importante. A partir de então, passei meses torcendo para não termos manifestações espontâneas, como aconteceu em 2013. Estava certo de que manifestações em julho, mês da Copa do Mundo no Brasil, seriam um desastre para essa estratégia que estávamos criando. As manifestações, na minha cabeça, teriam de ser em setembro. Não antes.

Discutia tudo isso com o Cadu, mas a ideia não decolava. O Cadu voltou a trabalhar. E eu não tive a disciplina de transformar as ideias em ação.

Conexão inesperada

Meu amigo José Carlos me ligou em um dia qualquer de junho de 2014. Não havíamos conversado ainda sobre essa ideia de ir pra rua. Ele sempre foi uma pessoa com quem eu conversava bastante. Moramos nos Estados Unidos na mesma época e costumávamos nos encontrar toda quinta-feira, em uma espécie de confraria, em que trocávamos ideias riquíssimas sobre a vida. Confesso que estranhei o assunto de seu telefonema:

– Chequer, preciso te apresentar um amigo.

Ele era a única pessoa que me chamava pelo sobrenome. Meus amigos e familiares sempre me chamaram de Roger. Mas não foi isso que me chamou a atenção. Estranhei o conteúdo da conversa. Ele nunca havia me ligado para apresentar alguém.

– Tá bom, respondi. Mas por quê?

– Ah, eu acho que vocês têm a ver.

"Talvez eu nunca tenha apresentado alguém para eles antes", disse, mais tarde, José Carlos, "mas sou uma pessoa que gosta de conexões. No caso do Chequer e do Colin, eles são pessoas que gostam de filosofar, de aprofundar. Eu tenho bastante esse tipo de conversa com meus amigos, mas esses dois são muito especiais no sentido de curiosidade intelectual. Foi só por isso que pensei em apresentá-los. Não teve mais nada".

A chance de um encontro desses não acontecer é gigante, porque nós três somos muito ocupados com nossos trabalhos. Ficamos tentando organizar naquele mês mesmo. Não conseguimos. Vieram as férias de julho. Retomamos em agosto e, finalmente, numa terça-feira de agosto, marcamos um almoço.

O embrião de um grande movimento

No restaurante, fomos apresentados pelo José Carlos e, rápida e naturalmente, começamos a falar da situação político-econômica do Brasil.

– Não vai ter renovação política, mas precisava ter! Precisamos de alternância de poder. Não dá para ter o PT por mais quatro anos. Eles acabaram com o nosso país.

Estávamos concordando. Até que...

– Infelizmente, eu não aguento mais. Vou embora do Brasil – disse Colin.

– Espera aí! – respondi impulsivamente, diante da perspectiva de mais uma perda de talento no Brasil. – Eu tenho uma ideia que pode mudar a situação. Vou te contar uma história.

E contei ao Colin a ideia que tivera nove meses antes. Nessa época, as pesquisas já apontavam para a possibilidade de haver segundo turno nas eleições presidenciais. O cenário começava a mudar. Aécio Neves ganhou uma relevância inesperada. Em 7 de agosto, o Ibope publicou, em seu site, que uma pesquisa atribuía 38% das intenções de voto a Dilma e 23% a Aécio – contra os 6% que ele apresentava em março do mesmo ano.

Ao ouvir minha ideia de levar as pessoas às ruas, Colin contou que já havia tido uma experiência nessa seara em 2007. Naquele ano havia caído um avião da TAM. E ele não se conformava com "o governo se posicionando como se fosse tudo culpa do piloto, omitindo a gravidade do acidente". Indignado com a situação, Colin escreveu um longo e-mail, enviado a cerca de 150 conhecidos. A mensagem tinha como fio condutor o seguinte recado: "Até quando vamos tolerar esses desmandos do governo?". E sugeria que as pessoas fizessem uma marcha pacífica em protesto à postura do governo. O ponto de encontro seria no Obelisco, monumento próximo ao Parque do Ibirapuera, zona sul da cidade de São Paulo. Dali marchariam em direção ao aeroporto de Congonhas.

O e-mail viralizou, em uma época em que ainda não se usava tão frequentemente a palavra "viralizar", conjugada como verbo, como se usa hoje para definir imagens ou vídeos vistos por uma quantidade incontável de pessoas. Em 30 de julho de 2007, nada menos que 6 mil pessoas compareceram ao lugar indicado, segundo o jornal Folha de S.Paulo, *que noticiou o evento. Fiquei interessado na história do Colin.*

Apesar da boa conversa e da convergência de ideias, fomos embora apenas combinando de nos falar em breve. Não deixamos nada concreto como próximo passo. Voltamos cada um para o seu escritório.

No dia seguinte, uma quarta-feira, recebi um e-mail do Colin com um anexo. Tratava-se de um documento de PowerPoint minuciosamente elaborado. Abri o material e não acreditei no que vi. Ele havia colocado o título "Basta" e ali estavam, de maneira organizada, e com a cor laranja como tema, todas as ideias que havíamos discutido no almoço. Já apareciam ali as mídias sociais como o cerne do movimento que faríamos. O documento já abordava as ideias que hoje estão presentes no Vem Pra Rua, com frases como: "Onde todos os cidadãos incrédulos com a IMPUNIDADE e falta de AMOR CÍVICO de nossos POLÍTICOS possam expressar seu sentimento de consternação com a situação atual!"; "Demandamos uma nova postura política: fim do mau uso do nosso dinheiro, fim da corrupção e impunidade, fim do desrespeito ao cidadão (não queremos mais ser enganados e ignorados)".

"Eu saí daquele almoço e pensei muito", diz Colin. "Quando eu entro em algo, eu entro de verdade."

Confesso que fiquei impressionado com o que ele mandou. Ele organizou em bullets uma conversa informal. Fez uma ata elaborada do nosso almoço, da primeira vez que nos vimos. Aquilo me fez perceber o quanto ele é organizado, que é tudo que eu não sou. Eu sou extremamente desorganizado. Tanto que imprimi o papel e deixei no carro por alguns dias, na esperança de qualquer hora vê-lo com calma.

Naquela mesma semana fui buscar minha namorada para jantar. O documento do Colin estava no banco do passageiro. Tirei para ela sentar e o coloquei em seu colo. Ela começou a folhear. Disse a ela que era um PowerPoint que aquele "maluco" que eu tinha conhecido fez. Até que, quando paramos em um farol, notei que ela lia o papel a uma distância de dois dedos. Estranhei.

– Por que você está olhando assim tão de perto?

– Você viu que ele projetou o desenho da parte interna do bottom?

– Como assim? Que bottom?

Levei alguns segundos para entender. Colin não se limitou a documentar nossas ideias. Desenhou camiseta, boné e bottoms – frente e verso – com o tema do movimento. Aquilo me chamou muito a atenção. E, de certa forma, me empurrou a seguir adiante com a ideia. Afinal, ele havia realmente se dedicado à elaboração daquele documento. Concluí que ele era um obstinado, o parceiro ideal para mim. Marcamos uma reunião para o sábado seguinte.

O futuro é dos jovens?

Em 13 de agosto, o jato particular em que viajava o então governador de Recife e candidato à Presidência, Eduardo Campos, caiu em um bairro residencial da cidade de Santos, litoral sul do estado de São Paulo. Sua morte mexeu, mais uma vez, com as perspectivas políticas para as eleições presidenciais. Menos de uma semana depois da morte de Campos, Marina foi confirmada candidata. Em 26 de agosto, a Folha de S.Paulo *trouxe a manchete: "Marina venceria Dilma no segundo turno, mostra Ibope".*

As mudanças de expectativa em relação às eleições inflamavam nossas discussões, que avançavam. A primeira reunião com o Colin foi na casa do José Carlos. Levei Cadu, com quem compartilhara a ideia inicial naquela festa, seis meses antes. Começamos a pensar em como transformar aquelas inspirações em atitudes. "Na época, eu fiquei meio incomodado naquela reunião", diz José Carlos. "Eu queria ficar filosofando, e eles acertadamente queriam fazer alguma coisa concreta. Já entraram no 'modo ação', e eu não entrei. Participei, sim, mas da concepção." Depois daquele encontro, por razões pessoais, José Carlos não seguiu ativo no que tomou a forma de um movimento, mas esteve em todas as manifestações e é, até hoje, uma espécie de conselheiro para nós.

Naquele dia, porém, ele estava conosco quando definimos os primeiros passos. Concordamos rapidamente que era preciso convocar os jovens. Aquele era um movimento que nascia conosco, pessoas na faixa dos 45 anos. Porém, naturalmente seria levado adiante pelas novas gerações. Estava claro que não éramos nós que teríamos a capacidade de fazer o negócio andar. Afinal, somos executivos, temos ideias, algum dinheiro para bancá-las inicialmente, mas mobilizar as massas, acreditávamos, seria uma tarefa para os jovens.

Colin é mentor de estudantes de Administração do Insper (Instituto de Ensino Superior em Negócios, Economia e Engenharia), que fazem parte do Enactus (Entrepreneurial Action for Others Creates a Better World for Us All), uma organização sem fins lucrativos que reúne jovens interessados em liderar negócios sustentáveis. A ONG é internacional e está presente em diversas instituições de ensino do país e do mundo. Esses estudantes pareciam ser as pessoas ideais para abraçar nossas aspirações. Afinal, eram engajados em uma causa social e estudantes de uma das mais respeitadas escolas de Administração do país. Colin ligou para um dos alunos e, em poucos minutos, marcou uma reunião para a quinta-feira seguinte, em meados de agosto. "Temos 40 pessoas para quinta-feira!", disse.

Chegamos no dia marcado, munidos de uma apresentação em PowerPoint – já atualizada com as ideias que amadureciam. Encontramos a sala lotada. Havia aproximadamente 50 pessoas, sendo pelo menos 30 delas na faixa entre 20 e 25 anos. Estava claro: aquilo tinha tudo para dar certo.

CAPÍTULO 2

Fracassos em série

Chegamos ao Insper animadíssimos. Encontramos uma grande sala, daquelas em que as cadeiras sobem à sua frente, conhecidas como "estilo Harvard". Estava lotada de alunos que se interessaram pela chamada: traríamos uma proposta para exercer cidadania e mudar o destino do Brasil. Ninguém sabia dos detalhes.

Nossa empolgação misturava-se com uma apreensão positiva, diferente. Afinal de contas, estávamos acostumados a fazer apresentações corporativas em momentos decisivos, lidar com grandes públicos, enfrentar situações novas. A vida do Chequer, na verdade, é voltada justamente para essa situação. Mas aquela era uma situação mais do que nova – era muito peculiar. Estávamos prestes a tentar convencer um grupo de jovens a se juntar a nós para um objetivo específico: criar um grupo de trabalho para levar milhões de pessoas às ruas, no Brasil inteiro. Nenhum aspecto desse assunto era conhecido pelas pessoas daquela sala, incluindo nós mesmos. O pano de fundo da proposta – o exercício da cidadania – tocava num lado pouco explorado por nós, brasileiros. E o Brasil não tinha qualquer tradição, seja de exercício de cidadania, seja de grandes mobilizações sociais. Por isso, apesar de confiantes, carregávamos uma ansiedade de marinheiros de primeira viagem, acompanhada de uma enorme curiosidade.

Deu tudo errado. Naquele dia, diante de 50 pessoas no Insper, nós ainda não sabíamos disso. Tivemos alguns sinais, mas que não necessariamente eram ruins. O intenso questionamento dos jovens foi um deles. Passamos uma hora e meia em discussão e debate, o que consideramos muito rico. Ali entendemos por que precisávamos daquela geração: ela nos provocava e fazia pensar. As perguntas mais marcantes foram sobre a ideologia do movimento e sobre o que achávamos do PSDB. Era a primeira vez, de muitas que viriam mais tarde, que teríamos que explicar nossa postura, e o quanto ela era ou não partidária. Já, naquele momento, éramos suprapartidários, isto é, os participantes do movimento poderiam ser a favor de qualquer partido, mas o movimento não se vincularia a nenhum deles. É a mesma posição que mantemos até hoje.

Deixamos claro, desde o princípio, o objetivo central do nosso esforço: não reeleger Dilma. Queríamos alternância de poder. Queríamos que a população desse um sinal inequívoco de que não aceitaria mais aquele estilo de governo e aquela forma de conduzir o país. De que não aturaria mais as mentiras populistas, que só cresciam. Naquela época, o Estado agigantado, o consequente aumento de gastos públicos e os esquemas político-eleitorais que mantinham o *status quo* já demonstravam que a economia seria inevitavelmente afetada. Era uma questão de tempo.

Por outro lado, em agosto de 2014, estava igualmente claro que a derrocada na economia não viria antes das eleições presidenciais de outubro. Apesar do enfraquecimento da atividade econômica, sua magnitude ainda não era suficiente para expor a incompetência daquele governo a tempo de impedir a reeleição de Dilma. O governo maquiava a desaceleração usando o argumento pífio de uma crise global que não existia havia anos. O discurso repetitivo do ministro da Fazenda, Guido Mantega, aproveitava-se da falta de informação da maioria dos brasileiros, reflexo da deficiência educacional, para justificar a incompetência cada vez mais patente do governo.

Independentemente de quem viesse a seguir, acreditávamos que seria melhor do que aquele que tínhamos. Por isso, defendíamos que os eleitores votassem em quem quisessem – menos na então presidente, ou em branco.

O José Carlos participou do evento no Insper e fez também uma apresentação de improviso. Ele não lembra exatamente as palavras que falou para os jovens da plateia, mas recorda a emoção que sentiu ao convocá-los para uma luta pelo país. "Eu sou pragmático, não sou um megapatriota", diz José Carlos. "Mas me emocionei na hora que comecei a falar para eles. Foi uma mistura de raiva do que estava acontecendo no Brasil com uma pitada de esperança. Na hora em que você conecta essa esperança, vem uma emoção que não é comum. Quando me conecto com o brasileiro que tenho lá dentro, sinto o mesmo que senti quando fui intercambista e voltei para cá vestindo verde e amarelo. Quando me conecto a esse sentimento, é muito forte. Não cheguei a chorar enquanto falava no Insper, mas fiquei com a voz trêmula."

No entanto, ele não sentiu que a emoção era recíproca. Ficou marcada em sua memória a maneira como enxergou a reação das pessoas. "Eu pensei: como eles são frios. Foi uma decepção para mim."

Mesmo assim, estávamos certos de que eles – a nova geração – poderiam ser os responsáveis por dar vida às nossas intenções e aspirações. Estávamos dispostos a seguir seus conselhos de como atingir o maior número possível de pessoas para comunicar nosso propósito.

O primeiro conselho deles foi enfático: precisávamos fazer um vídeo para "viralizar". Esse era o ponto importante: viralizar. O nosso sonho naquele momento era levar 1 milhão de pessoas às ruas na véspera do segundo turno, para que a repercussão tivesse força suficiente para evitar a vitória de Dilma. Isso seguindo os cálculos estatísticos que havíamos feito com base nas manifestações de 2013 e seus impactos nas intenções de voto dos eleitores.

Depois daquela primeira conversa com a turma, fizemos outras reuniões das quais alguns dos estudantes participaram. Nelas, debatemos o plano de fazer o vídeo. Concluímos que deveríamos acatar. O tema central da gravação seria divulgar o Movimento Basta, como o havíamos batizado. E lançar o que chamamos de Desafio Basta. No vídeo, seria apresentada a ideia principal: dizer basta à corrupção e à impunidade. Depois, passaríamos a compartilhar no Facebook pequenos desafios na tentativa de incutir na rotina das pessoas práticas que dariam forma a um engajamento político. O primeiro Desafio Basta, postado no dia 28 de setembro, propunha: "Coloque uma foto no seu Facebook utilizando algo laranja: camiseta, boné, tênis, bermuda, chaveiro, o que quiser. Postamos nossa pulseira, símbolo do nosso movimento! Utilize também a hashtag

#desafiobasta dizendo que apoia o movimento, depois desafie mais três amigos a fazer o mesmo!".

A primeira tentativa de parar os corruptos

Tornar o vídeo do movimento realidade foi uma tarefa muito mais complexa – e cara – do que prevíamos. Juntamos as ideias dos jovens às nossas, contratamos uma produtora e decidimos fazer um *flash mob* na Avenida Paulista, o ponto mais alto e um dos mais emblemáticos de São Paulo. *Flash mob* é uma aglomeração de pessoas que se encontram e se dispersam rapidamente, em uma ação aparentemente inusitada, mas geralmente combinada por meio das redes sociais.

No vídeo, um jovem com um megafone incita as pessoas a sair da passividade diante do assustador cenário político. Diz frases como: "O Movimento Basta é totalmente apartidário. É totalmente pacífico. Com esse movimento vamos dizendo basta. Basta à corrupção. Basta à impunidade. Basta aos políticos fazendo o que querem enquanto a gente fica paralisada". As pessoas que passam param para ouvi-lo. Em seguida, há cenas de pessoas, carros e bicicletas andando rapidamente pela Avenida Paulista. De repente, a imagem parece congelar. Mas, na verdade, as pessoas apenas param o que estão fazendo no meio do movimento. Enquanto isso, pedestres reais vão e vêm sem entender o que está acontecendo. Aparece na tela a mensagem: "Até quando vamos continuar assim, paralisados? #Movimento Basta". Então, algumas pessoas vestidas de laranja passam distribuindo camisetas laranja a quem está parado e, à medida que as recebem, voltam a se movimentar vestindo a camisa. A ideia era mostrar que estava todo mundo indignado. Um encontra o outro na rua e é como se dissesse: "Você está cansado disso? Eu também estou". Ao final, o convite: "Sábado, 4 de outubro, o Brasil vai parar os corruptos" – 4 de outubro era a véspera do primeiro turno das eleições presidenciais.

Convidamos conhecidos e amigos para participar da filmagem. O dia escolhido foi um domingo. Contávamos até com um drone, veículo de filmagem aéreo, controlado remotamente, numa época em que drones eram uma grande novidade. José Carlos, o amigo que nos apresentou, também participou desse trabalho. "Eu chamava outras pessoas, mas confesso que estava reticente", conta ele, um ano depois, rindo. "Sabe quando você fala 'Vamos lá, vai ser megalegal', mas no fundo pensa 'Se não for, eu vou ficar com certa vergonha?'. É o tipo de coisa que envolve risco. Como uma pessoa cantar no dia do próprio casamento. Pode ser o mico do ano ou a melhor cerimônia de todas."

No fim das contas, o vídeo ficou bem-feito, bonito. Investimos R$ 30 mil na produção, que foi se sofisticando e encarecendo depois de já começada. Acreditávamos que essa seria nossa grande ferramenta para chamar a população às ruas, portanto não economizamos.

Um tiro no pé

A escolha da cor laranja como tema do movimento e, consequentemente, do vídeo, não foi aleatória. Nossa ideia era que as pessoas inconformadas com tudo o que estava acontecendo no governo, ao vestir uma cor ou um acessório específico, se destacassem na multidão, mostrando aos outros que havia mais gente sentindo o mesmo que elas. E, de um em um, começaria um movimento em massa. Só não sabíamos como fazer para destacar essas pessoas. Até que tivemos uma ideia: vestir uma cor diferente. Mas que cor? Pensamos um pouco e concluímos que pouca gente usa laranja no dia a dia. Experimente olhar em volta quando estiver em um lugar público para confirmar nossa tese. Pronto, estava decidido. O laranja seria o destaque que conferiria identidade ao Movimento Basta.

Finalmente, postamos o vídeo no YouTube em 10 de setembro de 2014, a pouco menos de um mês das eleições do primeiro turno. Esperamos os comentários ansiosíssimos, na frente do computador.

Logo entrou o primeiro: "Petistas!", dizia alguém.

Olhamos um para a cara do outro sem entender o que levou aquela pessoa a nos confundir exatamente com o partido que queríamos tirar do poder. Não deu tempo de pensar muito sobre o tema porque logo entrou o segundo comentário: "Petistas DISFARÇADOS!!!".

Hã!?

Não era possível. Assistimos ao vídeo mais uma vez. E a ficha caiu. Na pós-produção, o laranja ficou avermelhado. E vermelho é a cor do PT. Outros comentários seguiram a mesma linha. Um ano e meio depois, esse vídeo tem cerca de 23 mil visualizações. Só como base comparativa, atualmente é normal um vídeo postado no Facebook do Vem Pra Rua chegar a centenas de milhares de visualizações em horas ou dias. Não poderia ter sido pior. O vídeo foi um retumbante fracasso.

Eu vou!

A turma de jovens também não se sustentou. Fizemos alguns encontros com eles, mas o número de estudantes diminuía a cada reunião. Na segunda vez havia 30 pessoas. Na terceira, 15. Até sobrar apenas uma, que logo se desvinculou do movimento. Seríamos nós mesmos que o levaríamos adiante.

No dia 1º de outubro de 2014, pouco mais de um mês e meio depois da morte do ex-governador do Recife, Eduardo Campos, sua substituta na corrida eleitoral, Marina Silva, ocupava o segundo lugar nas pesquisas de intenção de voto. Enquanto 39% dos eleitores pretendiam votar em Dilma, 25% estavam com Marina. A distância entre as duas candidatas havia sido menor em setembro, com apenas quatro pontos percentuais de diferença em favor da então presidente. Aécio Neves, em terceiro lugar, tinha 19% das intenções de voto nessa pesquisa do início de outubro.

A economia do país também começava a agonizar. Em agosto, o Banco Central, que negava até então o descontrole inflacionário, havia admitido que a inflação só voltaria ao centro da meta em 2016. No final daquele mesmo mês, o ex-diretor de Abastecimento da Petrobras, Paulo Roberto Costa, preso na Operação Lava Jato, começaria a cumprir seu acordo de delação premiada, denunciando o pagamento de propina a políticos, o que piorava ainda mais a situação do governo. Mal sabíamos o quanto pioraria pelos meses seguintes.

Nesse contexto incerto, desmotivados com a pouca e negativa repercussão do vídeo do Movimento Basta, seguíamos com o compromisso de ir às ruas na véspera do primeiro turno. Dois dias antes, em 3 de outubro, Chequer postou em sua página pessoal no Facebook a seguinte mensagem: "Amigos, chegou a hora de fazermos algo pelo que acreditamos. Se você também está se sentindo desrespeitado e indignado com a roubalheira desse governo, e não quer que ele continue, venha se encontrar conosco: amanhã, sábado, ao meio-dia, no "Deixa que eu empurro"*, entre o Parque do Ibirapuera e a Assembleia Legislativa de São Paulo, zona sul da cidade. Depois passo mais detalhes! Por favor, contribua e espalhe para todos que conhece! #Basta!".

O compromisso estava assumido publicamente. Não tínhamos ideia de quem iria – e se iria – nos acompanhar. Mas não podíamos deixar de ir. Ao menos um de nós.

Foi o que aconteceu. Chequer representou nós dois. Mais três pessoas apareceram: Cadu e Marcos (os dois amigos da festa do Zé) e outro amigo, com apelido de Cachorrão. Colin não compareceu porque estava fora do Brasil e chegaria no dia seguinte para votar.

Quatro pessoas se manifestam

Por Rogerio Chequer

Cheguei ao "Deixa que eu empurro" de bicicleta, pela Avenida Brasil. Nem minha namorada foi comigo. Ela estava almoçando na casa dos pais, em Santos. Eu tinha outro amigo, Celso, que havia contribuído nos últimos dois meses com o desenvolvimento do projeto. Ele chegaria de Londres naquela manhã e iria direto para a praça.

Para tornar a situação ainda mais pitoresca, no mesmo local havia pessoas da Tradição, Família e Propriedade (organização civil inspirada na religião católica tradicional). Elas vestiam saia escocesa e tocavam gaita de fole. Apareceu ainda um grupo que fazia propaganda pró-Aécio.

Eu observava a cena e pensava que nosso movimento havia acabado naquele dia. Foram dois meses de trabalho intenso. Naquela época, já havia mais pessoas envolvidas no projeto além de mim e do Colin. Costumávamos ficar até uma hora da manhã debruçados em ideias e planejamento de ações. Tudo por água abaixo. Como meu objetivo mais claro era tirar a Dilma do poder, nos juntamos por dez minutos aos que faziam campanha do Aécio. Assim que vi o fiasco da nossa manifestação, telefonei para o Celso pra dizer para ele

---

*Apelido popular do Monumento às Bandeiras, obra de arte que representa os bandeirantes e seu esforço para desbravar o Brasil, produzida pelo escultor ítalo-brasileiro Victor Brecheret.

não ir. Decidimos almoçar na Vila Madalena. Pedalamos junto ao meio-fio, ao longo da Avenida Brasil, com carros passando a um palmo de distância; eu ainda encontrava energia para gritar a cada cruzamento: "Fora, Dilma!".

"Naquele dia o Rogerio ficou decepcionado", conta Cadu, um dos outros três presentes da turma do Basta. Ele falava: "Brasileiro não é engajado!". Eu dizia: "Calma! Você está pensando que é quem? Moisés, que pega o seu cajado e consegue o que parece impossível?".

Até hoje não tiramos do braço a pulseirinha laranja, no estilo daquela do Senhor do Bonfim (tradicional na Bahia), com a palavra "Basta!". Não queremos esquecer esse movimento. Ele foi fundamental. Um tubo de ensaio. Com ele aprendemos tudo o que não funciona para levar as pessoas às ruas. E, assim como no mundo corporativo, é preciso saber errar.

Será? Por que não?

Apesar da boa notícia do dia seguinte – a votação do segundo colocado, Aécio Neves, fora muito superior ao que todos os institutos de pesquisa haviam sinalizado –, continuamos cabisbaixos. Mesmo com chances de derrota mais reais do que nunca do governo no segundo turno, o fracasso do projeto até aquele momento era desanimador.

Era assim que eu me sentia na segunda-feira, dia 6 de outubro. Estava sentado em um sofá da copa, em minha empresa, com a cabeça longe e o desânimo estampado no rosto. Nesse momento, a Érika Barros, que trabalha na área de comunicação e marketing, me viu triste e perguntou:

– E o movimento?

Para mim, naquele momento, sua pergunta soou como um desafio injusto. Eu estava com raiva da falta de engajamento das pessoas. Havíamos nos dedicado à manifestação por dois meses, mas ninguém levantou do sofá para ir – nem a Érika. E agora ela vinha me cobrar?

– O que tem? E se tiver manifestação, você vai? – perguntei.

– Vou! – ela respondeu com firmeza.

Hoje acredito que, se não tivesse acontecido isso, eu não teria continuado com o objetivo de levar as pessoas às ruas. Mais uma vez, vejo como fez diferença a atitude do outro, que topa uma loucura sua e diz "vou". Isso é o que dá prosseguimento a uma ideia.

– Então tá bom, vamos marcar! – respondi, apenas para desafiá-la, vendo até onde ela ia.

– Vamos! – quanto mais eu provocava, mais convicta ela parecia.

– Qual o melhor dia? – perguntei.

Chegamos à conclusão de que seria às quintas-feiras, longe do fim de semana de descanso e do começo da semana. Conforme eu ia propondo definições, a Érika ia respondendo com firmeza crescente, com uma convicção que a fazia parecer a condutora do movimento.

Ao fim da conversa, havíamos concluído que os melhores dias seriam as quintas-feiras 16 e 23 de outubro. Se o dia 23 fosse um sucesso, marcaríamos a derradeira no dia 25, véspera do segundo turno.

Aquela conversa me trouxe alguma energia e me forçou a pensar na continuidade. Meia hora antes eu estava totalmente desolado. Agora, tinha o esboço de um novo plano. Ainda estava digerindo essa ideia quando o telefone tocou. Era o Colin.

– Chequer, você viu o resultado incrível? O Aécio esticou de 21% para 37% na última semana. Será que conseguimos fazer algo para ajudar a tirar a Dilma do governo de vez?

– Vamos marcar uma reunião para conversar? Tem que ser rápido, porque faltam três semanas para o segundo turno – respondi.

Como nós dois tínhamos reuniões corporativas às 9 horas, nos encontramos às 8 do dia 7 de outubro, na sede da minha empresa.

CAPÍTULO 3

Back to the basics

Na reunião do dia 7 de outubro de 2014 reconhecemos que fracassamos. Na tentativa de escolher uma maneira eficaz de atingir nossos objetivos, acabamos nos desviando do caminho. Perdemos de vista a origem da ideia que nos uniu: levar as pessoas às ruas para manifestar sua indignação.

Fizemos uma revisão dos equívocos que havíamos cometido nos dois meses anteriores. As altas expectativas que depositamos na parceria com os jovens não foram correspondidas. A repercussão que esperávamos para o vídeo não aconteceu. Apostamos alto, investimos tempo, dinheiro e energia demais em um projeto. O resultado não veio. Sabíamos que encarar esses erros seria o primeiro passo para possivelmente tentar de novo. Sucumbiríamos ao fracasso ou poderíamos fazer tudo de um jeito diferente. Fazer diferente significava resgatar a ideia inicial.

Estaca zero

Por Colin Butterfield

Dois dos meus principais lemas como executivo são "back to the basics" e "keep it simple" (de volta ao básico e não complique). Estávamos distantes de ambas as ideias naquele momento. Então, no início da nossa reunião naquela manhã, falei:

– Chequer, esquece nosso projeto "Basta!". Eu deixo algo com a mesma

velocidade com que começo. Está tudo errado. Não vamos ficar batendo em ponta de faca. Se for para fazer alguma coisa, vamos começar do zero. Não dá para continuar.

Ele me contou sobre a conversa que havia tido com a Érika Barros no dia anterior, da qual tinham concluído que, se é para fazer algo envolvendo gente na rua, o melhor dia da semana para marcar uma manifestação era a quinta-feira. A proposta era convidar as pessoas para dois eventos, em semanas consecutivas.

– Se as duas saídas derem certo, chamamos para o sábado seguinte, que será a véspera do segundo turno, e levamos milhões de pessoas às ruas – completou Chequer. Lembrei-me dos romanos que viveram no século III d.C. Falei para ele o que estava em minha mente:

– A única coisa da qual o Senado romano tinha medo era do povo na rua. E o que eles fizeram para conter as massas? A única maneira de fazer isso é dando algum entretenimento. Naquela época eles construíram um anfiteatro incrível, jogaram um monte de bandidos com leões no meio e criaram os gladiadores. Aquilo era um espetáculo. Na entrada, ofereciam pão e vinho para o povo. E, assim, contiveram a ansiedade da população por mais de três séculos. Essa história reforçava a importância e a força da nossa causa. Não podíamos mais ficar como que anestesiados em troca de migalhas oferecidas pelas autoridades do país. Nós, de fato, precisávamos ir às ruas.

Mas quem éramos nós? Quem acompanharia Chequer e a mim nessa batalha? Seguindo um raciocínio simples e lógico, respondemos a essas perguntas. O "quem" dessa história seriam as pessoas da nossa rede de contatos, amigos e conhecidos. Para que a história se espalhasse, chamaríamos cada um deles pedindo que chamassem outros amigos, multiplicando essa rede.

Naquele momento, a estratégia parecia óbvia. E as redes sociais, o melhor canal. Afinal, elas intuitivamente podem ser utilizadas para esse fim. Uma pessoa cria um evento e convida seu grupo de amigos. Esses amigos, por sua vez, podem facilmente chamar os próprios amigos. E, assim, o convite se cascatearia rapidamente.

O passo seguinte estava definido: criaríamos um evento no Facebook, convidaríamos nossa rede de contatos e pediríamos que fizessem o mesmo com a sua – e assim por diante.

– Você está indignado. Eu estou indignado. Há muitos amigos nossos indignados – eu reforçava. – Vamos chamar essa legião de indignados para "bater panela" em algum lugar juntos. Faltava definir o "onde". Cogitamos o Masp, na Avenida Paulista, mas decidimos pelo Largo da Batata por ser uma região ampla e próxima ao metrô. Pronto. A primeira saída, portanto, seria no dia 16, no Largo da Batata, às 18 horas. Agora, precisávamos transformar o plano em realidade.

Já saindo do restaurante, discutimos brevemente o nome que usaríamos. Vai Pra Rua, Vamos Pra Rua, Vem Pra Rua. Não concluímos o diálogo. Essa conversa ficou no ar. Mas esse não era o ponto mais importante, então seguimos em frente.

Saí da reunião com o Chequer e fui para o escritório, a poucos metros dali, caminhando e pensando: "Os nove dias que temos pela frente vão voar. Temos que começar a trabalhar nisso o quanto antes". Conduzi a reunião que havia agendado pela manhã, mas cancelei um almoço marcado para as 12h30. A essa hora o escritório fica mais vazio, já que as pessoas saem para almoçar. Aproveitei a calmaria, fechei a porta e abri o PowerPoint no computador.

Comecei pela cor. Lembrei-me do quanto "apanhamos" usando o laranja (confundido com vermelho, o que remetia ao PT). "Nem pensar em laranja", concluí rapidamente o raciocínio. Tinha que ser uma cor alegre e facilmente associada ao Brasil. Verde, azul ou amarelo. Das três, o amarelo é o mais alegre, pensei. Causa um impacto. Com ele, escrevi "VEM PRA RUA DIA 16 - Largo da Batata". Comecei a brincar com tipos de fontes (letras) até chegar a uma tipologia elegante e bonita.

Em duas horas havia sete páginas prontas na minha tela de computador, com um resumo da nossa proposta. O contato com os jovens havia me ensinado que, para ter sucesso, aquilo precisaria viralizar. "E como viralizo isso?", perguntei-me, olhando para os slides que acabara de criar.

Abri o Facebook e comecei a fuçar nas ferramentas da rede social. Eu tinha um perfil pessoal ali, mas nunca havia feito evento algum, nem mesmo de aniversário. Familiarizado com a rede, criei uma página do Vem Pra Rua e um evento.

Incluí na estratégia de divulgação outro elemento importantíssimo:

o WhatsApp, aplicativo de mensagens por celular. Em ambos os casos, tanto do Facebook quanto do aplicativo, o fundamental era chamar os amigos e pedir que fizessem o mesmo com sua rede de contatos. Começava ali um trabalho "de formiguinha". Uma técnica manual de atingir um grande número de pessoas, mas de impacto mais tangível do que produzir e postar um vídeo na internet.

Definido isso, comecei a maturar a nossa abordagem. Qual seria o mote para as pessoas irem às ruas? O que me movia como cidadão? Por que eu estava disposto a me expor dessa forma? Por indignação. Eu era um bom exemplo. Então, o mote seria: "Venha conosco manifestar sua indignação". Li a frase assim que a escrevi e fiquei satisfeito. Caiu bem. Segui adiante: indignação diante do quê? Nesse momento, busquei inspiração no movimento Basta!. Indignação com tanta corrupção, com o mau uso do dinheiro público e com o desrespeito dos políticos com os cidadãos. Resumindo, a ideia ficou assim: "Vem pra rua manifestar sua indignação contra a corrupção que assola este país".

Com tudo pronto, enviei o material ao Chequer. Ele abriu na hora e respondeu: "É isso mesmo, manda bala". Às 14 horas daquele dia, eu abri a página do Vem Pra Rua no Facebook. Passei aquela tarde convidando todos os meus amigos, um a um, para a manifestação de 16 de outubro. Ainda naquele dia, aprendi a usar a broadcast list, uma ferramenta do WhatsApp que permite enviar uma mesma mensagem para mais de 200 pessoas de uma só vez. Criei uma lista com 256 integrantes e outra com 220. Ali nasceu, de fato, o Vem Pra Rua.

Já naquele início estava clara para mim a importância de envolver outras cidades além de São Paulo. Não adiantava nada fazer um protesto apenas na capital paulista. O alcance deveria ser em âmbito nacional. Comecei acionando pessoas que eu conhecia, dizendo: "Se vocês conhecerem gente boa em outras capitais, me passem, por favor, porque nós precisamos criar multiplicadores".

Criei um grupo no WhatsApp chamado "Cidades", para coordenar as saídas regionais. Nesse grupo, colocava banners e comunicava os dias, horários e locais marcados para as manifestações. Também oferecia ajuda em outros pontos que se fizessem necessários para a montagem dos eventos.

Nessa mesma época, um amigo, o empresário Rodrigo Chade, me incluiu em um grupo do qual ele fazia parte no WhatsApp. Era uma turma de amigos dele que compartilhavam da mesma indignação diante da conduta dos políticos brasileiros. Alguns dias antes eles haviam se encontrado em um happy hour e, assim como aconteceu comigo e com o Chequer, concluíram que era preciso transformar a indignação em atitude. Inicialmente, eles tinham várias ideias e pouco foco. Então, minha participação no grupo era basicamente insistir para que abraçassem a nossa causa e fossem às ruas em 16 de outubro. "O Colin falava: 'Gente, vamos focar, vamos unificar e vamos para a rua'", conta Chade. "Aí, cada um falava mil coisas, e ele voltava e colocava esse mesmo discurso: 'Gente, vamos para a rua'."

Uma questão fundamental para nós desde a primeira saída era a segurança. Conheci o Fernando Grella, então secretário de segurança pública, na festa de um amigo em comum. Na ocasião, contei para ele sobre nossos planos de sair às ruas e pedi seu contato. Por isso, quando o protesto estava com data marcada, liguei para ele. Fui instruído a telefonar para o coronel Glauco Carvalho, responsável na época pela PM em São Paulo, que nos ajudou com a logística do policiamento a partir dali e passou a ser uma pessoa muito importante para nosso movimento. Preparávamos um ofício e, com o documento, os policiais cuidavam da relação com a CET (Companhia de Engenharia de Tráfego) e com os demais órgãos do município. À medida que me inteirava desse processo, eu passava as coordenadas para os líderes das outras cidades garantirem a segurança de suas saídas também.

Na noite de 7 outubro, mesmo dia em que tive a reunião com o Chequer, já tínhamos uma página ativa no Facebook, um broadcast list no WhatsApp e pessoas de outras cidades começando a interagir conosco sobre possíveis saídas locais. Nunca imaginei o monstro que nasceria ali, sem falar na loucura que minha vida seria dali em diante.

Sempre usei meu iPhone para questões de trabalho. Mas, desde aquele momento, o smartphone se tornou uma ferramenta imprescindível do movimento. Passava o dia trocando informações com as outras cidades e respondendo ao maior número possível de mensagens, de maneira pessoal, na tentativa de colocar "pilha" para as pessoas irem às ruas conosco no dia 16.

Da minha parte, eu usei intensamente meu networking pessoal para chamar mais e mais pessoas para nos acompanharem ao Largo da Batata. E, de uma hora para outra, passei a me relacionar constantemente com pessoas jovens, como o Joel Queiroz, empresário que organizou a manifestação no Recife. Renata, minha esposa, dizia ter mais vontade de conhecer o Joel do que o papa. "Todos os dias o via falando com o Colin até depois de eu ir dormir", diz ela.

Preparando o dia 16

Nos dias seguintes surgiram participantes que se tornariam peças--chave para as saídas que ainda estavam por acontecer. Uma dessas pessoas é Marcelo Coelho, um programador que se uniu à causa pela rede social. Ele nos surpreendeu com dois sinais de seu alto nível de engajamento.

O primeiro foi sua iniciativa de responder a comentários de desconhecidos na página do evento. "Algumas pessoas escreviam frases como 'Eu tenho medo da violência', e eu respondia dizendo: 'Não tem violência. Pode ir'", diz Coelho. "Eu vi quem eles eram pelo Facebook e percebi que a proposta não era agredir ou quebrar coisas. Fui sem medo e levei meu pai. Desde que a reeleição de Dilma tinha se tornado uma possibilidade concreta, eu procurava no Facebook manifestações como aquela para eu me unir. Quando encontrei, convidei todo mundo que eu conhecia."

O segundo ponto que nos chamou a atenção foi o Coelho nos dizer que iria levar uma faixa fora do padrão das gráficas. Nós nem sabíamos que havia um padrão para "faixas de protesto". "A faixa tinha 90 centímetros por quatro metros", afirma ele. "Eu pensei: 'Já que vai ser um protesto contra o PT, eu quero fazer um negócio grande'. Fui a uma gráfica e falei: 'Quero a maior faixa que tiver aqui'. 'Custa R$ 893,00', disse o atendente. Aí retruquei: 'Mas nem falei o que vou escrever nela ainda. Vou escrever: Fora PT'. Saiu por R$ 200,00".

Até o dia da manifestação, fizemos diariamente o esforço de chamar nossos contatos para o dia 16. Trocamos mensagens, respondemos a dúvidas e fizemos a comunicação com pessoas de outras cidades interessadas em montar manifestações.

No dia 16 de outubro, depois de nove dias de esforço intenso, havia 90 mil convidados no Facebook, dos quais 6 mil confirmados. Mas a verdade é que a manifestação não saiu como o esperado. Mais uma vez.

Um microfone, pelo amor de Deus

Em 16 de outubro ainda não entendíamos muito bem como funcionavam os eventos do Facebook. Como havia 90 mil convidados para a manifestação, consideramos prudente avisar os policiais com os quais tínhamos contato sobre essa possível quantidade de pessoas. "Não se preocupem", eles disseram.

Chegamos ao local às 17 horas, uma hora antes, e tomamos um susto. Nós nos deparamos com cerca de cem policiais militares na praça. Um de nós se apresentou ao comandante da operação, para reforçar a natureza pacífica da manifestação.

– Meu nome é Rogerio Chequer, sou um dos responsáveis pela organização deste evento. Qualquer coisa, por favor, fale comigo.

Nossas expectativas eram sempre altas. Acreditávamos que a região ficaria lotada de gente dentro de algumas horas. Mesmo assim, não esperávamos encontrar um grupo tão grande de policiais. Será que teríamos um número de manifestantes que justificaria tudo isso?

Foi tudo tão corrido que as faixas que exibiríamos durante o protesto foram entregues no próprio local. O lugar mais barato que encontramos para confeccioná-las havia sido uma gráfica no município paulista de Embu das Artes. O motoboy chegou ao Largo da Batata e não nos encontrava.

Enquanto um de nós (Chequer) acenava para o motoboy, o outro (Colin) corria de um lado para o outro em desespero.

– Chequer, temos um problema!

– Espera aí, Colin! – falava Chequer, desviando dele com o braço levantado, para que o portador pudesse me enxergar.

– Chequer, preciso falar com você! – insistia Colin.

– Fala.

– O microfone e o caminhão que encomendamos não vão chegar. O giclê* quebrou e não temos mais microfone!

---

*Giclê: peça que serve para dosar a passagem do combustível no carburador.

– Como assim?! A gente contratou microfone? Mas precisa?

– Chequer, a gente tem 90 mil convidados. Se aparecerem mil pessoas, ninguém vai escutar o que falarmos.

– Tem razão, precisamos arrumar um microfone.

Olhamos em volta e, entre outros estabelecimentos, vimos muitos bares e uma igreja. O que esses lugares podem ter em comum? O uso do microfone: um para o caraoquê e outro para as missas. Não tivemos dúvida. Começamos pelos bares.

No terceiro, encontramos um microfone com amplificador. Ufa, pensamos. Mas não queriam emprestar. "Alugar?". Não. "Vender?". Nada. Não tinha acordo. Pedimos para falar com o gerente. Não adiantou. Pedimos para falar com o dono. Colocaram-no ao telefone. Sem negociação. Eles não estavam dispostos a ficar sem o equipamento nem por algumas horas.

Cadê o líder?

O fato de não conseguirmos o microfone nos preocupava. Diante do estresse da situação, Colin propôs:

– Vamos tomar uma cerveja para relaxar um pouco?

Fizemos isso. Alguns minutos depois, um homem que não conhecíamos se aproximou. Ele sabia quem éramos apenas pelo nome. Foi o suficiente.

– Quem é o Colin?

– Sou eu.

– Colin, por favor, ponha ordem na coisa. Você está aqui tomando cerveja, tem gente chegando lá e não tem ninguém para coordenar. Tem que ter uma liderança nisso!

– Eu estava aqui tentando negociar o som...

Não tivemos muito como argumentar. Depois dessa cutucada, voltamos a nos mexer. Eu fui para a igreja e o Chequer continuou sua busca pelos bares.

Já que não tem microfone, vamos de jogral

Depois de buscar – sem sucesso – um microfone emprestado, nos encontramos de mãos vazias no meio da praça, onde tínhamos deixado as faixas estendidas no chão com a esperança de atrair mais gente. De fato, havia umas dez pessoas. Entre elas, segurando orgulhosamente a faixa prometida pelo Facebook, estavam Marcelo Coelho e seu pai. Ele abriu a faixa para nos mostrar. Era uma faixa amarela com letras azuis, onde estava escrito "Fora PT". Era realmente tão diferente das outras que decidimos que ela abriria o protesto. Mas ainda não tínhamos resolvido o problema do microfone. Resolvemos incluir na conversa as pessoas que já estavam conosco.

– Bom, pessoal! – gritamos. – Somos o Colin e o Chequer e estamos com um problema: não temos microfone e não sabemos o que fazer.

Nesse momento chega um homem de aproximadamente 55 anos de idade, porte atlético e cabelo grisalho. Charles Putz era seu nome. Mais tarde saberíamos que ele era gestor de *private equity*.

– Não se preocupem! – gritou. – Não precisa de microfone! Pode deixar comigo, eu tenho experiência nesses eventos!

Nós nos entreolhamos, sem entender de onde ele tinha vindo nem o que ele queria dizer.

– Nós vamos fazer um jogral.

Ficamos ainda mais confusos. Ele explicou:

– Uma pessoa fala e os outros repetem. Quando os outros repetem, todos escutam.

– Falem alguma coisa! – o homem ordenou, olhando para nós.

– Estamos aqui! – gritou o Chequer.

Os dez presentes repetiam, seguindo as orientações de Putz: "Estamos aqui!". E assim aconteceu o primeiro discurso do Vem Pra Rua, sob o olhar ainda desconfortável de quem se juntava a nós, e para o estranhamento de quem passava por ali, sem entender o que fazíamos. "Eu percebi que eles não estavam muito acostumados com esse tipo de evento", lembra Putz. "Eu já havia participado de várias manifestações, então falei: 'Vamos agitar, vamos fazer'. Pus um pouco de fogo na turma. Depois, chegaram mais algumas pessoas e demos um grito de guerra, e a coisa toda funcionou."

Enquanto tentávamos fazer o jogral proposto por Putz, observávamos a cena ao redor. As faixas estavam espalhadas pelo chão. Nós as deixamos assim inicialmente para ler todas as mensagens. Os pedestres passavam pelo lugar e recorrentemente entortavam o pescoço para ler o que estava escrito nas faixas.

À medida que o tempo ia passando, olhávamos para os cem policiais – uma equipe montada para atender dezenas de milhares de pessoas – com certo constrangimento. Alguns deles já se escoravam em muros e postes, com os joelhos levemente flexionados, uma postura corporal de quem está com a guarda baixa, jogando conversa fora.

100 policiais e 30 manifestantes

Por Rogerio Chequer

O pessoal foi chegando aos poucos. Devia ter cerca de 30 pessoas. Mas ficava cada vez maior – e mais gritante – a diferença entre cidadãos comuns e policiais. Parecia que era um exercício militar. De repente, o Colin sumiu. Logo depois tocou meu celular. Era ele.

– Chequer, estou aqui do outro lado do Largo da Batata, na Avenida Brigadeiro Faria Lima (onde o largo desemboca). Achei um pessoal que talvez tenha microfone! Vem pra cá.

– Colin, não dá! Fale para eles virem para cá. Temos um batalhão policial inteiro aqui – disse isso e desliguei.

Ele ligou de novo. Insistiu para que andássemos ao seu encontro, pois tinha encontrado um megafone. Constrangido com a situação, fui falar com o comandante.

– Nós precisamos atravessar a Faria Lima. Vocês poderiam vir conosco, por favor? Ou fiquem aqui mesmo e só dão uma olhada...

Eles nos seguiram e pararam o trânsito para atravessarmos. Do outro lado da Faria Lima havia um grupo de pessoas fazendo campanha para o PSDB. Com uma picape e um megafone, eles distribuíam alguns santinhos. Juntamo-nos a eles. Em menos de um minuto o megafone caiu na minha mão, e me disseram para fazer um discurso. Sinceramente, não sabia o que falar. Antes que eu tivesse tempo de começar, alguém disse: "Canta o hino". Jamais conseguiria cantar sozinho em frente a tanta gente. Olhei para baixo e vi uma mulher em frente à picape. Falei para ela: "Sobe aqui e canta comigo". Puxei o hino no gogó.

Saímos andando pela Faria Lima em direção à Vila Olímpia. Cerca de 300 pessoas se juntaram – ao menos, havíamos passado o número de policiais. Ocupávamos uma quadra da Faria Lima e duas pistas. O Coelho e seu pai iam na frente, junto com a Renata, segurando a faixa. Fomos caminhando até a Alameda Gabriel Monteiro da Silva, a cerca de um quilômetro do Largo da Batata, onde o comandante disse que seria bom encerrar. E ali fizemos a dispersão das pessoas. Ao final do protesto, anunciamos a manifestação na semana seguinte.

Os grupos se agrupam

No mesmo dia em que saímos às ruas, aconteceu o primeiro debate entre Dilma Rousseff e Aécio Neves, promovido pelo UOL, SBT e Jovem Pan. O evento foi marcado pela troca de acusações, em tom agressivo, entre os dois candidatos. Aécio insistia no tema corrupção, enquanto Dilma se gabava de que seu governo ia fundo nas investigações, acusando os tucanos de engavetarem as denúncias. Pouco se falou sobre os programas políticos de cada um.

Marina Silva, a candidata à Presidência derrotada pelo PSB, havia anunciado que apoiaria Aécio no segundo turno. "Tendo em vista os compromissos assumidos por Aécio Neves, declaro o meu voto e o meu apoio a sua candidatura. Votarei em Aécio e o apoiarei. Votando nesses compromissos, dando um crédito de confiança à sinceridade de propósitos do candidato e de seu partido e, principalmente, entregando à sociedade brasileira a tarefa de exigir que sejam cumpridos", disse Marina ao final de um pronunciamento.

Embora a manifestação do dia 16 de outubro tenha sido tecnicamente um fracasso, tivemos momentos marcantes e aprendizados importantes sobre o que funciona ou não em protestos políticos. Ainda não tínhamos consciência disso, mas naquele dia foram plantadas sementes fundamentais para os frutos que colheríamos no futuro.

Um dos pontos altos foi o encontro de pessoas indignadas pelas mesmas causas e com iniciativa para ir além das queixas. Um grupo especial de pessoas veio do grupo de WhatsApp do Chade. Eles permaneceram no Vem Pra Rua pelos meses seguintes, com participação fundamental. Além do próprio Chade, os empresários Cris Valle, Zizo Ribeiro e a advogada Tatá Sperandéo, que levou a irmã, a empresária Rosana, à manifestação.

Foi marcante também um relato comum que ouvimos de vários participantes nesse dia. Eles falavam da sensação gratificante de exercer a cidadania, ainda mais junto a outras pessoas que também estão insatisfeitas com o *status quo*, fazendo algo para modificá-lo. Com o tempo, passamos a ouvir relatos parecidos de milhares de pessoas, por grupos de celular, pelas redes sociais e até pessoalmente. Batizamos de "alegria cívica" essa sensação de dever cumprido. De que fizemos algo concreto além de reclamar.

Enquanto protestávamos em São Paulo, aconteceram manifestações em outras cidades: Teresina (PI), Recife (PE) e Brasília (DF). Conhecíamos as pessoas que organizaram apenas por telefone, nos articulamos com elas virtualmente e, ao final do dia, éramos quatro cidades unidas no movimento. A partir do dia 16, mais e mais pessoas se aproximaram do grupo querendo participar. Perguntavam: "Podemos ajudar? Vamos sair às ruas de novo?".

Érika, que havia participado da escolha das datas para os protestos, ficou impressionada com o momento final, quando aplaudimos o apoio e a proteção da Polícia Militar. "Essa cena foi bem emocionante", diz ela. Aquela foi a primeira vez que fizemos isso, mas os aplausos se tornaram uma marca do Vem Pra Rua. Não se trata apenas de reconhecimento ao trabalho deles, mas também de uma sinalização de que estamos ali para nos manifestar sem brigas ou vandalismos, o que, por sua vez, também deixa os policiais mais tranquilos para desempenhar seu papel.

A questão da violência era uma barreira inicial comum a pessoas que queriam participar das manifestações, mas não o faziam por medo de sofrer ataques, diretos ou indiretos. Renata era uma das que tinham receio e, a princípio, considerava mais ponderado ficar em casa com os filhos. "Afinal, se for para morrer alguém, que não seja o casal de uma vez", dizia ela. Mas, no protesto do dia 16, decidiu ir e nunca mais parou.

A *Folha de S.Paulo* noticiou o evento sob o seguinte título: "Manifestantes pró-Aécio fazem protesto em São Paulo". O primeiro parágrafo dizia: "Ao redor de uma pick-up, adesivada com a foto do vereador Coronel Telhada (PSDB), homens e mulheres com camiseta do

Brasil acompanhavam pelo rádio o debate presidencial. 'Cala a boca', gritou um dos ouvintes ao ouvir uma das respostas da presidente Dilma Rousseff (PT)". E seguia: "O indignado esperava, com cerca de 300 pessoas, o início de uma manifestação contra o governo federal e favorável à candidatura de Aécio Neves (PSDB). O quórum foi bem menor ao de confirmações nas redes sociais, que chegou a 5 mil. 'Está fraco, por enquanto está fraco. O povo brasileiro é um pouco acomodado', queixou-se a coordenadora de eventos Mércia Teixeira".

O fato de o jornal se referir a nós como empresários não era um incômodo, afinal havia muitos empresários, de fato, entre os organizadores. Mas era desagradável ver a forma como algumas publicações encadeavam os fatos, editavam as entrevistas e usavam adjetivos para dar conotações desvirtuadas à história. Claramente, escolhiam informações e relatos que fizessem nossa causa parecer inconsistente, preconceituosa e elitista. Definitivamente, não eram interpretações adequadas, como ficaria claro com o tempo.

Outro ponto que a imprensa enfatizava nessa época era o apoio a Aécio. Essa foi uma questão que debatíamos entre nós. Antes do primeiro turno, nossa posição era apenas contra a reeleição de Dilma, pois clamávamos pela alternância de poder – uma característica fundamental em democracias sadias. Sugeríamos às pessoas que votassem em quem quisessem, menos na então presidente ou em branco. No segundo turno, porém, ficamos em uma situação complicada. Dizer para não votar em Dilma nem em branco significava, automaticamente, dizer para votar no Aécio (ou nulo). Nosso conflito residia no fato de, já nesse momento, termos um posicionamento suprapartidário. Ou seja, por princípio, não apoiávamos nenhum partido.

Batíamos nessa tecla, evitando escolher um lado. Mas as pessoas, recorrentemente, nos questionavam:

– É loucura vocês falarem que estão fazendo uma manifestação popular contra a corrupção, a duas semanas das eleições, e não se posicionarem contra ou a favor de Dilma.

– Mas nós somos suprapartidários, respondíamos.

– Você concorda que o PT é o que está aí, portanto é o que vocês estão combatendo? – questionavam.

– Sim, concordamos. Queremos alternância de poder.

– Então vocês têm que apoiar o Aécio, porque é a única forma de a Dilma sair agora.

Diálogos como esses eram frequentes. Entendíamos a "armadilha" que naturalmente se criou. Porém, não queríamos que parecesse que o nosso objetivo era eleger o Aécio. O foco não era esse. Era tirar a Dilma. Com a proximidade do segundo turno, resolvemos ceder. Apoiaríamos o Aécio por uma simples questão de conjuntura.

A revista britânica *The Economist* publicou o editorial "Why Brazil needs change" (Por que o Brasil precisa de mudança) na semana de 18 de outubro. "Sob [Dilma] Rousseff a economia estagnou e o progresso social diminuiu", dizia o texto da revista. "Exceto pela Rússia, atingida por sanções, o Brasil é de longe o mais fraco desempenho entre as economias emergentes." A publicação atribuía a vitória da presidente no primeiro turno a uma mistura de dois fatores. Em parte, em razão de "a maioria dos brasileiros ainda não ter sentido a desaceleração econômica em suas vidas diárias". Por outro lado, Aécio "tem lutado para convencer os mais pobres de que as reformas que ele defende como urgentes para o país irão beneficiá-los, e não prejudicá-los". "Para o Brasil evitar mais quatro anos à deriva", argumentava a revista, "é vital que ele consiga colocar as reformas em prática".

Um movimento nacional

Por Colin Butterfield

Adiantamos em um dia a data prevista para a segunda manifestação, porque foi marcado um debate entre os dois candidatos, Aécio e Dilma, na TV Globo, para 23 de outubro de 2014. Marcamos a saída às ruas, portanto, para o dia 22, uma quarta-feira.

Antes, porém, resistimos um pouco. Eu estava exausto do trabalho que havia sido estruturar o primeiro protesto. No dia 17, recebi uma mensagem pelo WhatsApp da Rosana, que havia ido à manifestação do dia anterior com o grupo do Chade. Ela estava sem voz em decorrência de uma faringite:

"Colin, muitas pessoas nas minhas redes sociais falaram que, se tivesse outra, gostariam de ir, com certeza. Vamos fazer outra manifestação!". Ela havia colocado fotos "da rua" em seu perfil no Facebook e no Instagram e estava recebendo retornos entusiasmados de seus contatos. "Muita gente curtiu e comentou: 'Que bacana', 'Eu também quero' e outras frases desse tipo", lembra Rosana.

Embora tivéssemos o plano de ir mesmo às ruas novamente, ainda estávamos exaustos do trabalho que deu a primeira saída. Sugeri, então, que o pessoal daquele grupo apresentado pelo Chade, do qual Rosana fazia parte, ficasse responsável por organizar o evento em São Paulo.

Chade foi pego de surpresa pela convocação. "Eu havia enviado uma mensagem para o Colin na sexta, dia seguinte à saída de 16, falando 'Parabéns, foi muito legal', mas não sugeri fazermos outra", conta ele. "No sábado de manhã o Colin me ligou: 'Chade, o pessoal quer fazer outra, tem muita gente pedindo. Quero fazer, mas não vou conseguir organizar de novo. Na semana passada me tomou um tempo descomunal'. Eu falei: 'Caramba, Colin! Eu nunca fiz um negócio desses'. Ele, então, disse que me ajudaria a estruturar a segurança e daria todas as coordenadas para colocar o negócio de pé."

A primeira reunião do grupo que organizou a saída do dia 22 em São Paulo aconteceu no sábado, no escritório do Chade, que se tornou o principal local de trabalho dessa turma. Nesse dia, estavam apenas o Chade e o Cristiano. Nem eu, nem os outros integrantes do grupo participamos. "Ficamos ali de meio-dia às seis da tarde, rascunhando as primeiras ideias sobre o que seria necessário para fazer algo que nunca havíamos feito na vida", diz Chade. A segunda reunião aconteceu na noite seguinte, no domingo. Nessa eu estava, com cerca de outras dez pessoas, como Chade, Zizo, Rosana, Tatá, Cris e uma nova colaboradora: Luciana Reale, filha do jurista Miguel Reale Júnior, convidada pelo Zizo.

Começamos ali a dividir as funções. Criamos os "chepotes": "chefes da porra toda". Havia o chepote de segurança, o de divulgação, o operacional, o que seria responsável pela página do Facebook, o que imprimiria e distribuiria os folhetos sobre o evento, entre outras funções. Naquele dia, nos concentramos em pensar em tudo o que poderíamos fazer para levar *mais pessoas às ruas. Precisávamos ser criativos e eficientes. A maioria de nós deu um pause na vida profissional e familiar (na medida em que cada um podia fazer isso, claro) para trabalhar com o maior foco possível na manifestação. "Todo mundo se sentiu um pouco dono do negócio", diz Tatá.*

Uma das excelentes iniciativas do grupo que cuidou da organização do evento em São Paulo foi gravar e publicar vídeos nas redes sociais chamando para o dia 22. Além de políticos, artistas e outras personalidades gravaram vídeos de cerca de 30 segundos que viralizaram na internet. Entre os que aderiram à nossa causa estavam as cantoras Fafá de Belém e Sandra de Sá, o fundador da ONG AfroReggae, José Júnior, a deputada federal Mara Gabrilli (PSDB–SP), o técnico de vôlei Bernardinho, o secretário de Estado de Desenvolvimento Social (PSDB) Floriano Pesaro, o senador José Serra (PSDB), o deputado federal Walter Feldman (PSDB–SP), o deputado federal Paulinho da Força (SD), o ex-candidato à Presidência Eduardo Jorge (PV) e o advogado Miguel Reale Júnior.

Luciana Reale foi quem nos ajudou a incluir seu pai na lista, além de outros políticos com quem tinha proximidade. Quando ligava para os gabinetes para fazer os pedidos, ela percebia que ainda não estava claro para as pessoas quem éramos nós. O fato é que, nesse período, ainda estávamos amadurecendo como movimento. "Eu mesma não sabia ainda que a frase Vem Pra Rua seria a marca de um grupo. Lembro que, inicialmente, era Vem Pra Rua dia 22", diz Luciana.

Enquanto aquele time tocava o evento em São Paulo, eu montei o QG (quartel general) na minha casa e passei a semana trabalhando pesado para articular pessoas em outras regiões. O objetivo era colocar o máximo de cidades nas ruas no mesmo dia.

Nossa reunião final pré-manifestação aconteceu no dia 21 à noite, véspera do protesto. Foi impressionante a quantidade de pessoas que tinham se juntado a nossa ideia de corpo e alma; pessoas incríveis que eu não conhecia uma semana antes – nada como gente boa focada! Revisamos toda a organização de São Paulo e das demais cidades. De quatro cidades no dia 16, chegamos a nove para o dia 22.

Temos FHC

Por Rogerio Chequer

Na segunda-feira anterior à manifestação de 22 de outubro, chegou pelo WhatsApp uma mensagem dizendo que o ex-presidente Fernando Henrique Cardoso (PSDB) também estava disposto a fazer um vídeo chamando para o nosso protesto. "Quem vai falar com ele?" – essa era a pergunta que vinha logo em seguida. Não costumo ser invasivo em conversas coletivas, mas naquele momento não tive dúvida e simplesmente respondi: "Eu vou". Não tínhamos tempo para discussões nem satisfações que explicassem minha decisão.

Marcamos a gravação do vídeo para o dia seguinte, terça-feira, às 14 horas, no Instituto Fernando Henrique Cardoso. Naquele dia, às 9 horas da manhã, eu conduziria um workshop pela minha empresa, em Atibaia, no interior de São Paulo. Aparentemente não havia conflito de agenda.

Ao me apresentar aos responsáveis pelo evento, me avisaram que o cronograma estava "um pouco" atrasado. Em vez de começar às 9, eu provavelmente o faria às 11 horas. Gelei por dentro. Como explicar que eu tinha uma reunião com Fernando Henrique Cardoso para convocar uma manifestação e que, por isso, não poderia me atrasar? Ou como explicar para FHC que, embora ele tivesse disponibilizado esse tempo na agenda em cima da hora, eu não teria como evitar o atraso? Como explicar ao grupo do WhatsApp que eu me dispus a ir e não conseguiria chegar na hora? Não tinha opção. Respirei fundo e decidi que daria conta de ambos os compromissos.

Saí de Atibaia às 12h30 e coloquei o endereço de destino no Waze. Eram aproximadamente 67 quilômetros de distância entre um ponto e outro pela movimentada rodovia Fernão Dias. Eu ainda corria o risco de pegar algum acidente na Marginal Tietê até chegar ao centro de São Paulo, onde fica o instituto. Quando finalmente cheguei perto do Viaduto do Chá, percebi que seria difícil estacionar e que teria que fazer um trecho do caminho a pé. Esbaforido, finalmente terminei o percurso entre 14h05 e 14h10.

Além de mim, havia dois integrantes do nosso grupo para acompanhar a gravação. Fomos levados para uma sala pequena, onde aguardamos a chegada do ex-presidente com uma de suas assessoras. Ele chegou, nos cumprimentou com cordialidade e perguntou:

– *Como vamos fazer?*

Eu, como especialista em apresentações em função do meu trabalho, tinha um roteiro pronto na cabeça. Obviamente, sabia que Fernando Henrique não precisava de orientações nesse sentido e o deixaria à vontade para se expressar da maneira que lhe fosse mais adequada. Mas não consegui me conter e acabei fazendo uma sugestão:

– *Presidente, o senhor fala o que bem entender, logicamente* – *eu disse.* – *Pensei em desconstruir um discurso que o PT usa muito, criando uma distância entre "nós" e "eles", "ricos" e "pobres". Também é importante chamar para o que vamos fazer amanhã: uma manifestação nas ruas com abrangência nacional. Podemos citar outras cidades que estão participando e fazer um convite para todos: ricos e pobres, brancos e negros.*

– *Gostei* – *ele respondeu:* – *Vamos nessa linha.*

Ele estava de paletó e gravata. Perguntou se ficaria melhor sem. Sugeri que tirasse o paletó, mas permanecesse de gravata. De última hora, alguém colou um adesivo em sua camisa com o símbolo do 45, que era o número do Aécio Neves na campanha presidencial. Eu, que aparecia na filmagem, tirei o blazer e fiquei apenas de camisa branca. Sentamos em cadeiras uma ao lado da outra, e as duas pessoas que me acompanharam gravaram o vídeo pelo celular.

Fizemos duas gravações. Uma vez finalizadas, falei para o meu colega não enviar para ninguém antes de mandarmos para a minha empresa, onde uma pessoa da equipe poderia fazer um acabamento profissional. Meu plano era editar o início e o fim do vídeo, para evitar que o rosto de Fernando Henrique apresentasse uma expressão distorcida quando a imagem estivesse parada. Assim que passei essa recomendação, ele respondeu:

– *Já mandei.*

Editamos uma segunda versão que, mais tarde, colocamos na internet. Mas o vídeo que viralizou foi o sem edição. Nele, eu começava falando:

– *Para todo mundo no Brasil que está indignado e está buscando uma forma de ajudar. O que será que nós podemos fazer para ajudar o Brasil neste momento?*

– *Nós podemos fazer muita coisa* – *dizia FHC.* – *Agora, dia 22, o pessoal que está em Teresina, Fortaleza, Belo Horizonte, São Paulo, no Brasil todo, do Sul, do Sudeste, do Norte, do Nordeste, eu sou neto de nordestino, tenho orgulho disso. Nós, aqui de São Paulo, precisamos estar juntos com vocês todos, nós todos juntos, demonstrar indignação contra essa podridão que está havendo no Brasil. É hora de protestar.*

Minutos depois, eu já começava a receber ligações e mensagens de amigos e conhecidos. "Você está com o Fernando Henrique?!", perguntavam, animados. Algumas pessoas receberam o nosso vídeo por duas ou três fontes diferentes. Nesse momento entendemos, de fato, o que significava viralizar um vídeo.

Mas eu só tive realmente noção de que algo grandioso iria acontecer na quarta-feira, quando meu celular tocou às 9h30 da manhã. Eu tinha ido dormir três horas e meia antes, às seis, por estar organizando o evento. O Colin costumava ir para a cama à meia-noite e já estava de pé entre 4h30 e cinco da manhã. Brincávamos que "passávamos o bastão" um para o outro em dois turnos alternados, porque o Vem Pra Rua já funcionava 24 horas. Naquela quarta-feira, do outro lado da linha, era um amigo meu, diretor de um banco de investimentos.

– Chequer, que negócio é esse de manifestação hoje?

– Oi? – perguntei, ainda meio sonolento, tentando entender a ligação que ele tinha com o assunto.

– Não tem um protesto hoje no Largo da Batata?

– Tem – respondi, ainda confuso.

– Então, você não tem a ver com isso?

– Tenho.

O que me soava estranho é que eu nunca havia comentado sobre esse assunto com ele.

– Por que você está perguntando? – questionei.

– Porque metade da minha mesa de operações está vestida de verde e amarelo, com a camisa do Brasil.

– Mas como eles ficaram sabendo desse protesto? Pelo Facebook?

– Você sabe que esse pessoal não usa Facebook.

– Então foi o boca a boca – concluí.

– Com certeza. E eles já marcaram um ponto de encontro aqui embaixo, às 18 horas, para saírem junto com outras pessoas do banco.

O banco ficava na Avenida Brigadeiro Faria Lima, que se ligava ao Largo da Batata. Foi nesse momento que eu falei:

– O movimento pegou!

Fora de controle

No dia 22 de outubro eu tinha uma entrevista coletiva às 17 horas para anunciar uma parceria da minha empresa. A manifestação no Largo da Batata estava marcada para as 19 horas. Obviamente, eu não conseguiria chegar no horário marcado. Na hora das entrevistas individuais, ao lado do CEO da empresa parceira, eu sugeri aos jornalistas, já preocupado com o horário:

– Vocês se incomodam de começar fazendo perguntas para mim?

Três jornalistas direcionaram uma mesma pergunta a mim. Respondi e, em seguida, peguei minha mochila e saí correndo.

Passei no banheiro para trocar a camisa social e o blazer pela camiseta do Brasil que eu levava na mochila. Fui de trem para a manifestação. Fiz uma baldeação na estação Pinheiros para pegar o metrô. Ao entrar no vagão, me surpreendi com o que vi: seis pessoas vestiam camisas do Brasil. Na hora, pensei que havia ali mais gente de verde e amarelo do que o total de quatro participantes da primeira manifestação que tentamos fazer, no monumento "Deixa que eu empurro", no início do mês.

Quando o trem estava parando na estação Faria Lima, um rapaz que estava ao meu lado, vestindo camisa do Brasil, perguntou:

– Por favor, a manifestação é aqui?

– É – respondi.

– Tem certeza?

– Sim, tenho certeza – eu disse e sorri, sem que ele entendesse o motivo.

A porta abriu e saímos juntos. Alguns passos adiante, pedi que ele segurasse meu celular para gravar um depoimento meu. Comecei a subir as escadas que davam acesso às ruas, observando as dezenas de pessoas que faziam o mesmo. Metade delas vestia verde e amarelo. Na saída do metrô, fizemos um vídeo. Fiz um pequeno discurso, lembrando que havia tido uma ideia dez meses antes e que agora era hora de vê-la concretizada. Pedi ao rapaz que me acompanhasse por mais alguns metros com a câmera. Não tinha ideia do que me esperava.

Peguei o celular de volta e saí à procura da origem do som. Levei alguns segundos para identificar o trio elétrico, distante de mim, no meio da multidão.

O Largo da Batata estava absolutamente tomado. Fiquei paralisado. Com dificuldade para passar entre as pessoas, cheguei ao caminhão e... fui barrado.

– Eu preciso subir – falei ao segurança.

– Não pode subir.

– Desculpe, mas eu organizei esse evento. Preciso subir – insisti.

– Não pode.

Tive que chamar alguém para me colocar para dentro. Estranhei tamanha segurança. Quando cheguei lá em cima é que entendi realmente o que estava acontecendo. José Serra, Floriano Pesaro, o ex-jogador de futebol Ronaldo Fenômeno, a cantora Wanessa Camargo, entre outras personalidades, estavam lá. Wanessa cantaria o Hino Nacional dali a algumas horas. Enquanto observava o movimento tentando assimilar a dimensão que o negócio havia tomado, alguém passou e me deu o microfone. "O que a gente fez?", eu pensava. Aquela praça estava lotada, deu certo! Eu me surpreendia a cada instante desde que havia entrado naquele vagão do metrô.

Olhei para a minha mão e lembrei que estava segurando o microfone. Comecei a me posicionar para discursar, elaborando o que iria falar. Nessa hora, alguém passou por trás de mim e falou:

– O Fernando Henrique chegou.

No dia que gravamos o vídeo, ele havia falado que iria. Mas eu, sinceramente, não acreditei. Olhei para o meu lado direito e vi a Avenida Brigadeiro Faria Lima a certa distância. Em meio à multidão destacava-se um grupo de pessoas andando como se protegesse alguém no meio. Era uma "bolha" que se movimentava na direção do caminhão. No meio dela, alguém com cabelo branco, iluminado por flashes. Era ele mesmo.

– Adivinhem quem acabou de chegar – gritei aos participantes.

As pessoas, quase que em coro, responderam: "Aécio, Aécio". Esse foi o primeiro momento, de vários que ainda viriam, em que eu lançava uma frase à multidão, esperando uma resposta, e recebia outra. Foi interessante perceber isso e aprender a "ler" a vontade popular para direcionar o discurso com mais consciência. Respondi:

– Não. É o Fernan...

A galera, então, não me deixou terminar a frase e gritou de volta, com euforia: "Fernando Henrique!". Provavelmente, muitos estavam ali influenciados pelo vídeo que ele havia feito para nós. Minutos depois de atravessar a multidão, quando chegou ao caminhão, passei o microfone para ele. Eu estava em estado de choque, mas me lembro de alguns trechos.

"Ninguém aguenta mais nem inflação, nem corrupção. É só ir à feira e ver os preços, ler os jornais e ver como a corrupção se espalhou. (...) Chegou a hora de abrir o horizonte, depende de vocês, de nós, cada um de nós, sem descansar. Estou com 83 anos e continuo lutando para que o Brasil inteiro sinta a energia de quem acredita de verdade neste país, de quem não é farsante. O Brasil dos verdadeiros construtores, dos trabalhadores, das donas de casa, da classe média sofrida e espoliada, dos empresários postos à margem, daqueles que estão perdendo o emprego na indústria; esses exigem força nova e força nova não é na idade, não, é na alma... Viva São Paulo, viva o Brasil. Brasil unido, unido forte, Norte, Nordeste, Sul, Sudeste, somos uma pátria só."

Aquela era a primeira vez que eu subia em um trio elétrico. Seguimos pela Faria Lima e a multidão ia junto, caminhando. Aglomerava-se nos canteiros, nas calçadas. Eu fiquei de pé, apoiado no caminhão por vários minutos, ao lado do Ronaldo. Esse momento foi engraçado. Quando se está parado ao lado de alguém tão famoso quanto ele, por mais que soubesse que as pessoas não estavam olhando para mim, parecia que estavam. Era uma sensação estranha ver tanta gente virada para minha direção, tirando fotos.

De vez em quando o Colin passava por mim, e eu o puxava.

– Você está vendo isso? Olha o que está acontecendo! Cara, a gente conseguiu!

Fiquei um tempão no mesmo lugar, paralisado. Lembro que, a cada 30 segundos, eu via uma pessoa conhecida na calçada. "Roger!", elas gritavam. Muitas, eu não tinha convidado pessoalmente. Estavam lá por outros motivos. Via-as correndo, acompanhando o carro. Na Faria Lima, as pistas sentido Vila Olímpia estavam completamente tomadas. Desta vez fomos mais longe. Passamos o Shopping Iguatemi, a dois quilômetros do Largo da Batata. Decidimos parar logo depois da Avenida Cidade Jardim.

No caminho, passei pela rua em que mora minha mãe. Liguei para ela e falei: "Mãe, você precisa ver isso!". Ela me esperou na calçada e eu desci do caminhão para pegá-la. Subi de volta com ela, que tinha 83 anos na época.

Minha namorada, Andrea, não conseguia me encontrar em função da grande quantidade de participantes. Saí do metrô, vi um baita caminhão rodeado de gente, mas, pela distância, não conseguia identificar quem estava lá. Acho que nem eles esperavam tanta gente. Meu pensamento na hora foi: "Eles conseguiram!". Andrea tentava me ligar, mas não conseguia completar a chamada. Provavelmente pela alta concentração de celulares no local. "Nessa noite, o Rogerio ficou emocionado. Foi a primeira vez que o vi chorar", conta Andrea.

O primeiro de muitos recordes

Pelos nossos cálculos, reunimos cerca de 25 mil pessoas só em São Paulo. Era um número novo para nós. José Carlos, o amigo que nos apresentou, estava conosco no dia 22 – como esteve em todas as manifestações até o momento em que escrevemos este livro. Ele lembra especialmente de quando subiu no caminhão, na esquina da Faria Lima com a Avenida Cidade Jardim. As ruas estavam tomadas por pessoas. "Tenho muito carinho por aquela cena. Foi emocionante a euforia que sentimos. O Chequer estava rouco. Nós nos abraçamos e falamos: 'Olha isso!'. Eles não acreditavam que tinham mobilizado tanta gente."

Tatá, uma das participantes que ajudaram a organizar o evento em São Paulo, não conseguiu chegar perto do caminhão, em função da quantidade de pessoas no caminho, assim como os colegas dela que trabalharam juntos para que aquele momento acontecesse. Chamou a minha atenção o fato de o trio elétrico estar cheio de políticos e celebridades. As pessoas não tinham noção de quem nós éramos. Isso causava uma sensação de que o negócio havia saído do controle. Da mesma forma, eu ainda não sabia bem quem era o Chequer. Foi nesse dia que realmente o conheci.

Contratamos uma empresa para filmar o evento, e o Cris Valle ficou responsável por fazer entrevistas com os participantes durante o protesto. "De repente, meu celular tocou e era minha tia. Ela falou: 'Parabéns para todos vocês! Estou aqui na altura da Igreja Nossa Senhora do Perpétuo Socorro (localizada em uma travessa da Avenida Brigadeiro Faria Lima)'. Fiquei surpreso por estar lotado até lá", conta Cris. "Fui correndo até o escritório de um amigo na Rua Amauri, uma travessa da Faria Lima, mais adiante, para filmar a multidão de cima, pela janela do prédio."

A confecção das faixas exibidas pelos manifestantes ficou sob a responsabilidade da Rosana. "Aprendi que elas não podem ter cabos grandes dos lados para segurar porque, além de serem pesados demais, a madeira vem cheia de farpa. Ninguém aguenta", diz ela. Para as manifestações seguintes, ficou decidido que os banners teriam apenas um cabo semelhante ao de uma vassoura.

No dia 22, outras duas pessoas muito importantes para o movimento começaram a se aproximar. A advogada Janaína Lima era uma delas. Ela nasceu e foi criada no Capão Redondo, bairro da periferia da zona sul de São Paulo. Apesar da força do PT nessa região, Janaína sempre teve uma visão crítica em relação às políticas assistencialistas pelas quais o partido é conhecido e, naquele momento, defendia a alternância de poder e apoiava a campanha do Aécio. Ela ajudou a divulgar a manifestação do dia 22 e, a partir daí, se envolveu cada vez mais com o Vem Pra Rua.

"Me emocionei muito com o discurso do Chequer e do Colin quando eles viram na Faria Lima os milhares de pessoas. Eles choraram, se abraçaram, e contaram como tinham começado o movimento. 'Que máximo esses dois', eu pensei. Muito mais do que você olhar de onde eles vieram, de que classe social, é olhar que são duas pessoas que tiveram a coragem de fazer o que muitos tinham vontade e não tinham conseguido", lembra Janaína. "Ali, o que eu vi foram duas pessoas que de fato conseguiram promover no Brasil algo em que eu me sentisse representada. Um movimento político, cívico, que falava comigo, que fazia com que o Brasil da menina do Capão fosse o mesmo Brasil do Colin, do Chequer, que moram em bairro nobre. Então é um movimento que nasceu para superar essa divisão de classes, essa divisão de raças", complementa Janaína.

Outra pessoa que passou a nos ajudar foi Verena, esposa do Putz. Ela foi pela primeira vez naquela quarta-feira, carregou faixas e se disponibilizou a ajudar com tudo de que precisássemos. Desde aquele momento, nunca parou de atuar no Vem Pra Rua.

No dia 22 de outubro vimos cenas que se tornariam comuns em nossas manifestações: famílias com crianças e idosos nas ruas. Chade foi um dos que levaram os filhos e viu vários amigos fazerem o mesmo. Ele conta: "Já havia o ambiente familiar, de paz, de confraternização que continuamos a ver nas saídas realizadas depois. Não havia *black blocs*, quebradeira e outros elementos que víamos pela cobertura da TV em outros eventos do mesmo tipo que afastavam algumas pessoas das manifestações". A partir de então, procuramos sempre comunicar esse clima amigável e tranquilo nas divulgações de nossos protestos, incentivando os participantes a irem às ruas com suas famílias.

A roupa verde e amarela também se consolidou nessa manifestação como um uniforme de guerra do Vem Pra Rua. "Falávamos disso nas reuniões em que discutíamos a estratégia do protesto. Questionávamos: que roupa vamos usar? Camisa da seleção brasileira, concluímos, em função da relação que o Brasil tem com o futebol", conta Zizo.

Luciana Reale ficou boa parte da manifestação distribuindo adesivos e bandeirinhas na caçamba do caminhão. Ela participou das Diretas Já, em 1984, e do movimento dos Caras Pintadas, em 1992. "Fazia muito tempo que eu não via algo desse tamanho!", diz. "Parece que as pessoas certas se encontraram na hora certa e fizeram o protesto com tanta paixão, com tanta vontade, que aquilo fez *boom*. Acho que nem o próprio PSDB e o Aécio acreditaram no tamanho que a coisa tomou."

Cada um no seu quadrado

Por Colin Butterfield

Nessa época, ainda éramos ingênuos em relação aos limites que deveríamos estabelecer para o movimento. Nosso caminhão se transformou, de certa forma, em palanque político. Havia senador, deputado, secretário, ex-presidente. Em determinado momento, com o trio elétrico abarrotado de gente, um bombeiro falou para mim:

– Tem que descer metade das pessoas; o caminhão não está apto para suportar esse peso.

Eu comecei a falar para os políticos descerem. Dizia:

– Isso é manifestação popular, não é comício.

Aproximava-me dos parlamentares e insistia:

– Gente, vocês têm que descer.

Um deles respondeu:

– Você sabe quem eu sou?

Olhei para ele e continuei:

– Eu estou falando que você vai descer porque eu estou organizando esse negócio.

– Eu sou o deputado...

– Muito prazer, deputado. Mas isso é uma manifestação popular. Isso não é palanque de comício de político. Então, por favor, vocês desçam, e desçam já.

– Como você ousa me pedir para descer do caminhão? – ele continuava.

– Não, agora eu não estou mais pedindo. Estou dizendo que você terá que descer do caminhão.

Essa postura se fez necessária para não perdermos a credibilidade que estávamos começando a construir. É verdade que havíamos decidido defender a eleição de Aécio, mas sabíamos que se tratava de uma estratégia pontual e temporária.

Levamos nove cidades às ruas: São Paulo, Ribeirão Preto (SP), Belo Horizonte (MG), Curitiba (PR), Rio de Janeiro (RJ), Brasília (DF), Recife (PE), Fortaleza (CE) e Teresina (PI). Já era mais que o dobro da saída do dia 16.

Depois da dispersão na Avenida Cidade Jardim, fomos comemorar em um boteco na Rua Tabapuã, próximo dali. Nós estávamos eufóricos e exaustos. O Chequer, então, falou:

– Colin, lembra do nosso plano? Se hoje desse certo, nós iríamos chamar para outra manifestação no próximo sábado, dia 25.

– O quê?! Daqui a três dias? Você está maluco. Não tenho saúde para isso.

– Era o nosso plano – insistia Chequer.

– Não dá para fazermos isso.

– A manifestação deu certo ou não deu?

– Tá bom, Chequer. Vamos, então.

Nesse momento gravamos um vídeo, abraçados:

"Turma, não podemos parar por aqui. O que vocês acham de fazer outra? Estamos meio loucos aqui, estamos roucos, dormimos mal. Mas, se vocês toparem, a gente topa. Se a gente fizer, vocês vêm ajudar a gente? Se vocês toparem essa, nos chamem amanhã. Estamos animados. Vem com a gente, vamos juntos."

Vem Pra Rua dia 25!

Mandamos o vídeo naquela madrugada para os grupos de WhatsApp do movimento, já convocando todos para um encontro às 14 horas, desta vez na Avenida Paulista, região central de São Paulo. A mudança de local foi decidida em função do trajeto. O trecho da Avenida Brigadeiro Faria Lima havia ficado curto para tantas pessoas caminharem. Cogitamos subir a Avenida Rebouças, que liga o bairro de Pinheiros, onde está o Largo da Batata, ao centro. Mas fomos atraídos pela ideia de ter um ponto de encontro: o Masp, localizado no meio da Paulista e um dos símbolos da capital.

No dia seguinte à manifestação, Dilma e Aécio se enfrentaram no segundo debate, desta vez na TV Globo. Menos agressivos que no primeiro, os dois mantiveram ataques sobre corrupção e a área econômica, como divulgou a revista *Época NEGÓCIOS*. Segundo a publicação, "Aécio disse que a adversária protagonizou a 'campanha mais sórdida' da história". Dilma, por sua vez, "reiterou promessas feitas durante a campanha para combater a impunidade e voltou a acusar os governos PSDB, comandados pelo ex--presidente Fernando Henrique Cardoso, de 'engavetar' denúncias".

Naquele mesmo dia, 23, tivemos uma noção mais clara do impacto da manifestação do dia anterior ao ler o noticiário. O jornal *O Globo* e o portal UOL destacavam nossa posição pró-Aécio e a presença de políticos no caminhão. Não havia como escapar desses relatos. Estávamos cientes disso ao tomar a decisão de apoiar a candidatura de Aécio. A revista britânica *The Economist* publicou uma reportagem intitulada "The Cashmere revolution" (A revolução de *cashmere*). A reportagem descrevia os fatos de maneira correta: "Os barões de negócios e financistas não são conhecidos por tomar as ruas. No entanto, em 22 de outubro, milhares deles apareceram em São Paulo em apoio a Aécio Neves, o adversário da presidente Dilma Rousseff, do Partido dos Trabalhadores (PT), que travam uma disputa apertada para as eleições de 26 de outubro. Junto com cônjuges e filhos, passearam na Avenida Faria Lima, uma via convenientemente localizada perto de seus escritórios. Foi um espetáculo memorável – talvez sem precedentes na história das eleições, e não apenas no Brasil".

A chamada fazendo alusão ao cashemere, porém, reforçava um olhar preconceituoso que estava se criando em relação à origem do Vem Pra Rua. O fato de alguns de nós, organizadores, sermos empresários e executivos, era motivo de críticas e ironias, como se nossas condições não legitimassem a luta. Do nosso ponto de vista, era justamente o contrário: estávamos usando a voz que tínhamos na sociedade e nos expondo pessoalmente em nome de um Brasil melhor para todos – e gostaríamos de ter os mesmos direitos para fazer isso que qualquer outro cidadão.

Semanas depois conhecemos o jornalista que fez o texto para a *The Economist* e perguntamos por que escolheu aquelas palavras para o título. Ele contou que a conotação do título não era para ser negativa. A intenção da revista era destacar que, pela primeira vez na história, uma manifestação popular começara da elite, e não das bases.

Depois da manifestação do dia 22, foi postado um vídeo que nos entristeceu. Seria uma das muitas armadilhas que a imprensa nos prepararia dali em diante. No dia do protesto, havia uma moça, munida de filmadora, que se apresentava como repórter da *Folha de S. Paulo*. Ela fazia perguntas provocativas a pessoas que participavam da manifestação e, na edição, tirou a resposta do contexto: "Temos um nível superior ao da oposição, que infelizmente hoje é situação", colocou, de maneira "jogada", em seu filme. Entrevistou, por exemplo, o Cadu, e disse a ele que não havia negros na manifestação – mas na frente dele havia justamente um negro. Ele, então, respondeu: "Como não? Está aqui. Você vai filmá-lo agora", conta Cadu. A cena não apareceu. Inicialmente, o vídeo foi postado na *TV Folha*. Foram selecionados depoimentos polêmicos, de pessoas indignadas e com visões radicais, que defendiam a intervenção militar e diziam palavras de ódio contra o PT, como se aquilo representasse a massa de manifestantes ou o clima do evento, o que absolutamente não era verdade. O mesmo vídeo foi postado em um canal do YouTube com o título: "Veja o que os eleitores do Aécio pensam".

Ficamos tão indignados que escrevemos várias mensagens para a *ombudsman* da *Folha*. Em uma delas, citávamos uma campanha, do próprio jornal, da década de 1980. A propaganda mostrava, bem de perto, os pixels de uma foto. Devagar, a câmera ia se afastando, deixando, pouco a pouco, surgir a imagem do rosto de um homem. Enquanto isso, um locutor dizia:

"Este homem pegou uma nação destruída. Recuperou sua economia e devolveu o orgulho ao seu povo. Em seus quatro primeiros anos de governo, o número de desempregados caiu de 6 milhões para 900 mil pessoas. Este homem fez o produto interno bruto crescer 102% e a renda *per capita* dobrar. Aumentou os lucros das empresas de 175 milhões para 5 bilhões de marcos. E reduziu uma hiperinflação a no máximo 25% ao ano. Esse homem adorava música e pintura. E, quando jovem, imaginava seguir a carreira artística". Surgia, então, a imagem já nítida de Adolf Hitler. "É possível contar um monte de mentiras dizendo só a verdade. Por isso, é preciso tomar muito cuidado com o jornal e a informação que você recebe. *Folha de S.Paulo*. O jornal que mais se compra. E o que nunca se vende."

A nosso ver, a junção de verdades para contar uma mentira era exatamente o que estava sendo feito no dia 22. E não seria a última vez que teríamos essa impressão em relação à cobertura da imprensa em nossas manifestações.

Perdemos uma, ganhamos 500

Por Rogerio Chequer

Tivemos três dias para preparar a saída seguinte. Na tarde de quinta--feira, dia 23 de outubro, o José Carlos me ligou de um evento em que estava também o ex-presidente Fernando Henrique Cardoso.

– Chequer, estou aqui com o Fernando Henrique Cardoso, e ele está dizendo que gravaria um vídeo para chamar para a manifestação de sábado. Você poderia?

– Lógico que eu poderia – respondi.

– Ele está indo para a casa dele e encontra você lá, ok?

Eu estava na minha empresa, e a Érika estava ao meu lado. Desliguei o telefone, olhei para ela e falei:

– Vou gravar um vídeo com o Fernando Henrique.

– Que máximo!

– Quer ir comigo? – convidei. – Esse é o tipo de momento em que é bom ter alguém para ajudar.

– Oi? – perguntou Érika, em estado de choque.

Saímos correndo de lá e seguimos para a residência do ex-presidente. Chegando ao prédio, falei ao porteiro que estava indo ao apartamento do Fernando Henrique. Foi inusitado dizer isso. Esse tipo de visita era uma novidade para mim.

Fomos recebidos pela empregada. Sentamos no sofá e aguardamos alguns minutos antes que ele chegasse. Comecei a bater um papo com ele e explicar com mais detalhes o que era o movimento. Ele ficou extremamente interessado, dava para ler em seu rosto. Então, abordei o motivo da minha ida até lá:

– Olha, presidente, a ideia hoje é gravar um vídeo do mesmo jeito que o anterior. Só iremos tratar melhor o acabamento do filme.

De repente, entrou na sala o Xico Graziano, ex-chefe de gabinete de FHC e assessor direto dele. Por educação, eu interrompi a conversa com o presidente para atualizar o Xico sobre o ponto em que estávamos. Mas ele me interrompeu:

– Olha, Rogerio, não vai ter vídeo nenhum. Não adianta. Aquela gravação que fizeram foi sem tratamento. Com quem vocês acham que estão lidando? Estão lidando com a imagem de um ex-presidente da República. Ele não é uma pessoa qualquer. Não vai ter vídeo.

Esperei ele acabar de falar e me posicionei:

– Xico, presidente, com todo o respeito, eu não estou aqui para forçar nada. Entendo alguns dos seus pontos. E me comprometo a fazer um trabalho de edição nesse vídeo. Podemos fazer e vocês aprovam antes de publicarmos...

– Não! – reiterou Xico, repetindo frases similares às anteriores.

No meio de seu discurso chega Patrícia Kundrát, esposa de FHC. O ex-presidente, com uma cordialidade impecável, nos apresentou.

O Xico saiu da sala. Ficamos ali, em uma situação chata. Não havia clima para insistir. Fernando Henrique não iria desautorizar seu assessor.

Então, levantamos para ir embora. FHC nos acompanhou até a porta, junto com Patrícia. Despedimo-nos.

Infelizmente, saímos de lá sem o vídeo em mãos. Mas, no dia seguinte, por iniciativa própria, Patrícia gravou e me enviou por WhatsApp um vídeo no qual o ex-presidente chamava as pessoas a se manifestarem mais uma vez.

Uma causa comum

Na sexta-feira eu fui acordado por uma ligação por volta das 10h30. Eu havia ido dormir às 7 horas. Era o coordenador da campanha de Aécio nas redes sociais, Rodrigo Baggio. Ele ficou sabendo sobre mim por intermédio de um amigo em comum e queria conversar a respeito de como poderíamos unir forças nos últimos dois dias de campanha antes da votação do segundo turno. Pedi para que me descrevesse o que estavam fazendo na parte digital da campanha. Ele me fez um longo relato sobre a estratégia, mas algumas palavras saltaram de seu discurso e ficaram gravadas na minha cabeça: página do Facebook com 3 milhões de seguidores; grupos de WhatsApp que atingiam 50 mil pessoas; 500 centros de voluntários no Brasil inteiro. De repente, me veio uma ideia pronta à cabeça. Será que poderíamos utilizar os recursos dele para fazer manifestações em centenas de cidades no Brasil?

Perguntei se ele conseguiria mandar uma mensagem para esses 500 centros de voluntários com um clique. Ele disse que sim. Perguntei onde ficavam essas bases e se incluíam Norte e Nordeste, regiões que concentravam grande parte dos eleitores de Dilma. "Sim", foi a resposta de Rodrigo. Então eu vou te fazer uma proposta. Se eu montar um PowerPoint com cinco passos supersimples, orientando os voluntários a organizarem manifestação em suas cidades, você pode enviar para toda sua base? "Eu topo", ele respondeu.

Só para reforçar: estávamos falando, na sexta-feira, de incentivar des-conhecidos a organizarem protestos em menos de 24 horas em suas cidades.

Liguei imediatamente para o Colin, que já estava a pleno vapor no QG em sua casa. Comuniquei os detalhes do acordo com o Rodrigo e pedi para ele começar a preparar o PowerPoint enquanto eu me dirigia para lá.

Menos, Aécio

Por Colin Butterfield

Criamos um documento que ensinava como organizar a saída: do mote ao dia do protesto. De maneira simples e didática. Isso fez toda a diferença. Antes, o ponto zero: marque hora e local na cidade para sua manifestação. E, então, siga as coordenadas: 1) Junte uma turma de amigos próximos para trabalhar com você; 2) Identifique os influenciadores da cidade, como artistas e outras personalidades; 3) Você e seu grupo de trabalho vão gravar vídeos com os influenciadores da cidade chamando para a manifestação e compartilhar em suas redes sociais; 4) Use os vídeos que o Vem Pra Rua divulgou no Facebook para ajudar na divulgação; 5) Mande-nos uma mensagem de volta, comunicando que a sua cidade vai ter manifestação, com horário e local; 6) Faça ofício e coordene com a Polícia Militar; 7) Designe responsáveis para as principais funções (segurança, mobilização, som, captação etc.); 8) Designe o(s) porta-voz(es) e estude o manifesto, assim como o press release *que enviaremos antes da saída. No documento, divulgamos os nossos contatos.*

Enviamos isso também para a base de voluntários da campanha de Aécio, espalhados Brasil afora, e o meu celular não parou mais de tocar. Foi uma verdadeira loucura. Eram pessoas falando: "Oi, sou aqui de Caxias do Sul, recebi seu PowerPoint, mas tenho uma pergunta...". Até o momento do protesto foi assim. Eu não parava de dar instruções Brasil afora. E ia anotando em um papel as cidades que confirmavam. No convite para o evento nas redes sociais, atualizávamos a lista com as cidades.

Na quinta-feira à tarde, dia 23, eu já havia ligado para minha secretária no trabalho e falado: "Por favor, cancela tudo que eu tenho amanhã". Varei a noite de quinta para sexta e de sexta para sábado trabalhando com o Vem Pra Rua.

Na sexta-feira, meu telefone tocou: era um dos assessores da campanha do Aécio.

– Colin, eu tenho uma ótima notícia para você.

– Pois não.

– Falei pessoalmente com o Aécio; ele está tão impressionado com o que vocês estão fazendo que gostaríamos de saber se não podem mudar

*a saída de amanhã para as 9 horas da manhã (em vez de 14 horas) para
a Praça da República. Porque ele pretende vir a São Paulo, estar conosco
e promover o movimento de vocês. Ele quer fazer essa saída junto: o
Vem Pra Rua com o PSDB.*

*– Deixa eu entender uma coisa: eu estou me matando para fazer uma
saída às 14 horas na Paulista. Você acha que eu pego dezenas de milhares de
pessoas de um dia para o outro e falo: "Não é mais na Paulista, é na República"?
Isso não existe. Adicionalmente, você quer transformar nossa manifestação
popular em um evento do PSDB? Isso sim seria um grande erro!*

– Mas o Aécio estará com vocês.

*– Não. Deixe-me explicar meu ponto de vista: a última coisa que o PSDB
precisa é taxar uma saída popular como algo vinculado ao seu partido.*

O pai do Coelho

Naquela sexta-feira, o Colin recebeu um telefonema do Coelho, aquele
que havia levado a faixa fora do padrão no dia 16. A essa altura, ele já estava
nos ajudando muito nas ações de mídias sociais. Na véspera, ele ligou
dizendo que teria que se ausentar. Seu pai, que o ajudou a carregar a faixa,
não estava se sentindo bem e ia levá-lo ao hospital. Por isso, estávamos
apreensivos para saber como seu pai estava. A notícia não poderia ser pior:
doutor Edilson, que 24 horas antes estava saudável e compartilhando a
emoção do Vem Pra Rua, havia falecido. Foi um choque para todos nós.
Nós o conhecemos na primeira manifestação do Largo da Batata, quando
eles chegaram carregando a faixa gigante. Ele acompanhou o filho também
na segunda, do dia 22. Embora nos conhecêssemos havia apenas dez
dias, já tínhamos criado uma relação muito especial e ficamos abalados.
Estávamos em reunião para organizar a saída do dia seguinte e, mesmo
no meio da loucura que era a véspera de uma manifestação, fizemos uma
pausa no trabalho.

Àquela altura da noite, os materiais do Vem Pra Rua já estavam sendo
publicados na página do Facebook de Aécio Neves. Por exemplo, nossos
banners. A página tinha 3 milhões de seguidores, e parte deles começou
a acessar a nossa página no Facebook. O Cadu acompanhava, pelo laptop,
o painel administrativo da página do Vem Pra Rua, que lista as ações a

cada momento. As interações com a página foram ganhando volume gradativamente. Perguntávamos:

– E aí, tá bombando?

– Sim, tá bombando! Cada vez mais – respondia Cadu.

Até que teve um momento em que ele fechou o laptop abruptamente e olhou para nós, incrédulo.

– O que foi?

– Os acessos estão crescendo em uma velocidade impressionante, não dá mais para acompanhar.

Continuamos a trabalhar, pedimos duas pizzas e algumas cervejas. A sala da casa do Colin parecia uma república de jovens antes dos exames finais de faculdade: papéis para todos os lados, barbas malfeitas, laptops e fios entrelaçados, restos de pizza... Ficamos discutindo se aquele momento não seria histórico. Também falamos sobre como era possível fazer tanto com tão pouco. Éramos mais ou menos uma dúzia de pessoas organizando manifestações Brasil afora, com nossos computadores e boa vontade. Estávamos com 450 mil convidados no evento do Facebook.

Por volta das 21 horas, voltamos a ligar para o Rodrigo. Queríamos saber quantas cidades haviam confirmado. "Outra pessoa está cuidando disso", ele respondeu. Ligamos algumas vezes, e nada. Por volta de 1h30, quando já nos organizávamos para voltar para casa, fizemos uma última tentativa. Ele contou que tinha acabado de receber a lista de cidades que fariam manifestação: 237.

As emoções não param

Apesar de termos aprendido muito sobre como estruturar uma manifestação nesse curto período de tempo, continuamos sendo surpreendidos por ideias ou necessidades de última hora. Até porque o volume de participantes e a expectativa que criávamos sobre as possibilidades também cresciam a cada protesto.

Para o dia 25, o grupo que estava organizando em São Paulo decidiu fazer camisetas para o dia da manifestação. Foram menos de 12 horas entre a ideia e a entrega das camisetas. "Eu dei um Google e achei um lugar que fazia *silkscreen* (um processo de impressão)", conta Rosana, que já havia ajudado a organizar o dia 22. "Fui até lá, levei o *logo* do Vem Pra Rua e perguntei: 'Você faz agora?'. 'Tá bom', respondeu a atendente. 'Pode fazer todas, em todos os tamanhos que tiver aí'". Saiu de lá com o primeiro lote de camisetas do Vem Pra Rua, suficiente apenas para distribuir para o pessoal da organização.

Quando chegamos à Avenida Paulista, nos surpreendemos. Estava abarrotada. Decidimos que andaríamos até a Avenida Brigadeiro Luís Antônio e desceríamos por ela até o Parque do Ibirapuera. No entanto, antes de fazer a curva, paramos em frente ao prédio da Petrobras na Paulista, que fica do lado oposto à Fundação Cásper Líbero. Fizemos um discurso ali, que explorava justamente essa contradição: na frente de uma das instituições de ensino de jornalismo mais famosas do Brasil, que pregava a liberdade de expressão, estava a empresa que protagonizava o maior esquema de corrupção dentro de uma estatal. Foi o primeiro discurso de muitos feitos naquele ponto.

Os filhos do Chequer nos encontraram no meio do caminho. Era a primeira vez que participavam de uma manifestação. Subiram no caminhão e ficaram impressionados com o que viram lá de cima.

Ao chegar perto do Ibirapuera, tivemos uma visão incrível. Estávamos de frente para o "Deixa que eu empurro", o mesmo monumento onde três semanas antes quatro pessoas estavam reunidas pelos mesmos propósitos daquela manifestação do dia 25. Só que, desta vez, muito mais gente se juntou a nós. Naquele dia, José Serra comentou que nunca tinha visto algo parecido. Nem no Diretas Já, porque o movimento do final da década de 1980 contou com o apoio de entidades governamentais.

Ao estacionarmos o caminhão, também vivemos um dos momentos mais marcantes até hoje. Fizemos uma homenagem ao Marcelo Coelho e seu pai, que havia falecido no dia anterior. Nós dois discursamos para lembrar dele e falar de sua importância e engajamento no grupo. Pedimos uma salva de palmas da multidão. Ficamos com a voz embargada. Coelho não foi à manifestação. Mas sua faixa, que havia sido a linha de frente no dia 16, estava lá. Para nós, ela era o símbolo de como pessoas que não se conheciam podiam se unir em torno de uma causa. "A participação do meu pai foi especialmente importante para mim", diz Coelho, "porque tudo que eu aprendi sobre política foi com ele. Quando eu era criança, queria estar sempre perto dele. Como ele assistia muito a telejornais, acabei absorvendo as informações e, mais tarde, me interessei pelo assunto. A posição que eu ocupo hoje no Vem Pra Rua devo a ele".

No último discurso daquele dia, falamos sobre como estávamos otimistas, mas que o jogo ainda não estava ganho. Poucas vezes o público esteve tão em silêncio. Por fim, pedimos que cada um limpasse o local em que estava.

Renata lembra de um momento marcante durante a manifestação do dia 25. Ela estava em frente ao caminhão, na praça do "Deixa que eu empurro", durante os discursos finais. "Gosto de observar as pessoas. E, desta vez, fiquei vendo uma moça ao meu lado que escreveu 'obrigada' em um papel, com batom vermelho, e levantou o papel para mostrar ao Chequer. Ficou lá um tempão, esperando ele olhar", disse Renata. "Quando finalmente olhou, Chequer falou 'obrigado a vocês. Estamos dando apenas o palco'. Não dava para ouvir, mas eu via os gestos e o movimento dos lábios. Ela, então, respondeu: 'Não. Vocês estão nos dando a voz'. Até hoje me arrepio ao lembrar disso. A mulher chorava. Na hora, eu não aguentei e dei um abraço nela. Ter presenciado esse momento, de certa forma, contribuiu para o meu engajamento."

Feedbacks como aquele mostravam que estávamos no lugar certo, com as pessoas certas, fazendo a coisa certa. O Vem Pra Rua se tornou palco para o povo expressar suas opiniões. Como disse a moça, para dar voz às pessoas.

E as nossas vozes eram cada vez mais ouvidas. A manifestação do dia 25 aconteceu em mais de 200 cidades. E repercutiu nos principais veículos da imprensa nacional, ainda que relacionada à defesa de Aécio. No *Estadão* foi noticiado: "Militantes do PSDB fazem ato na Avenida Paulista". Na *Veja*, o título variava bem pouco: "Ato de apoio a Aécio reúne milhares na Avenida Paulista". Já o *Valor Econômico* destacou que "ato a favor de Aécio na capital paulista tem empurra-empurra". O empurra-empurra ao qual se referia o texto foi no momento em que o governador Geraldo Alckmin passou entre os manifestantes, gerando "princípio de confusão", de acordo com o jornal.

Quando os últimos manifestantes foram embora da praça no início daquela noite, demos uma volta pelo espaço para coletar o resto do lixo. Não havia mais nada a ser coletado. Tudo foi colocado na pick-up de um dos organizadores, Flávio Beal, o mesmo veículo em que tínhamos feito o primeiro discurso do Vem Pra Rua com um megafone no Largo da Batata. Tão limpa quanto a praça estavam as nossas almas pelo sentido de dever cumprido, do que havíamos feito naqueles dois meses.

Como havíamos anunciado no último discurso, a batalha não estava ganha. As pesquisas apontavam para empate técnico e qualquer resultado era possível para o dia seguinte.

Um balde de água fria

Por Rogerio Chequer

Domingo, dia 26 de outubro de 2014, segundo turno das eleições presidenciais. Eu estava com a Clara, minha filha. Chegamos em casa por volta de 19h30, e eu liguei a televisão para saber como estava a apuração dos votos. Até aquele momento, o placar estava quase empatado entre os dois candidatos. Passaram-se vários minutos até que mais uma atualização fosse anunciada. Quando os novos números apareceram na tela, eu gelei. Dilma havia ultrapassado Aécio e os votos remanescentes não seriam suficientes. Ela foi reeleita. Nós estávamos derrotados.

Com 100% das urnas apuradas, a presidente obteve 51,64% dos votos, e Aécio, 48,36%. A diferença de votos era de 3,4 milhões. "Essa foi a menor diferença de votos em um segundo turno desde a redemocratização", dizia o portal UOL.

Não lembro a cara que fiz, mas devo ter demonstrado alguma emoção, porque, na mesma hora, a Clara começou a me perguntar:

– O que foi, pai? O que foi?

– Clara, alguma coisa muito ruim acaba de acontecer para o Brasil.

– Mas o que foi, pai?

Eu não sabia se devia explicar a ela ou não o que acontecera. Àquela hora, já estava atrasado para levá-la de volta à casa da mãe. Então fomos embora, interrompendo a conversa.

Assim que a deixei, fui para a casa de um amigo. Naquele momento triste, precisava estar entre outras pessoas próximas. Comecei a sentir uma depressão instantânea ao ver seu discurso de vitória. Sem qualquer vontade de assistir àquilo, fui para a varanda e fiquei lá. Minha ex-mulher, mãe da Clara, me ligou nessa hora. Ela me contou que a Clara estava chorando. "Mas por quê?", eu quis saber. "Ela está falando que é porque a Dilma ganhou." Eu sabia que ela não estava triste pelo resultado da eleição, mas por ter sido a observadora mais próxima das minhas emoções diante do resultado.

Liguei para o Colin.

– E agora, o que a gente faz?

– Bom, vamos conversar? – perguntou ele, como já estava se tornando costume em ocasiões como essa.

– Vamos conversar – respondi. E fui para a casa dele.

Cheguei lá às 23h30. Nós dois trabalharíamos no dia seguinte.

Está só começando

– E aí, vamos continuar ou não? – perguntamos um ao outro e a nós mesmos.

– A nossa missão, que era impedir que ela se reelegesse, falhou – disse um.

– Agora não faz sentido continuar – completou o outro.

– Mobilizamos tanta gente, em tantos lugares...

– É mesmo. Nessa última teve mais de 200 cidades, estamos com líderes em vários estados.

Aquele era um momento típico para dar uma bica e jogar tudo para cima. Não tínhamos energia nem positiva, nem negativa para mobilizar nada.

Estávamos ainda debatendo o que fazer, quando vimos uma mensagem chegar pelo Facebook do Vem Pra Rua: "Diante desse resultado, o trabalho de vocês é agora mais importante do que era antes". Aquilo nos tocou emocionalmente. Até aquele momento, pensávamos única e exclusivamente em evitar que o governo recebesse uma chancela de confirmação dos eleitores após anos de inédita corrupção e incompetência. Não pensávamos em nada além do segundo turno. Não havíamos percebido que já estávamos lutando por causas que não diziam respeito apenas àquele governo, mas à situação do Brasil nas últimas décadas. Mais do que isso, não havíamos percebido o alcance e a capilaridade que o Vem Pra Rua tinha conquistado. Aquela mensagem de uma certa forma nos fez enxergar isso quase que instantaneamente. Olhamos um para o outro e decidimos. "Vamos continuar!". Na mesma hora, meia-noite e meia, preparamos um roteiro rapidamente e gravamos um vídeo para anunciar a todos que haviam se envolvido com o movimento que não pararíamos por ali:

"Obviamente, não podemos falar que estamos felizes. Queríamos muito ter tido um *outcome* diferente com as eleições de hoje. Porém, é muito importante lembrar o que a gente fez e aonde a gente chegou. Construímos alguma coisa que não é fácil de fazer. O que esse grupo fez muita gente tenta fazer profissionalmente, colocando milhões e milhões, e não consegue. E a gente, de alguma forma, conseguiu. E essa alguma forma foi uma série de coisas absolutamente fundamentais; sem algumas delas nada teria acontecido. E essas coisas vieram de cada uma das pessoas desse grupo. Elas trabalharam incansavelmente, tiveram ideias fantásticas, debateram, tiraram o tempo do seu trabalho, tiraram o tempo das suas famílias, tiraram um pouco da saúde. E o negócio deu certo. O fato de ter dado certo criou alguma coisa que tem muito valor. (...) Vamos esfriar a cabeça, permanecer unidos, nos unir neste momento para que a gente alinhe as coisas e volte com a mesma ou mais força que a gente teve nesse movimento todo. Importantíssimo: muito obrigado a todos. Vocês foram incríveis. Vamos para a próxima fase desse grupo."

CAPÍTULO 4

Debates internos

No dia seguinte à vitória de Dilma começou uma nova fase do Vem Pra Rua. Diante do apoio que recebíamos das pessoas que se engajaram na causa que propusemos e que agora nos pediam para seguir em frente, decidimos que aquele não seria um movimento dependente de eleições. Havia propósitos perenes por trás da luta que agora já não era apenas nossa, mas de muita gente. Pessoas que, em sua maioria, não se conheciam até meses atrás e agora estavam unidas por objetivos comuns, que iam além de políticos ou partidos. Mais de 200 cidades registraram manifestações usando nossos métodos e manifesto na véspera das votações do segundo turno. É muita coisa! Apesar da derrota, nós enxergávamos que essas pessoas buscavam o mesmo que nós: mudar o país de maneira profunda e irreversível.

Paramos para rever e atualizar nossas ideias. Passamos a nos reunir com pautas que iam muito além da organização de manifestações. Discutíamos quais eram as pautas mais importantes para o Brasil e como poderíamos impulsioná-las a partir da mobilização conquistada em outubro.

Decidimos nos posicionar como um canal para que as pessoas manifestassem sua indignação com a corrupção, impunidade e mau uso do dinheiro público. A proposta era aglutinar iniciativas que queriam mudar o rumo do país e convidar esses grupos a irem às ruas cobrar por um país mais ético, justo e próspero.

Por pensarmos dessa forma, fomos pegos de surpresa pelo chamado às ruas feito por outros movimentos, como o Revoltados Online, que havia sido criado alguns anos atrás e que estava convergindo para uma causa anti-Dilma. O encontro seria no dia 1º de novembro de 2014, na Avenida Paulista, e a sua causa era brigar contra uma suposta fraude eleitoral, uma pauta com a qual não concordávamos. Havia uma discussão na época sobre a possibilidade de as urnas eletrônicas serem vulneráveis e de os votos terem sido alterados em favor de Dilma Rousseff. A ausência de voto ou confirmação impressa tornava impraticável uma auditoria. Não havíamos ficado satisfeitos com o resultado, concordávamos com a vulnerabilidade das urnas, mas não achávamos produtivo discutir a validade das eleições. Era uma denúncia sem provas e de difícil investigação pela ausência do voto impresso.

O sucesso das crescentes manifestações de outubro de 2014 fez muita gente concluir que poderia montar um movimento de rua. Decidimos não participar do dia 1º de novembro. E ficamos indignados com o rumo que ele tomou. Havia manifestantes pedindo o impeachment, auditoria na eleição presidencial e alguns que pediam intervenção militar – com o que, definitivamente, nunca compactuamos. Posicionamo-nos contra essa manifestação. Mas sofremos pressão da nossa base, ou seja, dos participantes do Vem Pra Rua espalhados pelo Brasil. "Como vocês não vão pra rua?", questionavam. Eles não sabiam da complexidade que é montar um protesto e que, por isso, deveríamos ter uma estratégia clara e sólida para não "queimar cartucho" em saídas fora de hora ou com propósitos vazios. Manter o foco nos objetivos definidos também era importante para construir credibilidade, que era, e viria a ser ainda mais, um de nossos bens mais preciosos.

Naquele momento ainda não defendíamos o impeachment, pois não estávamos convencidos de que havia base legal para o pedido. Porém, desde novembro de 2014, tornara-se comum nos protestos exibir cartazes pedindo a saída da presidente recém-reeleita. Nossa cautela em relação a esse assunto era para evitar levantar bandeiras que não tivessem a força e a coerência que buscávamos.

Cada um na sua

A manifestação de 1º de novembro reuniu 2.500 pessoas, segundo a Polícia Militar. Alguns fatos ganharam a atenção da mídia e impactaram negativamente os movimentos de rua. Participantes carregavam cartazes com os dizeres: "Intervenção militar já", além de "Fraude nas urnas", como repercutiu o jornal *O Estado de S. Paulo*. O investigador de polícia Sergio Salgi carregava faixas com as frases: "SOS Forças Armadas" e "Viva a PM". O deputado federal Eduardo Bolsonaro (PSC-SP), filho do também deputado federal Jair Bolsonaro (PP-RJ), discursou em cima do carro de som e disse que, se seu pai tivesse sido candidato a presidente naquele ano, teria "fuzilado Dilma Rousseff". Ele também afirmou que votaria em Marcola (Marcos Willians Camacho), líder da facção criminosa Primeiro Comando da Capital, o PCC. "Pelo menos ele tem palavra", argumentou. Isso sem contar a repercussão negativa do fato de ele ter levado uma arma, que ficou visivelmente exposta embaixo de sua camisa folgada.

Obviamente, a repercussão do ato foi extremamente nociva. Criou-se uma ideia de que os eleitores do Aécio não sabiam perder. Os apoiadores do PT nadaram de braçada diante dessa postura dos manifestantes. Nós assistíamos incrédulos a tudo isso. "O que esses movimentos estão fazendo?", nos perguntávamos. O pior foi que a imprensa colocou todos os movimentos, participantes ou não, no mesmo balaio. Como se nós, que havíamos feito um movimento bonito e pacífico antes da votação do segundo turno, tivéssemos agora feito tudo aquilo. O *El País Brasil* (versão nacional do jornal espanhol) noticiou no dia do evento: "A manifestação, que chegou uma semana depois das eleições mais acirradas da história do país e uma campanha semeada de ataques pessoais entre os candidatos, é um reflexo do descontentamento de um grande setor conservador paulista (63,8%) que confiou seu voto a Aécio Neves, do mais conservador PSDB". Resolvemos fazer algo para deixar claro que não concordávamos com a postura daqueles manifestantes. Não fazíamos parte da mesma turma.

Renata (esposa do Colin) acompanhava de perto o noticiário e a nossa indignação. Foi nesse momento que ela decidiu se dedicar mais ao Vem Pra Rua. Até então, via o marido trabalhar no movimento e o acompanhava nas manifestações, mas não pensava em fazer parte dele. "O protesto do dia 1º me chamou atenção", diz ela. "Eu falei: 'Como assim? Dilma acabou de ser eleita com a maioria dos votos no país, e eles pedem impeachment no dia seguinte? Basicamente, estavam fazendo ir por água abaixo tudo que o Colin e o Chequer haviam feito até ali. Foi um protesto completamente sem lógica. Não podíamos deixar aquelas pessoas estragarem a coisa linda que eles haviam criado. Decidi que, a partir dali, iria entrar para o movimento. E foi o que fiz." Renata se tornou uma das integrantes mais ativas do Vem Pra Rua e logo seria peça fundamental na organização da logística das manifestações de São Paulo.

Volta às ruas

Em novembro de 2014, a Lava Jato dominava os noticiários. Como consequência da sétima fase da operação, a Polícia Federal cumpriu mandados de prisão, busca e apreensão em vários estados, em empresas de grande relevância no país, como Camargo Corrêa, OAS, Queiroz Galvão e Odebrecht. A suspeita era de que havia um grupo de empreiteiras que formavam um cartel de desvio de recursos públicos. Entre os detidos estava Renato Duque, ex-diretor de Serviços da Petrobras. Nesse mês, veio à tona que os executivos Júlio Camargo e Augusto Ribeiro, da Toyo Setal, teriam pago R$ 154 milhões em propina a operadores do PT e do PMDB dentro da estatal. O relato era parte do acordo de delação premiada que ambos fizeram para tentar reduzir suas penas.

Em meio às revelações, decidimos marcar uma manifestação para o dia 15 de novembro. Era uma data emblemática: o dia da Proclamação da República. Tínhamos que fazer alguma coisa para resgatar com clareza as nossas intenções. Com a imagem do nosso movimento ainda sob o efeito negativo do protesto organizado pelos outros grupos, adotamos novamente a estratégia de voltar às origens. *Back to the basics* era o nosso lema. O que iríamos defender era a nossa primeira bandeira: o fim da corrupção. Falaríamos especificamente sobre a investigação do Petrolão e a importância de punir os culpados. Também chamaríamos a atenção para a investigação sobre o uso político dos Correios (o PSDB acusava o governo de não haver entregado o material de campanha de Aécio em Minas Gerais); para o fim do alinhamento diplomático e político com os regimes bolivarianos (de esquerda, adotados por países como Venezuela, Equador e Bolívia); e para a manutenção da liberdade de imprensa, prejudicada nesses regimes.

De certa forma, esse foi um segundo nascimento do Vem Pra Rua. Porque foi a nossa primeira saída sem o apelo nacional das eleições. Foi também o início de uma estruturação real para a montagem de um evento desse porte. "Eu começava a entender a logística necessária para realizar uma manifestação", afirma Renata. "Começamos a pedir doações para o Vem Pra Rua, o que ajudava a pagar o trio elétrico." Até então, algum integrante o alugava e nos emprestava. Passamos também a fazer os cartazes e a distribuí-los.

Foram 15 mil pessoas às ruas. Essa manifestação nos trouxe muita alegria. Caminhamos da frente do Masp, na Avenida Paulista, até a Praça da Sé, no centro de São Paulo. Estávamos ali por uma causa muito maior do que batalhar por um resultado nas eleições. E isso era histórico. Também foi esse o dia em que se juntaram a nós algumas das pessoas que se revelariam fundamentais ao movimento em um futuro próximo, como a Adelaide de Oliveira. Nessa manifestação de novembro, ela, uma mulher elegante, alta, chegou carregando 50 cartazes com excelentes frases de impacto. Aproximou-se do caminhão e perguntou se poderia distribuí-los. Durante o dia, Adelaide ajudou em tudo, desde carregar o cordão de isolamento até limpar o caminhão. "Eu tenho letra boa para escrever cartazes, então comprei papel-cartão amarelo, caneta azul e fiz vários. Quando cheguei lá, todo mundo queria um", lembra ela. Quase dois anos depois, ela se tornaria coordenadora nacional do Vem Pra Rua.

Teresa Kohler, que mais tarde assumiria funções importantes no Vem Pra Rua, havia ido sozinha à sua primeira manifestação. Carregava uma bandeira do Brasil de quase dois metros e nos ajudou a limpar a área do caminhão quando o dia chegou ao fim. Caminhamos conversando até o metrô, e sugeri adicioná-la aos nossos grupos de WhatsApp. No meio da tarde, identificamos na multidão o Glauco Carvalho, o coronel da Polícia Militar que havia nos ajudado a garantir a segurança de todas as saídas. Naquele momento, fizemos questão de agradecer a eficiência da operação.

Dia 15 de novembro foi a primeira vez que Henrique participou de uma manifestação que havíamos organizado. Ele foi com a filha e levou uma faixa de cerca de cinco metros de largura onde estava escrito: Lula, pai do Mensalão/Dilma, mãe do Petrolão. "Em casa, quando eu via o Lula, a Dilma, o PT, ficava sempre reclamando. Depois da eleição fiquei muito revoltado, estava ficando mais chato ainda. Um belo dia minha mulher perguntou: por que você não vai reclamar na rua?." No meio da manifestação, ele reconheceu o Colin, com quem já havia feito um projeto de trabalho. Convidamos o Henrique para participar do grupo. Ele se animou. Nas manifestações seguintes, ele se tornaria uma pessoa muito importante na coordenação logística, oferecendo como apoio seu caminhão com materiais importantíssimos, que iam desde banheiros químicos até protetor solar e protetores auriculares – fundamentais quando passamos várias horas em um carro de som, com muito barulho em volta.

Costa, o responsável pela segurança até hoje, também se juntou a nós nessa época. Ele havia participado de algumas manifestações e falou com o Chequer sobre como poderia entrar de cabeça no movimento. Como ele tinha conhecimento na área de segurança, sugerimos que cuidasse dessa parte, pela qual quase ninguém se interessava muito. Ele abraçou a causa e até hoje faz um trabalho fantástico. Nunca tivemos um incidente grave nas manifestações.

Foi nesse dia que tivemos a primeira experiência com outros movimentos, que viriam a ser protagonistas conosco daquele momento em diante. Foi a primeira vez que encontramos o pessoal do Movimento Brasil Livre (MBL), que havia sido criado logo após o segundo turno. Depois da manifestação de 1º de novembro, Renata buscou o contato do grupo e conseguiu o telefone do Renan Santos, um dos líderes do MBL. Ligamos para ele e combinamos de nos conhecer pessoalmente durante o protesto. Ao chegar à Paulista, Colin foi ao encontro de Renan e o viu sentado na calçada, ao lado do caminhão. Sugerimos que posicionassem o caminhão para andar até a Praça da Sé conosco, mas nosso carro de som era pequeno comparado ao do MBL. Quando eles ligaram o som deles, o nosso ficou abafado. Passamos a combinar desde então as regras para trabalharmos juntos. Ao parar na Praça da Sé, mandávamos sinal de som de um caminhão para o outro, para alternar quem iria falar e nos organizarmos de maneira que todos pudessem ser ouvidos.

Do smartphone para a governança

Em dezembro de 2014, o jornal *O Estado de S. Paulo* foi o primeiro a divulgar que Paulo Roberto Costa, ex-diretor de Abastecimento da Petrobras, havia citado em sua delação premiada 28 políticos supostamente beneficiários da corrupção na estatal, entre filiados dos partidos PP, PMDB, PSDB, PSB e PT. Foram mencionados dois ex-ministros petistas, ambos da Casa Civil, Antonio Palocci e Gleisi Hoffmann, o ex-governador do Recife, Eduardo Campos, morto em agosto daquele ano, e Henrique Eduardo Alves (PMDB), então cotado para a presidência da Câmara. Na ocasião, Dilma não o indicou para a função por causa da suspeita. Com novas denúncias na Lava Jato surgindo a todo momento, aumentava a indignação dos brasileiros. Meses depois ficaria claro o papel da delação de Paulo Roberto Costa como a primeira peça de um grande dominó que foi progressivamente escancarando a corrupção dentro da administração pública brasileira.

Também em dezembro, o ex-diretor do Bradesco, Joaquim Levy, foi anunciado como o novo ministro da Fazenda. Os mercados se animaram um pouco com a notícia. Seu desafio seria lidar com o chamado ajuste fiscal, dado que no segundo semestre de 2014 já havia indicadores apontando déficits recordes nas contas públicas. O ajuste fiscal consistia em tirar as contas do governo do vermelho, por um lado aumentando a arrecadação e, por outro, diminuindo os gastos públicos, o que exigiria tomar medidas impopulares, como aumento de tributos. Pelos três meses seguintes, o tema do ajuste ocupou lugar de destaque nos noticiários – ao lado do avanço da Operação Lava Jato.

Foi nesse contexto que fizemos a última saída do Vem Pra Rua daquele ano, em 6 de dezembro de 2014. Artistas e políticos gravaram vídeos chamando as pessoas para participar. Entre eles estavam o cantor Paulo Ricardo, o apresentador Otávio Mesquita, o vereador Gilberto Natalini, do PV-SP, o médico sanitarista Eduardo Jorge (que concorreu à Presidência da República em 2014), também do PV, o senador José Serra e Aécio Neves, do PSDB, e a deputada federal Soninha, do PPS. Dessa vez, o percurso foi do Masp à Praça Roosevelt, com descida pela Rua da Consolação. E, mais uma vez, tivemos uma surpresa desagradável. Os intervencionistas militares estacionaram a dez metros de distância do nosso caminhão. Pessoas simpatizantes do nosso grupo chegavam, viam um trio elétrico defendendo a intervenção militar no nosso local de encontro e iam embora. Com algum esforço conseguimos colocar um cordão de isolamento para separar os grupos, para tentar reforçar nosso posicionamento ideológico contrário. Os intervencionistas acabaram se deslocando para o outro lado, até chegar ao Quartel General do II Exército, no bairro Paraíso.

O protesto foi pequeno, com 4 mil manifestantes, segundo a Polícia Militar. Uma notícia do G1, portal da Globo, reproduzia a tentativa de deixar claro nosso posicionamento – diferente do adotado por outros grupos: "Somos contra a intervenção militar e não defendemos o impeachment. A gente quer que o dinheiro público seja investido no Brasil, não em Cuba ou aparelhando o Petrolão", disse [Rogerio Chequer] durante a concentração do protesto.

O número de participantes foi baixo em relação às manifestações anteriores. Percebemos que essa saída, de certa forma, havia sido um erro estratégico. Havia uma indignação evidente que unia as pessoas, mas não existia naquele momento uma chamada clara para motivar o protesto. Erramos também ao deixar o senador José Serra subir no nosso caminhão. Ele nos acompanhou e, em determinado momento, pediu o microfone. Nós o deixamos falar. Isso fez com que as pessoas voltassem a afirmar que tínhamos um vínculo com o PSDB – o que não era e não é verdade. Esses erros nos deram trabalho pelos vários meses seguintes, mas foi um processo necessário de aprendizagem – do que funciona e do que não funciona. Passamos a desenvolver uma sensibilidade maior para perceber o tempo certo para protestos de rua, e tomamos contato com a dificuldade de se mobilizar sem o amparo de eventos políticos específicos.

Percebemos que esse modelo de protesto nas ruas estava minguando. Para continuar manifestando nossa indignação em relação à corrupção e outras condutas do governo, teríamos que encontrar um caminho alternativo.

Motivos para não pararmos as ondas de protesto havia de sobra. Uma pesquisa do Instituto Datafolha, publicada em dezembro, mostrava que a maioria dos brasileiros (68%) avaliava que a presidente Dilma tinha alguma responsabilidade no caso de corrupção em negócios da Petrobras. A Lava Jato denunciava mais 36 suspeitos de participação no esquema de corrupção e pedia ressarcimento de R$ 1 bilhão que teria sido desviado. No mesmo mês, o governo reduziu a estimativa de crescimento do país para 0,8% em 2015, menos de duas semanas depois de ter reduzido de 3% para 2%.

Além das ruas

Até aquela época, o Vem Pra Rua funcionava basicamente por WhatsApp. Dentro dele havia inúmeros grupos, e as pessoas iam entrando em uns ou outros, de acordo com sua região e com as tarefas que se dispusessem a fazer. Tudo que deliberávamos era comunicado a esses grupos e, assim, as notícias internas do movimento se multiplicavam. Porém, as decisões eram tomadas de maneira muito informal, não havia hierarquia nenhuma. Conforme o Vem Pra Rua continuava a crescer, sentíamos a necessidade de organizar melhor os grupos e as funções, além de formar um núcleo para as decisões mais importantes.

Em dezembro, começamos a esboçar uma estrutura de governança para o Vem Pra Rua, com divisões claras de funções. Com isso, alguns participantes se incomodaram. Havia agendas ocultas e pessoas que não concordavam com decisões das quais não haviam participado. Em uma organização voluntária, um dos maiores desafios é exercer a liderança sobre uma equipe que se dedica ao trabalho apenas porque quer, sem receber salário em troca. No Vem Pra Rua é assim. Ninguém – absolutamente ninguém – recebe um centavo para trabalhar. É natural, portanto, que alguns questionem a maneira como conduzimos as ações. Nessa fase de estruturação, havia pessoas que não concordavam com a existência de regras, ou que simplesmente queriam agir de acordo com os próprios critérios. Elas falavam: "Tudo que o Colin e o Chequer falam aqui é lei? Eu não quero fazer do modo como eles estão dizendo". No entanto, é difícil um grupo crescer de forma organizada sem haver liderança e regras claras. Precisávamos começar a desenhar esse processo.

Na busca de modelos alternativos de protesto, desde o começo de dezembro o Vem Pra Rua vinha experimentando realizar algumas ações pontuais e com menos pessoas, porém com grande impacto na mídia nacional. A primeira delas havia acontecido no dia 2 de dezembro, na Assembleia Legislativa do Estado de São Paulo (Alesp). Um grupo de aproximadamente 20 pessoas se reuniu no local, carregando velas brancas acesas e cartazes amarelos com dizeres como: "Turma do Calote", "Congresso, faça a Dilma cumprir a lei" e "PLN 36 é puro calote". PLN 36 se referia ao Projeto de Lei 36/2014, que propunha alterar o cálculo do superávit primário. Superávit primário é o dinheiro que o governo poupa para pagar os juros da dívida pública. Até então, o valor mínimo de superávit primário era de R$ 116,1 bilhões, com a possibilidade de "descontar" desse valor até R$ 67 bilhões referentes ao Programa de Aceleração do Crescimento (PAC). Com a nova lei, o governo conseguiria descontar o total de gastos do PAC. Traduzindo, Dilma queria mudar a meta fiscal de 2014 quando o ano acabava e, portanto, a dívida já estava consolidada. Para desgosto dos brasileiros, o PLN foi aprovado pelo Congresso.

No dia 16 de dezembro, outra ação de grande repercussão do Vem Pra Rua foi o "Faxinaço na Petrobras", que aconteceu em frente à sede da empresa, no Rio de Janeiro, e nas filiais da companhia: São Paulo, Recife, Brasília, Belo Horizonte, Vitória e até em Houston, no estado do Texas (Estados Unidos). Munidos de vassouras, baldes, sabão, rodos, luvas e alguns com uniforme de gari, os grupos simbolizavam uma limpeza da corrupção dos políticos e executivos envolvidos no escândalo da Petrobras. Na ocasião, lavávamos as escadas das sedes de cima para baixo, em alusão a que a Petrobras deveria lavar seus executivos da mesma forma: de cima para baixo! "Foi um sucesso: teve boa divulgação na mídia, com repercussão no mundo inteiro. Havia mais imprensa do que manifestantes", diz a consultora de imagem Adriana Balthazar, líder do Vem Pra Rua no Rio de Janeiro. Foi nessa manifestação que também introduzimos uma imagem que se tornou emblemática: a mão com quatro dedos manchada de petróleo.

Dilma tomou posse de seu segundo mandato no dia 1º de janeiro de 2015. Em seu discurso, ela admitiu a necessidade de fazer ajuste nas contas públicas e divulgou o novo lema do governo: "Brasil, pátria educadora". O mês nem mesmo havia chegado ao fim quando foi divulgado que o governo central havia registrado em 2014 um déficit de R$ 17,2 bilhões, o pior resultado desde 1997, ano em que teve início a série histórica do Tesouro para medir esse resultado. As despesas somavam valores do Tesouro, Banco Central e Previdência com pessoal, programas sociais, custeio e investimentos, o que resultou em um déficit primário de 0,3% do PIB. A situação da presidente piorou em fevereiro. No primeiro dia do mês, mais uma derrota: Eduardo Cunha foi eleito para a presidência da Câmara, por 267 votos contra 136, vencendo o petista Arlindo Chinaglia, indicado pelo Planalto.

Fechados para balanço

Longe das ruas há um mês, nós começamos a sentir a necessidade de discutir a ideologia do grupo de maneira mais profunda. Que sistema político considerávamos o melhor? Sabíamos que era importante defender uma ideologia, não para proclamá-la, mas sim para termos consistência em nossas reivindicações. Tratava-se de uma definição de bastidores que nos ajudaria a criar uma sustentação sólida para o movimento. Tiramos o mês de janeiro para mergulhar profundamente nessa pauta.

Mesmo em mês de férias escolares, fizemos reuniões semanais com o núcleo duro do Vem Pra Rua, isto é, as principais lideranças que identificávamos entre os voluntários. Depois de muito debate, concluímos que queríamos um estado pequeno, desinchado e eficiente. Para nós, a discussão sobre tamanho e função do Estado passou a ser mais importante do que falar em "esquerda" ou "direita". Ao mesmo tempo, foi consensual que não poderíamos ignorar as pessoas que tinham nascido sem recursos e sem oportunidades. Estava claro que precisávamos perseguir a eficiência de mercado, mas, de alguma forma, cuidar das parcelas mais pobres da população para que tivessem a mesma oportunidade que nós tivemos e que nossos filhos têm. Seguimos com essa ideologia até hoje.

Ao longo do mês de janeiro, a situação da Petrobras ficava mais complicada com o desenrolar da Lava Jato, que gerou acontecimentos como a prisão do ex-diretor da área internacional da Petrobras, Nestor Cerveró, e a estimativa do Ministério Público Federal de que os desvios na empresa haviam chegado a R$ 2,1 bilhões. No dia 28 de janeiro, com dois meses de atraso, a estatal divulgou o balanço do terceiro trimestre de 2014: R$ 3,087 bilhões de lucro líquido (uma queda de 38% em relação ao trimestre anterior). O número não incluía as perdas por corrupção, que sinalizavam R$ 88,6 bilhões. Analistas do mercado criticaram a não inclusão dessas perdas no balanço. Na mesma semana, a Moody's rebaixou todos os *ratings* da Petrobras. "Pesou na avaliação a falta de informações mais claras sobre o real impacto dos desvios de pagamentos sobre os ativos da empresa", noticiou o jornal *O Globo* sobre a decisão da agência de classificação de risco.

A situação de Graça Foster, presidente da Petrobras, já não estava fácil – ficou insustentável depois dessa omissão. Então, no dia 3 de fevereiro, ela passou a tarde com Dilma Rousseff, que a havia indicado para o cargo em 2012. Graça teria manifestado o desejo de deixar o cargo, vontade que teria sido contestada por Dilma. Decidiram que a demissão seria aceita apenas após a definição de um substituto. A previsão era de que o processo se desenrolasse ao longo do mês.

Mas não houve tempo para isso. Enquanto Graça pegava o avião em Brasília para voltar ao Rio de Janeiro, onde mora, um grupo do Vem Pra Rua já estava em frente à casa dela, no bairro de Copacabana, fazendo um panelaço. "Foi um ato pequeno, mas simbólico e com forte impacto", conta Adriana Balthazar, que ajudou a organizar a ação. A jornalista Dora Kramer, do jornal *O Estado de S. Paulo*, escreveu sobre o protesto em sua coluna do dia 5 de fevereiro daquele ano: "Ali, no ambiente do Palácio do Planalto, deve ter lhe parecido que 30 dias a mais ou a menos não fariam diferença. Brasília não é seu *habitat*. Mas o Rio de Janeiro é (...) Numericamente insignificantes, cerca de 30 pessoas. Simbolicamente, suficientes para criar constrangimento a quem, tendo feito carreira como servidora e não no embate duro da política, não está acostumada a ouvir frases como 'Ô, Graça, o seu vizinho tem vergonha de você', nem a se expor a processos de desmoralização pública".

No dia seguinte ao panelaço, Graça renunciou ao cargo. No mesmo artigo, Dora Kramer afirmava que "panelaço na porta da casa de Graça é mais forte que acordo com Dilma".

Naquela semana foi divulgada a delação premiada de Pedro Barusco, ex-gerente de serviços da Petrobras, que contou à Polícia Federal que João Vaccari Neto, o tesoureiro do PT, teria recebido até US$ 200 milhões em propina sobre 90 contratos da petroleira entre 2003 e 2013. Segundo Barusco, Vaccari havia recebido o dinheiro "em nome do PT".

Logo em seguida, outro panelaço foi feito na visita de Lula e Dilma a Belo Horizonte, na comemoração dos 35 anos do PT, no dia 6 de fevereiro. A ação concentrou-se em frente ao Minascentro, local da celebração. Segundo a Polícia Militar, "havia não mais que 80 pessoas". A repercussão foi menor que a dos eventos anteriores.

Os panelaços seguiram acontecendo em fevereiro de 2015. Durante o Carnaval, a revista *Veja* revelou que o então ministro da Justiça, José Eduardo Cardozo, havia se encontrado com o advogado Sérgio Renault, defensor da empreiteira UTC. "Na reunião, que não constou da agenda oficial, Cardozo disse a Renault que a Operação Lava Jato mudaria de rumo radicalmente, aliviando as agruras dos suspeitos de crimes, como corrupção e lavagem de dinheiro. O ministro afirmou ainda que as investigações do caso envolveriam nomes de oposicionistas, o que, segundo a tradição da política nacional, facilitaria a costura de um acordo para que todos se safem", afirmou a revista.

Consideramos isso uma afronta ao povo brasileiro e resolvemos marcar um panelaço contra a atitude do ministro Cardozo. Faltava apenas definir o local. Era Carnaval. Sabíamos que o ministro tinha uma casa em São Paulo e que provavelmente não estaria em sua residência de Brasília. Uma integrante do Vem Pra Rua de São Paulo descobriu o endereço dos pais de Cardozo, procurando pelos nomes na internet. Como era feriado, apostamos que ele estaria com a família. "Ele merecia um megapanelaço", diz ela. Apesar de apostarem que na quarta-feira (18) Cardozo voltaria para Brasília, era o dia em que o grupo conseguiria se reunir.

Cerca de 60 pessoas se encontraram em frente ao prédio na Bela Vista, bairro central de São Paulo, mas o apartamento estava vazio, porque os pais do ministro também deixaram o prédio ao saberem da manifestação. Mas conseguimos mandar o recado que queríamos, e a imprensa estava lá. Os principais jornais do país noticiaram o panelaço. Entre eles, *Valor Econômico*, *O Globo* e *O Estado de S. Paulo*.

Seis dias depois, em 24 de fevereiro, Cardozo foi alvo de mais um panelaço. Jaílton Almeida, que havia se engajado recentemente ao Vem Pra

Rua em Brasília, e um grupo de aproximadamente cem pessoas organizaram uma ação em frente ao Ministério da Justiça.

Depois do episódio, não houve mais rumores sobre encontros entre Cardozo e executivos das empreiteiras. Pelo menos não que tenha sido noticiado.

Essas ações pontuais do Vem Pra Rua não foram realizadas somente para fazer críticas. Em 2 de março de 2015, um dia antes de o procurador-geral da República, Rodrigo Janot, enviar ao Supremo Tribunal Federal (STF) pedidos de investigação contra políticos supostamente envolvidos no esquema de corrupção da Petrobras – que ficou conhecida como "a lista de Janot" –, um grupo de 15 a 20 pessoas se reuniu em frente à Procuradoria-Geral para uma vigília em seu apoio. A sugestão partiu de um integrante do Vem Pra Rua do Rio de Janeiro e foi acatada pela turma de Brasília. Os participantes levaram cartazes com mensagens como: "Janot, você é a esperança do Brasil". Para nossa surpresa, o procurador desceu para falar conosco, se deixou fotografar com o cartaz e respondeu a perguntas, que gravamos em vídeo: "Vamos trabalhar com tranquilidade, com equilíbrio, e quem tiver que pagar vai pagar. Nós vamos apurar, isso é um processo longo, está começando agora. A investigação começa, e nós vamos até o final". Os principais veículos de comunicação do país divulgaram esse vídeo. Entre eles, o *Jornal Nacional* e as revistas semanais *Veja* e *Época*. Foi a partir dele que Jaílton se tornou conhecido de todo o grupo e que nós tivemos clareza sobre a dimensão que ações pequenas e pontuais poderiam alcançar. Estava confirmada nossa hipótese: ir às ruas em grandes protestos era uma das armas – nem sempre a mais poderosa.

Há momentos, porém, em que as ruas voltam a ser prioridade. Foi o que aconteceu em 15 de março, sem que pudéssemos prever. Fazer uma manifestação não foi ideia nossa. Também não foi uma iniciativa dos outros grupos, como MBL e Revoltados Online. Pode soar esquisito, mas a verdade é que recebemos um SMS "do além". Isto é, costumamos brincar que foi assim. Porque não conhecíamos – nem viemos a conhecer – a origem da mensagem que começou a circular pelos aplicativos ainda em janeiro de 2015. Essa mensagem convocava para uma manifestação em 15 de março. O MBL também ficara sabendo, e algumas semanas depois resolveu aderir. Em nosso grupo não havia um consenso em relação à decisão a tomar. Alguns achavam que seria furada participar. Que ainda não era hora de dar as caras em outro grande encontro. Outros insistiam para que fôssemos às ruas.

As principais questões se referiam aos riscos de uma chamada sem dono. Por não sabermos de quem vinha o chamado à manifestação, não tínhamos conhecimento de qual seria a agenda por trás da proposta. Mesmo sem ter essas respostas, colocamos o assunto em votação. Por maioria, decidimos ir.

Restava a discussão sobre apoiar ou não o impeachment. O arcabouço legal ainda era fraco – em nossa opinião e na de alguns de nossos conselheiros jurídicos. Não éramos contra, mas mantivemos nossa posição de não adotarmos, naquele momento, o tema do impeachment.

Como nas outras vezes, começamos os preparativos para o protesto de 15 de março de 2015. Mas não fazíamos ideia da grandiosidade que estava por vir.

CAPÍTULO 5

15 de março de 2015

Nossas expectativas eram baixas para aquela saída. Até porque não sabíamos de quem havia sido a iniciativa de chamar para as ruas – e qual a sua motivação. Uma vez que decidimos participar, no entanto, não economizamos esforços para fazer o evento crescer. Ainda não tínhamos ideia do quão próximo estávamos de, literalmente, fazer história ao protagonizar a maior manifestação do Brasil.

Nessa época, acessávamos aproximadamente 15 mil pessoas por meio de mensagens do aplicativo WhatsApp. Com as listas de transmissão (*broadcast lists*), reproduzíamos o mesmo texto para uma quantidade enorme de pessoas. Era função da Renata (esposa do Colin) cuidar disso. Ela cadastrava o número de telefone de quem tivesse interesse pelo Vem Pra Rua e disparava banners e informações sobre os eventos. Havia centenas de listas, cada uma com até 250 pessoas. Foi durante a preparação para o 15 de março que testamos o efeito dessa ferramenta, já que aumentamos muito o número de participantes dos grupos nos meses anteriores. Quando comunicamos que iríamos às ruas e chamamos toda a nossa rede para nos acompanhar, o smartphone criou uma retransmissão piramidal impossível de controlar.

Para aquela manifestação, trabalhamos uma frente em especial: clubes e associações de classe. Quando conhecíamos um integrante de um grupo como esses, mandávamos mensagem e, se houvesse receptividade, pedíamos que enviasse o convite aos amigos. Assim, conseguimos a aderência de motociclistas de Harley-Davidson, jipeiros, taxistas e caminhoneiros. Surpreendeu-nos a participação dos maçons, que foram em peso à manifestação.

Outra frente de divulgação crucial era o Facebook. Ali, convocávamos para a manifestação de São Paulo e anunciávamos outras cidades no Brasil onde haveria manifestações. Criamos um banco de dados na internet, no qual os líderes do movimento em cada cidade avisavam sobre o local e o horário das saídas. Era com essas informações que alimentávamos a rede social.

Para ajudar os líderes regionais a montarem os protestos, disponibilizamos em outro banco de dados as orientações sobre como deveria ser a aplicação do *logo* em nossos materiais, as músicas para compor as *playlists* durante o evento, o modelo de ofício para avisar a Polícia Militar sobre a manifestação e o manifesto – um documento elaborado pelos líderes do Vem Pra Rua e lido, de cima do caminhão, durante o protesto.

Cerca de dez dias antes da manifestação, passamos a contar com a ajuda de uma assessoria de imprensa para cuidar da estratégia de comunicação do nosso grupo. Estávamos crescendo e percebíamos a importância de passar uma imagem clara sobre nossos objetivos, sem nos deixar confundir com movimentos que tinham propósitos diferentes, como os que defendiam o impeachment já naquela época e, mais importante, nos diferenciar dos que defendiam a intervenção militar. Além disso, era fundamental também alinhar o discurso de todos os porta-vozes do Vem Pra Rua, para fortalecer nossa mensagem diante da opinião pública e do governo.

Quando Mari Botter e Helena Prado – sócias da M2 Assessoria de Comunicação – chegaram, havia apenas um de nós como porta-voz (Chequer), já que o outro (Colin) não podia se expor na mídia em função da posição executiva que ocupava em uma empresa. Era preciso ter outros integrantes preparados para falar em nome do movimento. Uma das primeiras ações de Mari foi preparar alguns líderes regionais para fazer esse papel. Foi feito um guia sobre como conversar com a imprensa para deixar clara nossa mensagem, sem se perder em discussões secundárias, além de um release explicando o propósito da saída para ser distribuído para os jornalistas. Nossa intenção era não desviar a atenção da nossa causa: cobrar medidas do governo federal contra a corrupção. Essa já era a nossa bandeira. Não podíamos nos distanciar dela, sob pena de sermos percebidos de maneira equivocada pela população.

Bastidores da rua – a hora do "vamos ver"

Dividimo-nos em grupos. Uma parte estava concentrada em convidar o maior número de pessoas possível para a manifestação de 15 de março. Outra, alinhava os discursos dos porta-vozes Brasil afora e a comunicação com a imprensa, cujo interesse no evento aumentava exponencialmente. E alguns faziam o planejamento do dia do encontro, isto é, como manter a multidão interessada e animada durante as horas em que estivéssemos nas ruas. Ali começamos a criar um roteiro que nos serviu de base para as manifestações seguintes. Aprendemos com a experiência que, quando se reúnem mais de 100 mil pessoas, já não dá para andar com o caminhão, como havíamos feito até a saída do dia 6 de dezembro. Ficar no mesmo lugar ouvindo apenas discursos de improviso, muitas vezes na voz de pessoas que não têm exatamente o dom da oratória, é entediante.

Também não é uma boa ideia passar todo o tempo gritando frases como: "Eu vim pra rua! Pra protestar! Contra essa corja que não para de roubar!". "Se ficar repetindo isso por quatro horas, o pessoal vai ficando eufórico, e a tendência é começar alguma confusão, por exemplo, com a polícia", diz Marcelo Coelho, um dos responsáveis pela montagem do roteiro das manifestações. Para manter as pessoas animadas e engajadas na causa, usamos a técnica de alternar altos e baixos. "É como tudo na vida, que forma uma onda. Ora expande, ora contrai. Você deixa o ambiente tenso e, em seguida, mais calmo", conta Coelho. Na prática, isso significa, por exemplo, alternar o discurso de alguém que fala devagar e pausadamente com o de outra pessoa que é agitada, animada e propõe gritos de guerra.

Tudo isso tinha que ser especificado no roteiro, assim como o nome de cada um que pegaria o microfone para falar para a multidão e as janelas para conceder entrevistas à imprensa. Na maior parte das vezes, porém, a sequência do planejamento não era respeitada na hora da manifestação. A proposta do roteiro era funcionar como um guia, mas não ser seguido à risca. Imprevistos acontecem a cada cinco minutos, não dá para planejar cada segundo como um espetáculo de entrega do Oscar. Rua é caos, e fomos aprendendo a administrar esse caos para usar a energia na medida e no tempo certos.

Um elemento importante sempre foi o nosso manifesto, um texto escrito a várias mãos que lemos durante o evento, reforçando os motivos que nos levaram às ruas. Pedimos para as pessoas repetirem as frases, o que ajuda a relembrar as razões de estarem ali e as causas nas quais acreditamos. Todas essas práticas nasceram em 15 de março e se mantiveram pelas manifestações seguintes, evoluindo em detalhes.

Haja energia

No sábado anterior à manifestação, dia 14 de março de 2015, fizemos uma reunião final na casa do Colin às três horas da tarde. Participaram do encontro os responsáveis pelo roteiro: Henrique, pela logística de São Paulo, Mari, pelo alinhamento dos manifestos, entre outros, para definir os detalhes finais do evento. Repassamos toda a estratégia. Retomamos também as bandeiras que levantaríamos nas ruas: o fim da corrupção e o apoio total à Operação Lava Jato.

Esse era um daqueles dias em que ficávamos física e intelectualmente exaustos. Nas semanas que antecedem as manifestações, costumamos trabalhar até altas madrugadas na organização, mesmo porque nossos empregos e famílias não param durante esse período; é preciso conciliar tudo ao mesmo tempo. Via de regra, as horas de sono e a qualidade do convívio familiar são as mais sacrificadas.

Os reflexos disso não tinham hora para emergir. Após a reunião, Renata, que por acaso estava fora de casa buscando doações enquanto o grupo se encontrava por lá, recebeu uma ligação inusitada de sua mãe, que estava chegando para ajudar a cuidar das crianças.

– Filha, cheguei agora aqui na sua casa e tem um homem dormindo no seu sofá! – falou, assustada, em voz baixa, quase sussurrando.

– Homem?! Que homem?!

"Durante alguns segundos, fiz uma busca na minha mente para tentar lembrar quem eram os integrantes do grupo que estava reunido na sala", diz Renata.

– Como ele é?

– Alto, moreno...

– Ah, sim! É o Chequer, mãe. Fique calma.

Pego pelas costas

Por Rogerio Chequer

Daquela vez eu me sentia não apenas cansado, mas também com dor, muita dor. Quatro semanas antes, no dia 18 de fevereiro de 2015, eu estava em Serra Negra (SP), onde tenho casa, quando fiz um alongamento para as costas. Só queria dar uma esticada. Na hora, senti uma fisgada na região lombar. Era o nervo ciático. A dor foi aumentando com o passar das horas, irradiando para a região posterior da coxa. Naquele dia, quarta-feira de cinzas, haveria panelaço em frente à casa do então ministro da Justiça, José Eduardo Cardozo, em São Paulo, e eu tinha que ir. Eu havia passado o Carnaval inteiro organizando a saída com outros integrantes do grupo, havíamos mobilizado a imprensa, anunciado no Facebook.

No caminho de volta para a capital paulista, porém, a dor se intensificou. Passei na minha empresa, onde eu tinha um compromisso. Não consegui ficar uma hora no escritório. E não consegui ir ao panelaço do Vem Pra Rua. Mal consegui dormir. Não tinha posição. No dia seguinte eu fui ao médico e tomei uma bateria de remédios. Nada. A dor não passava. Fiz uma sessão de acupuntura. Nada. A dor aumentava e diminuía, mas estava lá, tempo integral. Durante a noite eu conseguia dormir no máximo entre 15 e 20 minutos, sentado em uma cadeira, com a cabeça apoiada na parede. Eu me assustei quando o médico mudou os medicamentos pela terceira vez, receitando um remédio que interrompia a transmissão de estímulos entre a perna e o cérebro.

Comecei a fazer fisioterapia e, muito lentamente, fui melhorando. Meu objetivo era estar bem no dia da manifestação, mas a possibilidade parecia distante.

Chegou o dia. Não havia me recuperado totalmente. O sono era pouco, e a dor, constante. Mesmo assim, fui para lá. Por baixo da calça jeans, cobri toda a lateral direita da perna com emplastros. Sentia muita dor e precisaria de ajuda para subir e descer do caminhão, mas minhas lembranças mais fortes desse dia são outras.

No dia 15 de março acordei tarde, por volta de 10 da manhã. Isso porque havia ido dormir às 4 da manhã. A manifestação em São Paulo estava marcada para as 14 horas. Liguei a TV e vi cenas da manifestação em Brasília, onde, por causa do calor, o movimento sempre começa mais cedo. Vi uma multidão caminhando na Esplanada em direção ao Congresso Nacional. Vieram imagens do Rio de Janeiro, lotado. "Meu Deus, tem muita gente também." Seguiram imagens de Belo Horizonte, Recife, Maceió; em todos os lugares havia multidões, muito acima do que qualquer um de nós poderia imaginar. Para mim, foi um momento muito parecido com o dia 22 de outubro, no Largo da Batata. Novamente, eu olhava e não acreditava no que estava acontecendo. Fiquei chocado e custei a sair da frente da televisão.

Eu tinha a sensação de que o negócio seria grande. Uma semana ou dez dias antes, perguntava às pessoas que trabalhavam em estacionamentos, lanchonetes, lojas, se elas sabiam o que aconteceria no dia 15 de março. Elas sabiam. Isso era uma novidade. Nos protestos anteriores, quando eu fazia a mesma pergunta, as pessoas não sabiam de nada. Foi quando comecei a perceber que seria maior do que das outras vezes. Ainda assim, pensávamos em 100 mil, 200 mil pessoas, no máximo.

Saí de casa por volta de 12h30. Havíamos marcado entrevista com alguns importantes veículos de comunicação, que a essa altura já dedicavam equipes inteiras para a cobertura do evento. Quando nos aproximávamos da Avenida Paulista, já na rua paralela, Alameda Santos, estava difícil passar por causa da aglomeração de pessoas. Quando vimos uma multidão nos arredores, ficamos absolutamente pasmos. Depois soubemos que fecharam uma das estações de metrô, a Trianon Masp, localizada no meio da avenida, por impossibilidade de locomoção. Começamos a receber relatos de que, em estações distantes daquela região, como Jabaquara e Santana, havia filas intermináveis para a compra de bilhete. Foi um momento muito marcante.

Melhor que a Copa

Por Colin Butterfield

A manifestação de 15 de março foi muito especial para mim. Eu ajudei a montar tudo e, pela primeira vez, não subi no caminhão. Eu fiquei no caminhão de apoio, dando sinais a distância. Fui orientado pela nossa assessoria de comunicação para não me expor, em função do meu trabalho. E havia alguns jornalistas atrás de mim naquele dia. As pessoas perguntavam "Cadê o Colin?". O pessoal do movimento dizia que eu tinha me afastado. Até que houve uma situação tensa. Subi rapidamente no caminhão em que estava o Chequer para falar com ele. E, quando eu estava descendo a escada, apareceu um repórter e falou: "Você é o Colin!". "Não, você está enganado. Mas o pessoal me confunde com ele mesmo." Ele foi tirar uma foto, então me virei de costas e saí correndo.

Eu sentia certo vazio por ficar vendo tudo de baixo. Mas, ao mesmo tempo, sentia um orgulho imenso ao observar todo mundo trabalhando. A equipe funcionou muito bem. Passei quatro ou cinco horas só olhando. Não podíamos imaginar aquelas cenas lindas que vimos. Apareceu um homem com um caminhão-baú que carregava 15 mil "vuvuzelas". Ele havia encomendado para a Copa do Mundo do ano anterior, 2014, a pedido da Confederação Brasileira de Futebol (CBF). E disse que não haviam pago a encomenda. Ele estava muito bravo com o governo e resolveu distribuir todas as cornetas na manifestação. O metrô não dava conta da quantidade de gente que foi para lá. Foi um sucesso absoluto.

A Pamplona é nossa

Com o sucesso crescente das manifestações, que já duravam cinco meses, muitos novos movimentos haviam sido criados, e em 15 de março todos queriam um lugar na Paulista. As semanas anteriores marcaram uma disputa entre esses diversos movimentos para ver quem pararia o seu caminhão no espaço nobre da Avenida Paulista, em frente ao Masp. Isso traria vários problemas. Primeiro, não caberia todo mundo ali – movimentos e seus trios elétricos. Segundo, como poderiam discursar ao mesmo tempo, no mesmo lugar? Tínhamos um problema. E ninguém queria abrir mão do lugar "prime" da Paulista.

Levamos o assunto para uma das inúmeras reuniões de "OPS" – nosso apelido às inúmeras e intermináveis reuniões que tratam da logística do dia D – e esgotamos todas as possibilidades sem chegarmos a uma solução para o "impasse do Masp". Naquela noite, às 23 horas, integrantes do nosso grupo saíram da reunião e foram dar uma volta na Avenida Paulista, na esperança de surgir uma luz para o problema. Verificamos que a esquina com a Pamplona, a duas quadras do Masp, era muito próxima da estação do metrô, e oferecia amplo espaço para o caminhão de som. Seria uma decisão arrojada abrir mão do símbolo do Masp. Trocamos telefonemas rápidos e decidimos que ali seria o nosso lugar: Pamplona com Paulista. No dia seguinte fizemos uma reunião com a Polícia Militar e informamos que ficaríamos na Pamplona, abrindo mão de estacionar no Masp. E fomos para lá, após a inspeção matinal dos caminhões, no dia 15.

15 de março de 2015

Ao chegar, tivemos a ideia de colocar o caminhão atravessado na avenida, ocupando as duas pistas. "Foi aí que tudo começou", diz Renata. "Na hora que eu terminei de arrumar, quando prendi a última faixa no caminhão, levantei a cabeça e vi a Paulista inteira tomada. Aquilo foi um negócio louco. Por mais que estivéssemos esperando muita gente, a quantidade de pessoas que estavam chegando era algo que não cogitávamos." E ainda faltava uma hora para começar.

O dia 15 foi realmente marcante para todos nós. A essa altura, já tínhamos ganhado alguma experiência em manifestações. Aquela era a nossa sexta saída desde outubro de 2014. Já tínhamos uma noção para calcular o número aproximado de pessoas e dizer se estava cheio ou vazio. Naquele domingo, pela primeira vez, não víamos onde acabava a aglomeração de pessoas na Avenida Paulista – nem no sentido Consolação, nem no sentido Paraíso. A densidade também chamou nossa atenção. Em uma área onde costumavam ficar mais ou menos quatro pessoas, agora havia seis aglomeradas.

Discursar para 1 milhão de pessoas não é uma oportunidade que muita gente tem na vida. Chequer se lembrou do discurso que havia feito seis meses antes para meia dúzia de pessoas no Largo da Batata, sem microfone, em forma de jogral. Nossas emoções estavam à flor da pele. As pessoas do Vem Pra Rua e os convidados que discursaram em nosso caminhão tiveram uma vista privilegiada de um momento histórico. A advogada Daniela Zanoni é síndica do Edifício Milan, localizado na Avenida Paulista, número 1.207, esquina com a Rua Pamplona. Ela apoiava o movimento e fez uma "parceria" com o Vem Pra Rua. Permitia a colocação de faixas nas grades do jardim e na janela de sua casa. "No começo, eles fingiam que eram meus sobrinhos. O Colin vinha, me beijava e dizia: 'Oi, tia!'. Porque eu não tinha autorização dos demais condôminos do prédio", conta ela, que até hoje é conhecida como tia Daniela. "Por ser um movimento sem vínculo político e por não ter brigas, garrafa quebrada ou confusão, todo mundo no prédio aderiu ao movimento. Sempre foi feito com extrema educação. Naquele dia, 15 de março, eles ainda estavam começando, meio no improviso. Estavam precisando de barbante e outros materiais. Eu falei: 'Vou buscar o que tenho!'. Voltei com cordinhas de náilon e barbante para pendurar as faixas."

Os cartazes diziam: "Fora Dilma" (sugerindo que a então presidente renunciasse) e "Fora Toffoli" (referente ao então presidente do Supremo Tribunal Eleitoral, José Antonio Dias Toffoli, ex-advogado do PT). "Acabamos ficando amigos, e o movimento cresceu." Daniela também se surpreendeu inicialmente com o grande número de famílias e crianças que iam às ruas. "Achávamos aquilo uma demonstração de coragem, de quem quer dar orientação sobre cidadania às famílias. É emocionante ver, na hora de cantar o Hino Nacional ou os gritos de guerra, que há pessoas de todos os tipos. Não importa se é jovem, idoso, negro, branco, hétero ou homossexual..."

Algumas horas depois de iniciada a manifestação, tentávamos contar o número de pessoas presentes. Cem mil? Duzentas mil? "Teve uma hora que a Adelaide, a essa altura uma das mais ativas no movimento, viu na internet que a Polícia Militar comunicara que havia mais de 600 mil pessoas na manifestação", afirma o administrador Guilherme Steagall, que tinha começado a se engajar no movimento no início de 2015. "Eu lembro claramente que fiquei olhando para ela e repeti: 'Seiscentas mil pessoas?'.

Eu não tenho a menor ideia de quanto significa esse número. Depois, a contagem chegou a 1 milhão de participantes. Esse foi um momento que mexeu comigo."

Charles Putz já participou de outras grandes manifestações na vida, como as Diretas Já, em 1985, e os protestos de junho de 2013. Mesmo assim, aquele 15 de março foi especial. Ele já estava no caminhão às 13h54, na Avenida Paulista, faltando seis minutos para o início do evento. Seu peito estava pintado com os dizeres Fora, Corruptos. "Eu avistei o maior mar de gente da minha vida", diz ele. "Como era possível, seis minutos antes de começar, ter ali tantos brasileiros, um povo que tem o hábito de chegar tarde a tudo? Nós falamos: 'O Brasil será outro depois de hoje'. Lembro--me do meu discurso, dizendo: 'Hoje é um dia histórico'. Apontei para uma criança e falei para os seus pais: 'Ela vai aprender na aula de História o que foi o dia 15 de março de 2015. Eu me arrepio quando lembro desse dia. Me dá calafrios, fico emocionado", diz ele.

Adelaide olhava ao redor extasiada, sem acreditar no que via. "Quando subi no caminhão e vi a multidão, desatei a chorar. Foi a maior emoção da minha vida. No final, quando desmontamos o caminhão, nós descemos, pegamos sacos de lixo e começamos a recolher o que tinha sobrado no chão. Falei: 'Caramba! Isso é cidadania. Todo mundo luta junto'. Isso é uma das coisas mais sensacionais do Vem Pra Rua."

"Foi um divisor de águas, surpreendente. Nós sabíamos que seria grande, mas não tínhamos ideia do quão grande seria. Quem foi à Paulista viu uma cena surreal. Eu me assustei", afirma Marcelo Coelho.

A *playlist* que tocou naquela tarde tinha, como é de costume, muita música pop rock nacional dos anos 1980. Entre elas: *Vem Pra Rua* (O Rappa); *Que país é esse?* (Capital Inicial); *Geração Coca-Cola* (Legião Urbana); *Meu erro* (Paralamas do Sucesso); *Pacato cidadão* (Skank); *Aluga--se* (Titãs); *Brasil* (Cazuza); *Eu acredito* (Cláudio d'Santana); e *Rádio Pirata* (RPM). "A maioria dos nossos seguidores tem entre 25 e 45 anos. Nós tentamos agradá-los", diz Coelho.

Entre as músicas e os discursos, ouviam-se palavras de ordem. Entre os mais repetidos pelo movimento estão:

"Eu... Sou Brasileiro... Com muito orgulho! Com muito amor!";

"A nossa bandeira jamais será vermelha!";
"Hoje eu tô feliz! Eu vim pra rua pra mudar o meu país!";
"Ohhhh! O PT roubou/O PT roubou /O PT roubou Ohhhh";
"Eu vim de graça!".

Adelaide e alguns outros manifestantes mudaram a última frase como uma maneira de reafirmar seu engajamento: "Eu vim pagando!", gritavam. "Naquela época, ninguém sabia quem nós éramos, não havia doações, então tirávamos dinheiro do bolso mesmo", conta ela. No total, foram gastos R$ 20 mil para a realização daquele protesto – e conseguimos quase todo esse montante por meio de doações.

Naquele dia caiu uma forte chuva no meio da manifestação. Já prevendo isso, encomendamos um toldo para o caminhão. Quando começou a chover, puxamos essa cobertura e ficamos aguardando, protegidos da água. Minutos depois, percebemos o quanto nossa atitude não tinha cabimento: ficaríamos secos enquanto os milhares de pessoas que decidiram ir às ruas conosco tomavam chuva? Tiramos o toldo.

Imaginávamos que a avenida se esvaziaria. Não foi o que aconteceu. Ficamos observando a movimentação na esquina da Paulista com a Pamplona, onde era possível ver o fluxo de pessoas. E não havia qualquer fluxo de pessoas saindo. A chuva chegou, lavou a alma de todo mundo, e foi embora sem levar o público com ela. A água não foi capaz de diluir o sentimento que levou as pessoas às ruas.

A manifestação ganhou cobertura dos principais veículos do Brasil e foi capa de jornais como *O Estado de S. Paulo* ("Protesto contra Dilma é maior manifestação desde Diretas Já") e *O Globo* ("Democracia tem novo 15 de março", em referência ao mês de comemoração dos 30 anos das Diretas Já). No entanto, o nome "Vem Pra Rua" ainda não aparecia.

Misturados na multidão, havia ao longo da Paulista outros grupos com caminhões. O MBL, os Revoltados On Line, os intervencionistas (pessoas que defendem a intervenção militar) e outros grupos, como o Instituto Plinio Corrêa de Oliveira, cujo coordenador, Daniel Martins, defendia o impeachment de Dilma durante o protesto. Em uma tenda do Partido Solidariedade, na Avenida Paulista, pessoas da Força Sindical coletavam assinaturas para o impeachment. Havia manifestantes que defendiam a intervenção militar, como Fábio Pereira, entrevistado pela revista *Época*, que afirmou: "Se [o Brasil] não mudar, vou para Miami".

O jornal *El País Brasil* definiu o público da manifestação paulistana como "prioritariamente de classe média". "Se os primeiros atos contra Dilma ao longo do ano passado estavam salpicados de pessoas pedindo a volta da ditadura militar, desta vez esse grupo ficou diluído, e o que sobressaiu foram paulistanos irritados engrossando a multidão para marcar sua indignação com a condução do governo pela presidente: 'Fora Dilma' foi o grito mais ouvido nessa tarde de domingo."

Vários "Brasis" unidos pelo Brasil

A manifestação de 15 de março aconteceu não apenas em São Paulo, mas em todos os estados brasileiros. Ao todo foram cerca de 200 cidades. Adriana Balthazar, líder do Vem Pra Rua no Rio de Janeiro, considera essa data um marco para a solidificação do grupo em sua cidade. "Aquela foi a grande apoteose do movimento. Depois do 'Faxinaço na Petrobras', do panelaço em frente à casa de Graça Foster e, finalmente, do 15 de março, passamos a chamar a atenção da população carioca", afirma. "Quando eu levei o ofício à polícia, lembro que me perguntaram quantas pessoas estávamos esperando. Nós tínhamos combinado chutar alto. Então, falei: 'Umas 3 mil!'. O policial disse: 'O quê?! Minha senhora, não vão menos de 20 mil'. No dia 15 foram 100 mil pessoas."

Em Brasília, a quinzena anterior à manifestação foi de muita panfletagem para o pessoal do movimento. "Eu falei: 'Vamos trabalhar muito e vamos levar umas 10 mil pessoas para a Esplanada dos Ministérios", diz Jaílton Almeida, então líder do Vem Pra Rua no Distrito Federal. Quando ele chegou no horário marcado para começar, às nove da manhã, já havia cerca de 15 mil pessoas na Esplanada. Uma hora depois era "um mar de gente". "Quando eu subi no caminhão e comecei a falar as primeiras palavras, pensei: 'Não estou acreditando que isso está acontecendo'. Fomos caminhando com muita gente atrás, todo mundo de verde e amarelo. Eu já tinha participado de outros movimentos de impacto social, mas esse foi a maior emoção nacionalista que já tive. No final, fiz uma reflexão com os amigos: 'Conseguimos achar um lugar em que vamos fazer a diferença'".

No Recife, o Vem Pra Rua ainda estava no início de sua formação; eram aproximadamente 20 pessoas fazendo "o possível e o impossível para a coisa acontecer", segundo Roberta Laurindo, líder do movimento na capital pernambucana. "Essa manifestação de março de 2015 foi a mais emocionante para mim. Porque foi o povo puro. Era o povo indo para a rua, manifestando sua indignação, querendo gritar: 'Chega de tanta corrupção, queremos um país novo'. Exceto as pessoas que cada um levou – eram todos estranhos ali, mas voltados para um propósito." Roberta subiu no "caminhãozinho", sem saber o que falar. Começou, então, a ler os cartazes que as pessoas carregavam e a dizer frases de motivação para o público: "Mãe, parabéns, você que trouxe seu filho". "Na hora que o povo cantou o Hino Nacional, aí as lágrimas correram."

Para inglês e americano verem

Não foi só no Brasil que as manifestações de 15 de março marcaram os noticiários. O assunto repercutiu em alguns dos mais importantes veículos de imprensa do mundo. A manchete no jornal americano *The New York Times* era: "Em protestos nacionais, brasileiros irritados pedem a saída da presidente" (In Nationwide Protests, Angry Brazilians Call for Ouster of President). O texto dizia: "Centenas de milhares de manifestantes tomaram as ruas de cidades de todo o Brasil no domingo para expressar sua ira em relação à presidente Dilma Rousseff, aumentando a pressão sobre como ela lida com uma série de desafios, incluindo uma economia atolada em estagnação, um escândalo de suborno arrebatador e uma revolta por algumas das figuras mais poderosas em sua coalizão de governo". A revista inglesa *The Economist* publicou: "Dilma Rousseff, presidente do Brasil, estava esperando que um protesto contra seu governo, marcado para o dia 15 de março, fosse grande. Ela convocou uma reunião com um grupo para avaliar a crise em sua residência oficial a fim de monitorá-lo. Mas ninguém, nem os organizadores, sonhava que ele poderia ser tão grande como foi". Os britânicos *The Guardian* e *BBC* e os americanos *Huffington Post* e *Bloomberg* também noticiaram o evento.

Incômodo em Brasília

Dia 15 foi o primeiro dia em que começamos a preocupar o governo. No Palácio do Planalto, o trânsito de pessoas era intenso, principalmente para um domingo. Era sinal de que as manifestações estavam finalmente incomodando quem deveriam incomodar. Entramos na pauta. Isso dava um sentido ainda mais especial às realizações do Vem Pra Rua.

A jornalista Joice Hasselmann estava em Brasília naquele dia e presenciou a movimentação. Segundo ela, quando o governo percebeu que o movimento era gigantesco, Dilma Rousseff convocou todos os ministros para uma reunião de emergência. O primeiro a ser chamado foi José Eduardo Cardozo. Os carros com batedores chegaram um por um ao Planalto. Naquele dia, Dilma também conversou com o ex-presidente Lula. Era um momento de desespero. O governo esperava que as ruas se esvaziassem, mas viu que, ao contrário, elas foram tomadas – não só em São Paulo. A presidente cogitou fazer um pronunciamento, mas sua equipe mais próxima desaconselhou.

Preferiram escalar os ministros José Eduardo Cardozo e Miguel Rosetto para uma entrevista coletiva, com uma pauta que desconsiderava as demandas das ruas vindas de todos os cantos do Brasil naquele dia. Dilma não se pronunciou.

O governo não entendeu

Ao final do dia, estávamos exaustos. Desmontamos a manifestação como sempre fazíamos, retirando os gradis, faixas e lixo. Demos as últimas entrevistas e conversamos com os simpatizantes que sempre nos aguardavam próximo do caminhão. Findas as tarefas, fomos juntos à casa do Chequer para celebrar. Estávamos muito felizes com o sucesso inimaginável dos eventos realizados pelo Brasil todo. Ligamos a televisão e, no meio das divulgações dos protestos, assistimos à resposta do governo.

O depoimento dos ministros foi um desastre. Eles fizeram anúncios de medidas de combate à corrupção como uma maneira de colocar panos quentes nas demandas, sem que o governo fizesse qualquer autocrítica. Usaram frases como: "O governo, que tem clara postura de combate à corrupção, que tem criado mecanismos que propiciam as investigações com autonomia, irá anunciar algo que já era uma promessa eleitoral: um conjunto de medidas de combate à corrupção e à impunidade. A postura do governo é que sua posição não se limite a essas medidas. Estamos abertos ao diálogo", disse Cardozo. Ele afirmou ainda que "a realização dessas manifestações apenas confirma que o Brasil vive um estado democrático, um estado que admite a divergência, que admite a existência de opiniões contrárias, e que de fato está muito longe de qualquer alternativa golpista".

Diante da desconexão entre as demandas das ruas e a resposta do governo, escrevemos uma carta de repúdio ao governo, publicada pela Agência Estado e replicada pelo portal UOL e pela revista *Época NEGÓCIOS*. Ela manifestava a nossa indignação e o quanto ficamos inconformados com a maneira como eles responderam aos protestos, sem fazer autocrítica ou mencionar as demandas levantadas pelas ruas. Dizíamos: "O Movimento Vem Pra Rua vem a público repudiar as tentativas insistentes e já conhecidas do governo federal de distorcer as manifestações históricas ocorridas em todo o país no domingo, 15 de março de 2015 (...) Em especial, sentimos a profunda irritação e indignação de todos os que estiveram nas ruas no domingo (e de muitos mais, que certamente estarão presentes nas próximas manifestações), quando percebem: a insistência em querer desqualificar os movimentos de 15 de março, o que, em essência, desrespeita a população que se manifestou; absoluta incapacidade desse governo admitir seus erros e fazer autocrítica; discurso repetitivo, completamente ineficaz".

No final do dia 15 de março, outra notícia nos deixou desanimados: o MBL anunciou outra saída às ruas, no dia 12 de abril. Sabíamos que a chance de conseguir um número tão grande – ou mesmo próximo – de manifestantes era nula. E, de novo, não queríamos desgastar nossa luta. Ficamos em dúvida sobre o que fazer, por isso não decidimos naquela noite.

Depois do dia 15

Com a grande repercussão das manifestações de março, mais e mais pessoas queriam entrar no movimento e contribuir de alguma forma. Isso significava um aumento constante de indivíduos e grupos no WhatsApp e um número crescente de seguidores em nossa página do Facebook.

A mídia tradicional também se aproximou. Grandes veículos da imprensa nacional nos procuravam pedindo entrevistas. "O dia inteiro, de todo o Brasil, ligavam jornalistas querendo entrevistar o Rogerio Chequer, que era o principal porta-voz", diz Mari Botter, uma das responsáveis pela comunicação do grupo.

A intensa procura da imprensa, somada ao amadurecimento da estrutura interna do Vem Pra Rua e ao trabalho realizado com a nossa assessoria de comunicação, fez com que nossa mensagem central fosse compreendida mais claramente. Tínhamos agora visibilidade, consistência e preparo para levar ao grande público as características singulares da nossa ideologia, propostas e demandas. O Vem Pra Rua começou a ganhar identidade aos olhos do público e a se diferenciar de outros movimentos, principalmente os mais radicais.

As duas entrevistas de maior repercussão que concedemos nesse período e que refletiram melhor nossa identidade foram: a das *Páginas Amarelas*, espaço nobre da revista *Veja*, publicada em 21 de março, e a do programa *Roda Viva*, exibido ao vivo no dia 23 de março pela TV Cultura.

A entrevista para as *Páginas Amarelas,* concedida ao jornalista Pedro Dias Leite, ocorreu de forma natural, no escritório do Chequer. Para o *Roda Viva,* fizemos uma preparação mais elaborada. Sabíamos que seria um desafio maior porque haveria um grupo de jornalistas fazendo as perguntas e porque as respostas seriam dadas ao vivo. Na bancada do *Roda Viva* estavam Mauro Paulino, sociólogo e diretor-geral do instituto de pesquisas Datafolha; Carla Jiménez, editora-chefe do jornal *El País* no Brasil; Luiza Nagib Eluf, advogada; Daniela Lima, repórter de política do jornal *Folha de S.Paulo*; Gabriel Manzano Filho, repórter de *O Estado de S. Paulo,* além do jornalista Augusto Nunes, que comanda o programa e é colunista da *Veja*. Estávamos muito contentes por ter recebido o convite e, portanto, a oportunidade de explicar e esclarecer ao grande público o que era o Movimento Vem Pra Rua, suas particularidades e postura, que muitas vezes se confundiam com os discursos de outros grupos. O *Roda Viva* é um dos programas de entrevista mais emblemáticos da televisão brasileira por vários motivos. O entrevistado senta abaixo dos entrevistadores e fica cercado por eles. Com uma hora e meia de duração, é um dos programas de entrevista mais longos. Como se não bastassem esses desafios, é transmitido ao vivo para todo o Brasil. Não há margem para contratempos.

Para aproveitar da melhor maneira possível essa oportunidade, decidimos fazer uma simulação. Dois dias antes da entrevista, reunimos na casa do Chequer cerca de vinte pessoas do Vem Pra Rua, além do Eduardo Adas (sócio do Chequer e, como ele, especialista na condução de palestras em momentos decisivos). Colocamos uma cadeira giratória no meio da sala e todas as pessoas sentadas em volta para fazer uma sabatina. A orientação ali era pegar pesado. Fazer perguntas cabeludas. Provocar o entrevistado. Tentar desestabilizá-lo. Sabíamos que estaríamos sujeitos a isso diante das câmeras, ao vivo, no momento da entrevista real.

Guilherme Steagall era um dos presentes no "ensaio". "Eu fiz uma pergunta pegadinha para o Roger, como acreditava que seriam as perguntas dos jornalistas", lembra ele. "Questionei: 'Em quem você votou na última eleição?'. Ele respondeu. Então, eu disse: 'Isso você não deve responder. A sua resposta é: 'O voto é secreto'. Porque isso é uma armadilha. Não tem lado bom nessa pergunta. Se responder que você votou no PT, está ferrado. Se responder no PSDB, está ferrado. Se responder que anulou o voto, está mais ferrado ainda. Então, o voto é secreto. Ele estava indo representar o Vem Pra Rua em um ambiente onde não havia espaço para escorregão. Não bastava se posicionar bem. Tinha que evitar as *cascas de banana*." A simulação começou às 10 da manhã e só terminou no fim da tarde de sábado.

"Nós nos saímos bem nas duas entrevistas. As perguntas foram motivadas pelo sucesso da manifestação de 15 de março. Agora precisamos trabalhar para que não ocorra o que se deu em 2013, quando o 'gigante acordou', mas logo dormiu de novo. Não queremos apenas despertar o gigante, queremos que a força da sociedade ordeira e construtiva se incorpore à cultura brasileira e ajude de fato a melhorar o país."

"Uma das muitas falsas premissas que a gente ouve por aí é que a Polícia Militar é parcial, é do mal, está sempre contra o povo. Mas o que foi que se viu no domingo? [15 de março de 2015]. Nenhuma vitrine quebrada, tudo acontecendo em plena ordem."

"As coisas têm de começar de algum jeito, e não tem um jeito certo ou errado para isso. Por que a elite vale menos, ou tem menos voz, ou deveria ser menos considerada? Se o movimento começou com a elite, que bom que alguém começou. Dizer o contrário é uma forma de preconceito. Somos iguais ou não?" [Diante da questão de as manifestações terem começado com as elites]

"Não somos contra o impeachment. O correto é dizer que não somos a favor dele agora. É algo que ainda não tem sustentação jurídica, já que até agora não se conseguiu provar o envolvimento da presidente no Petrolão. A possibilidade sempre estará no nosso radar, mas não queremos desperdiçar a energia das pessoas."

Adelaide de Oliveira levou a edição da revista para uma reunião do movimento que aconteceu alguns dias depois da publicação. Pediu para que todos os integrantes do Vem Pra Rua presentes autografassem a revista. E guarda com carinho a edição.

A entrevista no *Roda Viva* repercutiu em jornais do dia seguinte, como *O Globo* e *Valor Econômico*, que publicaram trechos do programa sob títulos que enfatizavam o não apoio ao impeachment por parte do Vem Pra Rua. "O empresário Rogerio Chequer, porta-voz e idealizador do movimento Vem Pra Rua, de oposição ao governo federal, disse na noite de ontem, segunda-feira, não ser no momento a favor do impeachment da presidente Dilma Rousseff (PT)", escreveu *O Globo*. Em outro trecho, a reportagem diz: "No *Roda Viva*, Chequer também negou que o movimento esteja voltado somente a criticar o governo federal e admitiu que o Vem Pra Rua tem de ter cuidado para 'não meter os pés pelas mãos e sair criticando tudo o que tem', quando questionado sobre o fato de não ser mais contundente nas críticas aos governos Lula e Dilma".

Dentro do movimento, nossa avaliação sobre as entrevistas também foi positiva. "O Rogerio tinha tudo na cabeça, porque o movimento veio sendo criado por ele e pelo Colin, inicialmente", diz Mari Botter. "Mas ele tem também uma coisa muito intuitiva da comunicação. Não basta ter um treinamento para isso. Porque os jornalistas jogam a casca de banana, então é preciso ter certo sangue frio, não levar para o lado pessoal."

A luz e a sombra

Por Rogerio Chequer

Ao mesmo tempo que comemorávamos a visibilidade que o Vem Pra Rua ganhava e a possibilidade de esclarecer à população brasileira nossa real ideologia, tive que aprender a lidar com o lado negativo da exposição. As "cascas de banana" tão mencionadas pela assessoria de comunicação logo apareceriam. Não só em perguntas-armadilhas feitas diretamente por jornalistas, mas também em notícias mentirosas – o que dá mais trabalho para lidar. Mas quando não se tem o que esconder, é só uma questão de tempo. E paciência.

No dia seguinte à entrevista no Roda Viva, *o jornalista Fernando Brito publicou, no blog* Tijolaço, *um post intitulado: "Quem é Rogerio Chequer, a celebridade do Vem Pra Rua no Roda Viva". Nele, criticava não só minhas respostas, como a condução da entrevista (segundo ele, "um festival de 'levantadas de bola'"). "Fui descobrir coisas que seus intrépidos entrevistadores da* TV Cultura *e das páginas amarelas da* Veja *não cuidaram de saber", escreveu. Em seguida, começou a juntar passagens da minha vida, distorcendo drasticamente a realidade em um texto irônico, do qual reproduzo trechos a seguir.*

"Chequer vivia, até poucos anos atrás, nos Estados Unidos. (...) E lá era sócio de uma empresa chamada 'Atlas Capital Management', até 2011, junto com David Chon e Harry Krensky, que geria fundos de investimento. Um deles, o Discover Atlas Fund com US$ 115 milhões em ativos, segundo o site Institutional Investitor. *Não se sabe por que cargas d'água Rogerio deixou o empreendimento, mas há um processo aberto contra ele e os sócios pelo fundo de hegde Discovery Capital Management na Corte Distrital do estado americano de Connecticut, aberto em 2012. Krensky e Chequer, segundo a reportagem do* Investitor, *trabalharam lá e é bem coincidente o nome do principal fundo que geriam (Discover x Discovery). O mesmo ano em que foi admitido na empresa por onde hoje se apresenta, a Soap Comunicações, especializada em apresentações de negócios."*

A "notícia" foi replicada pelos blogs Brasil 247, Pragmatismo Político,

Agência PT de Notícias, Conversa Afiada *e* Brasil de Fato. *Eu realmente tive um processo nos Estados Unidos, na época em que eu estava no fundo Discovery. Mas tratava-se de um processo de arbitragem e era mútuo, isto é, um lado processando o outro. O processo já havia acabado em 2011 e eu saí como vencedor. O jornalista "investigativo" dizia que eu ainda estava sendo processado e logicamente não mencionou as informações que caracterizam o caso. Nunca me procurou.*

No dia 28 de março, o mesmo jornalista Fernando Brito "foi além": revelou que meu nome constava na lista de clientes da empresa de inteligência global Stratfor. Ele a caracterizou como "the shadow CIA" (a sombra da CIA), sugerindo uma ligação minha com a CIA. A realidade é que esse é um serviço de informação geopolítica internacional, aberto a qualquer um que pague cerca de US$ 20 por mês. Eu o utilizava quando fazia administração de fundos de investimento em países emergentes – minha profissão por 15 anos. É um serviço normal, mas que, não me perguntem por que, tentaram ligar à CIA. Naquela mesma semana, o então líder do PT na Câmara, Sibá Machado, deu entrevista à Rede Globo afirmando que a CIA estava por trás dos protestos de 15 de março.

Outras notícias, de caráter sempre difamatório, foram criadas e publicadas por outros blogs, como Brasil 247 e por Paulo Henrique Amorim, normalmente associados à defesa do governo petista.

Esperei passar a onda de reproduções desses veículos e fiz um comunicado para esclarecer as distorções que divulgaram sobre mim. O texto foi publicado no Facebook e enviado aos principais veículos de imprensa, do qual reproduzo alguns trechos a seguir.

"Rogerio Chequer é formado em Engenharia de Produção pela USP e atuou durante 18 anos no mercado financeiro, na área de Administração de Recursos.

Em 1997 foi para os Estados Unidos fazer um estágio de seis meses pela empresa em que trabalhava e, pelos resultados obtidos, foi convidado a permanecer no país.

Em 1999 participou da abertura de uma empresa de investimentos – a Discovery Capital Management – especializada em análise de investimentos em mercados emergentes.

Em 2004, juntamente com seus sócios na Discovery, criou outra empresa de investimentos, com perfil mais conservador, chamada Atlas Capital Management.

(...)

Em 2006 os sócios decidiram separar os negócios e Chequer deixou a Discovery junto com alguns sócios – focando seu trabalho somente na Atlas. No mesmo ano, para resolver questões relacionadas a essa separação, iniciou-se um processo de arbitragem bilateral entre os dois grupos de sócios.

(...)

A resolução da arbitragem foi favorável ao grupo do qual Chequer fazia parte e a ação foi encerrada em 2011. Após o fim do processo, Chequer permaneceu mais dois anos nos Estados Unidos.

(...)

Em 2010, após 18 anos de trabalho, considerando encerrado o seu ciclo no mercado financeiro – que demandava todo seu tempo útil –, Chequer decidiu mudar de área. Sua motivação foi pessoal e baseada na busca de uma melhor qualidade de vida.

Como já tinha contato com o mercado de comunicação corporativa, decidiu migrar para esse setor, apostando em uma nova carreira – mais de acordo com seus objetivos de vida naquele momento. Assim, continuou nos Estados Unidos até 2012, quando surgiu uma oportunidade profissional no Brasil, que coincidiu com sua vontade de retornar ao país e ficar mais perto de sua família – da qual estava distante havia muitos anos.

(...)

Todas as acusações e insinuações levadas a público nas últimas semanas são improcedentes e fruto de falta de apuração e má-fé."

Dois anos depois, boa parte dos blogs que replicaram as mentiras publicadas no Tijolaço *estaria na lista, revelada em 5 de junho de 2016 pelo blog* O Antagonista, *entre os que recebiam repasses do governo federal petista. Tratava-se de verba publicitária da Secretaria de Comunicação, concedida através de campanhas e programas oficiais, e do patrocínio de bancos públicos e estatais, como a Petrobras. "Os contratos firmados às vésperas do impeachment somam R$ 11,2 milhões – de um total de R$ 94,7* *milhões gastos com publicidade na internet. Ao assumir o governo, Michel Temer determinou a suspensão dos pagamentos aos blogs e sites petistas e o cancelamento dos contratos", publicou O Antagonista. Entre os blogs que tiveram contratos cancelados estão o Brasil 247 (R$ 2,1 milhões) e Paulo Henrique Amorim (R$ 865 mil). No dia 23 de junho de 2016, o jornalista Leonardo Attuch, diretor do Brasil 247, foi alvo de condução coercitiva na Operação Custo Brasil, um desdobramento da Lava Jato.*

Passei 18 anos no mercado financeiro construindo uma reputação. Quando buscavam meu nome na internet, apareciam meus feitos, entrevistas, empresas que tive. Depois, entrei na operação da SOAP e comecei a ter aparições no mercado de comunicação. Até que aqueles jornalistas fizeram um trabalho tão eficiente que entendi, na prática, o famoso Assassinato de Reputações *– título do livro de Romeu Tuma Junior, ex-secretário nacional de Justiça, sobre a conduta de Lula. Hoje, são notícias falsas sobre mim que aparecem na primeira página de busca pelo meu nome no Google. O que eu ouvia falar que acontecia a pessoas desafetas ao PT acabou acontecendo comigo.*

Esse episódio só me deu mais gás para seguir na linha de frente do Vem Pra Rua. Era sinal de que estávamos crescendo e incomodando o governo e seus simpatizantes. Ou seja, nosso trabalho estava funcionando. Tanto esforço se justificava. E os nossos feitos até ali eram apenas uma amostra do quanto ainda nos tornaríamos inconvenientes para aqueles que não tinham o compromisso com a ética, a honestidade e a transparência no Brasil.

CAPÍTULO 6

O longo caminho até o impeachment

Estávamos certos de que seria um erro sair às ruas em 12 de abril. A convocação havia sido feita pelo Movimento Brasil Livre durante a manifestação de 15 de março. Naquele dia, havíamos levado mais de 2 milhões de pessoas para protestar no país. Isso nos fazia prever que o evento de agora seria um fiasco devido à proximidade entre as duas manifestações e o curto tempo de divulgação. Dificilmente conseguiríamos reunir tantas pessoas quanto no histórico mês anterior ou algo próximo. O governo estava sedento para criar uma narrativa negativa para os movimentos de rua que conquistavam espaço. A segunda manifestação seria um prato cheio para eles, pois esvaziaria a força e a grandiosidade conquistadas na primeira.

Estávamos diante de um dilema: se o Vem Pra Rua não fosse, a manifestação teria ainda menos força e seria, portanto, um fracasso homérico. E, se fôssemos, estaríamos nos aliando a um projeto que já sabíamos condenado, mas que, com nossa contribuição, poderia amenizar o impacto negativo. Entre as duas alternativas, decidimos nos unir ao MBL para ajudar a evitar o pior.

A essa altura, a discussão sobre o impeachment da presidente Dilma Rousseff estava ganhando atenção dos juristas, dos políticos e da imprensa. Ele começava a deixar de ser um pedido sem fundamento e passava a ser considerado por autoridades no assunto. Desde janeiro de 2015 estávamos atentos a esse tema, mas ele ainda tinha aspectos nebulosos até mesmo para os especialistas. Conversávamos com juristas e advogados na tentativa de esclarecer a base jurídica de um impeachment. Inicialmente, nossos interlocutores se dividiam nas opiniões. Mas a maioria sinalizava que não havia fundamento legal suficiente para pedir e conduzir o afastamento da então presidente. Um deles era o jurista Miguel Reale Júnior, ex-ministro da Justiça no governo Fernando Henrique Cardoso e um dos signatários do parecer de impeachment do ex-presidente Fernando Collor. "Fizemos algumas reuniões e eu achava que não era o momento adequado. Que não tínhamos ainda uma tese certa para a apresentação do impeachment, por conta de discussões sobre a responsabilidade por fatos praticados no mandato anterior e porque politicamente ainda não estava madura a possibilidade de aprovação", conta Reale, que alguns meses mais tarde reveria sua posição e teria participação relevante no processo de afastamento da presidente.

Enquanto isso, sentíamos aumentar a pressão tanto da imprensa quanto de nossos integrantes para que levantássemos essa bandeira. Ainda tateando o terreno, concluímos que era cedo para fazê-lo objetivamente. Mas demos o primeiro passo. A frase que escolhemos foi ideia de Guilherme Steagall, em uma reunião do Vem Pra Rua, em que definimos o mote da nossa saída em 12 de abril. "No fim do encontro, eu falei: 'E se fizermos assim: *Fora Dilma, dentro da lei*. Ou seja, aceitamos que a vontade da população é o 'fora Dilma', mas isso tem de acontecer de alguma forma que seja dentro da lei. Seja ela renunciando, seja por cassação de seu mandato pelo Tribunal Superior Eleitoral, seja por impeachment". Enquanto isso, seguiríamos com nossa investigação sobre os meandros jurídicos desse processo. Quando tivéssemos um conhecimento consistente o suficiente para adotar uma posição clara, o faríamos. Antes, não. Então, lançamos, em 12 de abril, a bandeira "Fora Dilma, dentro da lei".

Um limão que virou uma limonada

Mesmo que alguns integrantes do Vem Pra Rua estivessem contrariados, todos os principais membros do movimento estavam lá, na Avenida Paulista, em São Paulo, reunidos naquele domingo de abril. "Eu era um dos que consideravam essa saída um erro", diz Marcelo Coelho. "Fomos meio que no embalo." Ainda assim, ele concorda que não dá para dizer que foi uma manifestação fraca. "Ter 100 mil pessoas na Avenida Paulista é fraco?". E, segundo a Polícia Militar, o número foi bem maior: 275 mil pessoas na capital paulista – e 1 milhão no país todo. A nossa contagem foi de 800 mil manifestantes no total. Em todo caso, Coelho tem razão. Não dá para dizer que é um número baixo. Até porque foi a segunda maior manifestação que fizemos e a quarta maior da história do Brasil.

Naquela tarde, Miguel Reale discursou no caminhão do Vem Pra Rua. O jurista ficou emocionado: "Me tocou ver duas coisas: primeiro, o número de pessoas; segundo, o entusiasmo, o comportamento delas, o patriotismo, a vontade de querer modificar o país".

Os números eram sinais de que nossa estratégia atingira seu objetivo: não transformar aquela saída em um fracasso total. Conseguimos isso graças à capacidade de divulgação que o Vem Pra Rua havia adquirido, que se aprimorava a cada novo evento. Aprendíamos a otimizar nosso trabalho à medida que praticávamos, mas isso não se limitava ao número de participantes. Ora, se sabíamos que não conseguiríamos aumentar o número de pessoas, e que a imprensa e o governo usariam os números para criar manchetes e narrativas contrárias, o que fazer? Se não o de pessoas, qual o número que poderia aumentar? O número de cidades!

O interesse pelo Vem Pra Rua crescia. Mais e mais pessoas pelo Brasil afora que queriam fazer algo cívico viam no movimento uma oportunidade para isso. Tanto assim que, em 12 de abril, nossa capilaridade aumentou. Enquanto em 15 de março havíamos mobilizado cerca de 200 cidades, um mês depois chegamos a mais que o dobro desse número: 450 cidades aderiram à manifestação.

Naquelas quatro semanas, entre as duas manifestações, melhoramos muito a comunicação com as cidades que queriam organizá-las. Uma das responsáveis por isso foi a professora de ioga Adriana Franco, que já estava engajada no Vem Pra Rua desde dezembro. "Criamos um formulário no Google que existe até hoje. A pessoa responsável pela cidade se registra, e a partir daí temos os contatos dessa pessoa e uma lista das cidades em que haverá protesto", conta. A sistematização nos ajudou a aumentar essa capilaridade – não era necessário fazer um contato corpo a corpo com os municípios. Os interessados podiam se apresentar pela internet. Colocávamos esse formulário nas redes sociais para incentivar a participação. Além disso, criamos uma pasta na internet com músicas, artes para as camisetas e modelo de ofício para a PM, ferramentas com as quais era possível organizar a manifestação.

Também lapidávamos nossa ideologia e alinhávamos o discurso entre os porta-vozes do movimento do Brasil inteiro, o que deixava nossa mensagem mais refinada – e afiada.

Assim como em 15 de março, tivemos manifestação de brasileiros também em Nova York. Dessa vez, a organização foi feita na última hora pela economista Patrícia Bacci. "Aquela foi a primeira saída que eu ajudei a organizar em São Paulo e, de repente, me dei conta de que estaria nos Estados Unidos com meu marido bem no dia que ela iria acontecer", conta. Decidiu, então, que participaria, nem que fosse da Times Square, um dos pontos turísticos mais famosos da cidade americana. Reuniram-se ali cerca de 40 brasileiros, como noticiou *O Estado de S. Paulo*. "Foi superlegal. Levei tudo que eu tinha de verde e amarelo, como bandeiras e lenços." O texto do jornal afirmava que as pessoas carregavam cartazes com frases como: "Fora Dilma", "Fora PT" e "Lula cachaceiro, devolve o meu dinheiro".

A mesma reportagem do *Estadão* comparava o número de participantes daquele dia ao de 15 de março, quando cem pessoas se reuniram para protestar contra o governo brasileiro em Nova York. Como já sabíamos que aconteceriam, as comparações da imprensa nacional entre o número de manifestantes em março e em abril foram duras e enfáticas. Em seu blog no site da revista *Veja*, o jornalista Felipe Moura Brasil destacou a cobertura do canal a cabo GloboNews. "Os militantes da GloboNews repetem de dois em dois segundos que há menos gente nos atos de hoje do que no dia 15 de março." O título de seu post defendia justamente a visão do "copo meio cheio". Isto é, que ainda assim nossa manifestação se destacava pela grandiosidade em volume de pessoas e em relevância social: "12 de abril é maior, GloboNews! Muito maior que os atos do PT! E todo mundo vai de graça", escreveu o jornalista, ironizando o fato de que o PT pagaria as pessoas para participarem de manifestações favoráveis ao partido.

O destaque que os veículos davam à quantidade menor de pessoas naquele dia reforçava a nossa expectativa de que a manifestação enfraqueceria a força que o movimento havia conquistado. A revista *Carta Capital* noticiava o evento com a manchete: "Manifestações contra o governo encolhem em todo o Brasil"; no jornal *Valor Econômico*, o título era: "Com público menor em protestos, diminui a pressão das ruas sobre Dilma"; no portal IG: "Com adesão menor, protestos voltaram às ruas neste domingo"; no site do jornal *Folha de S. Paulo*: "Ato em São Paulo começa com menos manifestantes que ato anterior"; até quando o tom era de reconhecimento da relevância do movimento, a comparação numérica estava em evidência, como no título da matéria publicada em *O Estado de S. Paulo*: "Menos gente nas ruas não diminui importância de alerta".

Assim como todos nós, a assessora de comunicação Mari Botter lamentou a repercussão, mas sabia que seria um desafio manter o padrão de 15 de março, com tanta gente na rua. "A primeira manifestação é que foi fora da curva, ao levar 1 milhão de pessoas às ruas só em São Paulo. A partir de então, a gente sempre lidou com a responsabilidade de manter o padrão alto. O normal seria colocar 250 mil ou 300 mil pessoas na primeira vez. Já seriam as maiores manifestações da história do país", afirma ela.

Não perdemos a força

Por Colin Butterfield

Nunca vou esquecer o dia 12 de abril. Aquele foi realmente um momento de baixa. Eu fiquei muito irritado quando vi a chamada do Movimento Brasil Livre no fim da manifestação anterior, em 15 de março. Acabou com meu dia, que estava tão bom diante de todo o sucesso que tínhamos conquistado. Sabíamos que seria um fiasco total e participar foi uma decisão muito difícil. Estava claro que seria um erro aderir à manifestação. Mas o fizemos conscientemente. Dos males, o menor. Considerei um protesto lindo, mas não chegava aos pés do que aconteceu em março.

Aquele dia conseguiu me tirar do sério. Estava realmente contrariado.

Depois da manifestação, fui com o Chequer tomar uma cerveja na casa dele. Sentamos no sofá, ligamos a televisão na GloboNews, e apareceu na tela a jornalista Cristiana Lôbo, comentarista política. Parei para prestar atenção ao que ela iria dizer.

– É... agora esses movimentos de rua vão ter que mudar de nome, né? Esse Vem Pra Rua vai se chamar o quê? Fica em casa?

Nossa, senti o meu sangue ferver ao ouvir aquela frase. Não acreditava no que tinha acabado de ouvir. E se eu já tinha convicção do potencial do movimento, agora não restavam mais dúvidas. Era contra esse tipo de postura – destrutiva e desencorajadora – que nós lutávamos e passaríamos a lutar ainda mais para evitar.

Em seguida, o canal mostrou imagens do governo celebrando o menor número de manifestantes daquele dia e fazendo afirmações como: "Pois é, 15 de março foi um fato isolado".

Ah, não foi. Não mesmo, pensei. E aqueles comentários me deram mais energia para seguir adiante.

A Carta do Povo Brasileiro

Uma resposta à jornalista Cristiana Lôbo, de certa forma, já tinha sido dada no próprio 12 de abril. Anunciamos, durante a manifestação, que dali a três dias entregaríamos aos parlamentares de Brasília uma carta escrita por representantes das "ruas". A decisão foi tomada como uma forma de usar a nosso favor, o máximo possível, aquela saída que parecia tão inapropriada. Colocar no papel as reivindicações da população era ir além dos protestos. Era declarar um posicionamento que naturalmente acontecia no nosso grupo: o fortalecimento da ideologia e do propósito de mudar o Brasil não apenas no curto prazo, mas de forma sólida e perene.

Motivados pela carta, articulamos a criação da "Aliança Nacional", que uniria 26 movimentos populares. Faziam parte desse aglomerado de movimentos, além de nós, grupos como Instituto Democracia e Ética, Jovens Transformadores, Avança Brasil, Brava Gente Brasileira, Chega de Impostos, Diferença Brasil, Eu Amo o Brasil, Movimento Acorde, Muda Brasil, Nas Ruas, entre outros. "O Colin foi quem assumiu o papel de falar com os outros movimentos. E fez esse trabalho em alguns dias", lembra Adelaide de Oliveira. Formamos um conselho de sete pessoas, das quais três eram do nosso grupo, e tentávamos coordenar todos as demais para fortalecer as manifestações. Acreditávamos que, unidos, teríamos reivindicações mais efetivas. O objetivo era coordenar datas e temas de manifestações em massa, sem limitar ou desvirtuar as atuações ou ideologias dos diversos movimentos.

Na prática, porém, a junção não evoluiria tão bem quanto tínhamos idealizado. Havia muitas divergências. Mas, para o objetivo inicial, que era escrever a Carta do Povo Brasileiro, deu certo. Escrevemos a carta a várias mãos, durante dias, noites e madrugadas. "Imagine o texto passando por todo mundo, que lia e dava palpites pelo WhatsApp", lembra Adelaide.

O título da carta era "Carta do Povo Brasileiro", uma alusão à "Carta ao Povo Brasileiro", assinada por Lula e divulgada em junho de 2002, ano em que ele ganhou as primeiras eleições presidenciais. É importante lembrar o contexto naquele momento. Uma crise tomava conta da América Latina. A Argentina havia dado calote e vivia o aprofundamento da crise econômica escancarada no ano anterior. Havia também temor em relação à recuperação da economia dos Estados Unidos, que tinha passado por um período de recessão em 2001, após o estouro da bolha da Nasdaq. Parte da crise foi motivada pela possibilidade de vitória de Lula nas eleições de outubro. O dólar bateu os R$ 4,00, a mais alta cotação desde 1994. O mercado financeiro brasileiro ficou em pânico com a possibilidade de vitória do petista. O texto divulgado foi uma maneira de acalmar as preocupações sobre um possível calote brasileiro ou quebra de contratos. Vale a pena reproduzir alguns trechos – e avaliá-los sob a lente da realidade brasileira depois de 13 anos governados pelo PT.

"O Brasil quer mudar. Mudar para crescer, incluir, pacificar. Mudar para conquistar o desenvolvimento econômico que hoje não temos e a justiça social que tanto almejamos. Há em nosso país uma poderosa vontade popular de encerrar o atual ciclo econômico e político.

(...)

O novo modelo não poderá ser produto de decisões unilaterais do governo, tal como ocorre hoje, nem será implementado por decreto, de modo voluntarista. Será fruto de uma ampla negociação nacional, que deve conduzir a uma autêntica aliança pelo país, a um novo contrato social, capaz de assegurar o crescimento com estabilidade. Premissa dessa transição será naturalmente o respeito aos contratos e obrigações do país.

(...)

Ninguém precisa me ensinar a importância do controle da inflação. Iniciei minha vida sindical indignado com o processo de corrosão do poder de compra dos salários dos trabalhadores. Quero agora reafirmar esse compromisso histórico com o combate à inflação, mas acompanhado do crescimento, da geração de empregos e da distribuição de renda, construindo um Brasil mais solidário e fraterno, um Brasil de todos.

(...)

Vamos preservar o superávit primário o quanto for necessário para impedir que a dívida interna aumente e destrua a confiança na capacidade de o governo honrar os seus compromissos.

(...)

Vamos ordenar as contas públicas e mantê-las sob controle. Mas, acima de tudo, vamos fazer um compromisso pela produção, pelo emprego e por justiça social.

O que nos move é a certeza de que o Brasil é bem maior que todas as crises. O país não suporta mais conviver com a ideia de uma terceira década perdida."

(Carta ao Povo Brasileiro – PT – 22/6/2002)

Se as promessas que ele fez tivessem sido cumpridas, provavelmente não estaríamos agora escrevendo este livro. E não haveria carta nenhuma da nossa parte. Apenas aplausos e prosperidade.

Como todos sabem, não é essa a realidade em que nos encontramos. Por isso, 13 anos depois da carta de Lula, foi a nossa vez de escrever a nossa. É irônico, embora nada engraçado, notar que aqueles a quem endereçamos nossas palavras tenham defendido, ao menos no papel, ideias tão similares às que reivindicamos agora.

A seguir, alguns trechos da nossa "Carta do Povo Brasileiro" endereçada aos deputados federais, senadores, presidente da Câmara dos Deputados e presidente do Senado.

"A democracia brasileira está fragilizada. A República está em risco. E o povo brasileiro está farto.

(...)

Vivemos um quadro assustador de **corrupção** no seio dos poderes constituídos. A corrupção é histórica, sim, e nem por isso admissível. Há 12 anos, porém, ela se tornou sistêmica e se institucionalizou na máquina pública em níveis sem precedência, como nunca antes visto.

(...)

A **ineficiência da gestão pública** é outro tumor maligno que adoece o país. É responsável por fazer do Brasil um país desigual, mais pobre e estagnado. O Brasil não suporta mais o inchamento, o amadorismo e o clientelismo das máquinas públicas, o conhecido 'toma lá, dá cá'.

(...)

No campo da moralidade, a **ética e a decência** desapareceram. A mentira passou a ser procedimento costumeiro nos pronunciamentos do governo federal à nação. A trama da manipulação de dados é um aliado habitual para justificar os consecutivos erros. Contabilidade criativa é o eufemismo que se usa para explicar o injustificável. (...) O Partido dos Trabalhadores teve 13 anos de poder para mudar o Brasil, conforme prometeu em sua carta ao povo brasileiro em 2002. Ele recebe agora, do mesmo povo, uma carta que repudia a situação na qual o país foi deixado.

(...)

A voz das ruas é uníssona: desaprovação ao governo federal; solicitação de julgamento neutro e condenação de todos os envolvidos em crimes de corrupção; repúdio e revolta às manobras descomprometidas com a justiça e a verdade, protagonizadas por membros da mais alta corte da justiça brasileira.

(...)

Atendendo a urgência que o momento exige, viemos neste instante apresentar ao Congresso Nacional a primeira pauta de reivindicações da agenda construtiva para um novo Brasil:

Enfrentamento real da Corrupção através do fim da impunidade; (...) apreciar com transparência os pedidos de impeachment contra a presidente Dilma Rousseff apresentados ao Congresso; choque de ordem e transparência na gestão pública; fim da doutrinação ideológica e partidária nas escolas; (...) Eleições com registro eletrônico e impresso do voto, auditáveis por empresa idônea e partidos; (...) mandato único – fim de reeleição para todos os cargos executivos.

(...)

Exigimos um país politicamente mais ético, economicamente mais forte, socialmente mais justo. Não aceitaremos nada menos do que isso."

(Carta do Povo Brasileiro – Aliança dos Movimentos Democráticos – 15/4/2015)

A primeira vez a gente nunca esquece

Decidimos ir a Brasília e entregar pessoalmente essa carta aos parlamentares no dia 15 de abril. Vários integrantes do Vem Pra Rua foram a Brasília, juntamente com representantes da Aliança Nacional que havíamos criado. Não foi fácil entrar no Congresso. Chegamos educadamente, explicamos por que estávamos lá, mas fomos barrados por seguranças. "Disseram que havia manifestações de índios e que, por isso, ninguém entraria nem sairia", conta Adelaide.

Diante dessa recepção, decidimos que leríamos a carta na rampa do Congresso. Aliás, esse era o lugar mais indicado. Charles Putz, um dos integrantes do Vem Pra Rua, foi um dos mais atuantes nesse dia. "Nós dissemos: 'Vamos entregar a carta na rua. Queremos que o Congresso venha até nós'. E eles vieram." Apareceram alguns parlamentares do lado de fora para nos ouvir. Começamos a leitura.

A advogada Janaína Lima estava entre os integrantes do Vem Pra Rua que leram a carta. Ela lembra que, naquele momento, canalizou toda sua indignação para cobrar os políticos. Sua leitura foi feita de maneira tão acalorada que surpreendeu até nosso grupo, que nunca a tinha visto se posicionar de maneira tão aguerrida. "Aquilo mostrou para a imprensa que a gente não comia na mão do governo, nem da oposição, nem do Aécio", diz Janaína.

Durante a leitura, um integrante do movimento se aproximou pelas nossas costas. Ao pé do ouvido, perguntou baixinho se não queríamos fazer uma reunião com partidos da oposição. "Que partidos?", questionamos.

"Nós nos recusamos a falar com um, dois ou três partidos apenas", foi a resposta. "Não vamos entrar em uma sala fechada com ninguém, pois vai parecer conchavo." Dissemos que só nos reuniríamos com representantes de, pelo menos, cinco partidos simultaneamente. A pessoa que havia feito a proposta saiu para verificar nosso pedido. Voltou dez minutos depois. "Está fechada a reunião", disse. Ficamos surpresos, pois não esperávamos que ele conseguisse costurar isso tão rapidamente. A intenção era que tudo acontecesse às claras, sem margem para má interpretação da imprensa ou da população. Olhamos ao redor e vimos jornalistas que faziam a cobertura cotidiana no local. Resolvemos convidá-los para entrar conosco. Com o apoio da imprensa e de alguns deputados e senadores, finalmente entramos no Congresso Nacional.

Imaginávamos que nos encontraríamos numa sala de reuniões, ao redor de uma mesa. Mas fomos conduzidos a uma sala daquelas em que acontecem as CPIs, decoradas com um monte de mesas e uma grande mesa de frente para as demais, a mesa principal. Quando chegamos, não havia ninguém. Ingenuamente, nos sentamos à mesa principal, na cadeira do "presidente". Um dos servidores do Senado aproximou-se e disse, sem jeito: "Acho melhor vocês aguardarem os parlamentares para definirem os lugares...". Entendemos. Estávamos ferindo a hierarquia da casa. Levantamos imediatamente, sem saber o que fazer. Sentar às mesas do auditório estabelecia a razão inversa daquela reunião. Na mesa principal "não podia". Foi então que decidimos ficar de pé, entre ela e o auditório, de costas para a parede lateral.

Os parlamentares foram chegando um a um, atrasados, mas curiosamente todos num intervalo de cinco minutos. No fim, havia mais de 30 pessoas. De um lado, atrás da mesa principal, estavam presidentes e líderes dos principais partidos. Entre eles, José Agripino Maia, presidente do DEM, Beto Albuquerque, representando o presidente do PSB (Carlos Siqueira), Roberto Freire, presidente do PPS, Aécio Neves, presidente do PSDB, José Luiz Penna, presidente do PV, Paulinho da Força, presidente do Solidariedade, os senadores federais Ronaldo Caiado (DEM) e Tarso Jereissati (PSDB). Do outro lado estávamos nós, líderes dos movimentos. Como estávamos de pé, todos permaneceram de pé durante toda a reunião, que foi filmada e fotografada pela imprensa presente, que tomava o resto do auditório com outros parlamentares.

Cobramos então uma posição clara dos parlamentares em relação às demandas que acabavam de ouvir na leitura da carta. Os políticos começaram a fazer discursos longos, manifestando apoio às nossas causas, mas não da maneira objetiva e pragmática que esperávamos. Argumentaram que era impossível fazer oposição eficiente contra aquele governo com ampla maioria. "Em determinado momento, o Chequer falou: 'O povo já fez o impossível. Reunimos 1 milhão de pessoas e não quebramos uma vidraça. Agora cabe a vocês fazer o impossível'", conta Adelaide. Aécio Neves respondeu que naquele dia, inspirados pela nossa união, eles, os políticos, estavam se unindo. A oposição iria se unir para atender às nossas demandas. "O Chequer, então, respondeu: 'Eu fico muito feliz que tenham resolvido se unir, mas eu também fico triste que só tenham resolvido fazer isso hoje'. Nunca esqueci essa frase. Porque considero essa a nossa grande responsabilidade. Nós estávamos ensinando os políticos a fazerem política. Eu acho isso espantoso. Mas percebo todos os dias que eles não sabem. Tanto que eles se confundem e vão bater panela dentro do Congresso. Isso é papel de ativista. É absurdo, mas eles não sabem qual é o papel deles", conclui Adelaide.

Um dos pontos mais marcantes da reunião foi quando Aécio tomou novamente a palavra. "Ele estava enrolando mais que todos", diz Charles Putz. "Então, subi em cima de uma mesa lateral e falei: 'Espera aí, senador, deixe-me entender uma coisa. Isso quer dizer que você se compromete ou não se compromete (com as demandas apresentadas na carta)?'. E ele, de novo, começou a enrolar. 'Sim ou não, senador?!'. Deu até eco lá dentro. Porque quando eu berro, eu berro. E ele, ao final, disse que a oposição dava 'um sonoro sim'."

No mesmo dia, o jornal *O Globo* noticiou o evento: "Líderes de movimentos causam saia justa ao pressionar a oposição para se posicionar sobre o impeachment". Em seguida, a frase: "Diante do tom usado pelos manifestantes, Aécio disse dar 'um sonoro sim' para a pauta das ruas". O caderno de política de *O Estado de S. Paulo* trazia foto em que Roberto Freire aparecia de costas conversando com Aécio Neves e, na frente deles, dois membros do Vem Pra Rua: Rogerio Chequer e Jaílton Almeida. O título da reportagem era: "Oposição reforça tese do impeachment". E o texto vinculava a possibilidade de afastamento da então presidente à prisão do tesoureiro do PT, João Vaccari Neto, que acontecera no mesmo dia 15 de abril, quando os políticos se reuniam conosco. A prisão do petista foi capa da *Folha de S. Paulo* do dia 16 de abril. Naquele mês, também foi preso o ex-deputado petista André Vargas.

O impeachment entrou na pauta dos parlamentares de um dia para o outro. E não é modo de falar. Dia 14 de abril, um dia antes da reunião que fizemos com os políticos para a leitura da carta, Jaílton, ao lado de um colega do movimento e de líderes de outros grupos, teve um primeiro encontro com parlamentares. Foram avisá-los sobre a carta que receberiam no dia seguinte e convidá-los para assistir à leitura. A ideia de falar com eles antecipadamente surgiu quando souberam que os membros da oposição ao governo estavam reunidos. "Imagina se conseguimos entrar nessa reunião...", sugeriu Jaílton aos colegas. Pediram ajuda a alguns funcionários do Congresso e foram apresentados aos parlamentares: "Esse é o pessoal do Vem Pra Rua; eles vieram falar com vocês". Nove políticos nos receberam no gabinete do senador Tarso Jereissati. "Eles estavam todos sentados, de braços cruzados. Ficaram nos escutando, calados e visivelmente perplexos. A autoridade ali não eram eles. Éramos nós", conta Jaílton. Foi nessa reunião que o senador José Serra falou, em nome dos demais presentes, que, como oposição, não conseguiriam fazer nada no Congresso. "Esse governo faz o que quiser porque tem tudo na mão. Somos aproximadamente 13 senadores e 40 deputados. É essa a oposição." Naquele dia, a palavra impeachment não encontrava ressonância em Brasília. No dia seguinte, não só ganharia força política. O *Estadão* trazia na capa: "Oposição se une por impeachment".

A primeira evidência do crime de responsabilidade

No mês de abril, soubemos que o procurador Júlio Marcelo de Oliveira, do Ministério Público, junto ao Tribunal de Contas da União (TCU), havia assinado uma representação em que pedia uma investigação da equipe econômica da Presidência, em função dos atrasos de repasse de dinheiro do Tesouro Nacional para bancos e autarquia. Tais atrasos, segundo nossos conselheiros jurídicos, constituíam fraude fiscal e crime de responsabilidade. A evidência jurídica necessária para o pedido de impeachment de Dilma Rousseff estava ali. Essa prática ficou conhecida como "pedaladas fiscais". O relatório dele jogou uma nova luz sobre o tema. Em entrevista concedida à revista *Época* em 21 de maio de 2015, Júlio Marcelo afirmou: "Houve uma série de estratégias do Tesouro para, a meu ver, fabricar resultados fiscais para gerar uma impressão que não corresponde à realidade financeira real do estado da nossa economia". Conforme publicou a revista, desde fevereiro Júlio já incomodava o governo. Primeiro, ao se opor às "negociações de acordo de delação entre as construtoras investigadas na Lava Jato e a Controladoria-Geral da União". Depois, em março, ele pediu a suspensão do empréstimo de US$ 3,7 bilhões do Banco Nacional de Desenvolvimento Econômico e Social, o BNDES, para a Sete Brasil, fabricante de sondas do pré-sal para a Petrobras. Quando questionado sobre a possibilidade do pedido de impeachment da então presidente em razão das pedaladas, o procurador respondeu: "Se acontecerem infrações à Lei de Responsabilidade Fiscal, os responsáveis precisam ser punidos. Se for o caso, é preciso inabilitar a pessoa de seu exercício e função".

Na mesma época, surgiu outro forte indício de que havia meios legais para afastar a presidente. O jurista Miguel Reale Júnior já estudava outros atos não menos graves de Dilma Rousseff. Ele elaborou um parecer em que recomendava a apresentação de um pedido de ação penal contra a presidente, entregue no final de maio.

No início de abril, Reale havia concedido uma entrevista à TV Veja, na qual já defendia que era possível tirar a Dilma do cargo por ação penal, via Procuradoria da República, por crime comum. Ainda assim, para ele, o melhor caminho seria a presidente renunciar. Sua dúvida a respeito do impeachment naquele momento era o fato de a Constituição Federal prever que um presidente poderia ser afastado do cargo por atos praticados no mesmo mandato – e as acusações contra Dilma referiam-se ao mandato anterior.

O jurista acabou mudando de opinião após verificar decisões do Supremo Tribunal Federal que admitiam que, com base no princípio da moralidade, era possível responsabilizar alguém do Poder Executivo ou Legislativo por atos praticados no mandato anterior. "Se há um reconhecimento da imoralidade do governante, essa imoralidade justifica que ele seja afastado do exercício do cargo público, mesmo que exista um novo mandato", afirma. Outros especialistas também defendiam que, por se tratar de dois mandatos conduzidos pela mesma pessoa, deveria ser interpretado que a realidade equivaleria ao que está descrito na lei. Era o caso do jurista Adilson Dallari.

Mesmo que fosse entendido que haveria viabilidade, Reale não considerava o momento de tentar o impeachment. Isso porque seria preciso conseguir dois terços de aprovação na Câmara dos Deputados na primeira etapa do processo. Algo difícil de acontecer, ele acreditava. Afinal, a imagem do PT ainda não estava tão desgastada diante da opinião pública (o que pressionaria o voto dos parlamentares) quanto ficou depois. Luciana Reale, sua filha, lembra-se de o pai dizer que o pedido chegaria à Câmara e seria barrado.

O parecer solicitado pelos dirigentes do PSDB foi elaborado com a colaboração da advogada Janaína Paschoal, a convite do jurista. Janaína havia sido orientada por ele em seu mestrado, doutorado e livre-docência ao longo de mais de 20 anos. Reale não cobrou nada do partido.

No dia 26 de maio, os deputados federais Carlos Sampaio (PSDB), Rubens Bueno (PPS) e Mendonça Filho (DEM) entregaram a ação que pedia ao procurador-geral da República, Rodrigo Janot, a abertura de investigação contra a presidente Dilma Rousseff pela prática de crimes contra as finanças públicas e de falsidade ideológica. O documento, assinado por Miguel Reale Júnior, citava a representação apresentada no mês anterior pelo procurador Júlio Marcelo e descrevia que as pedaladas fiscais incidiriam nos Artigos 299 (crime contra a fé pública) e 359 "a" e "c" (crimes contra as finanças públicas) do Código Penal.

Nesse dia, nós, do Vem Pra Rua, e integrantes do Movimento Brasil, de Maceió (AL), fizemos uma vigília em frente à Procuradoria-Geral da República, em Brasília, apoiando Rodrigo Janot e solicitando a abertura de investigação contra a cidadã Dilma Vana Rousseff por crime de pedaladas fiscais. Durante as semanas e meses seguintes, pressionamos o procurador com mensagens, como "Janot, desengaveta" e "Janot, analisa", postadas em nossa página do Facebook. Mas Janot não atendeu ao pedido das ruas. Engavetou o pedido.

Pelos motivos certos

Entre abril e maio, passamos um período nos questionando, debatendo sobre se deveríamos ou não voltar às ruas nos meses seguintes. Refletimos sobre o assunto principalmente em função das frustrações decorrentes do protesto mais recente. Discutíamos a respeito do tempo que deveríamos esperar para fazer uma nova chamada.

Pelas experiências anteriores, ficou claro que o ideal era só sair quando tivéssemos um motivo concreto, uma bandeira para ser levantada. É evidente que há diversas causas que defendemos, abraçamos, e pelas quais se justifica manifestar nossa indignação. Fomos aprendendo que, para atrair milhões de pessoas às ruas, a mensagem tem de ser clara, objetiva e fazer com que as pessoas se identifiquem com ela. Como nada disso pode ser forçado, era preciso dar tempo ao tempo.

No entanto, havia uma cobrança das pessoas, especialmente dos seguidores do Vem Pra Rua no Facebook, para irmos às ruas. Mari Botter, que responde pela relação com a imprensa, é uma das pessoas que gerenciam a nossa página no Facebook. "As pessoas comentam: 'Vamos pra rua! O que vocês estão fazendo fora da rua?'", conta ela. "Como se fosse simples organizar uma manifestação e juntar 1 milhão de pessoas na Paulista. E mais 1 milhão no restante do Brasil. Temos que tomar cuidado, porque, mesmo que nossos seguidores estejam cobrando na página, se seguirmos suas palavras e organizarmos uma saída, quantos deles irão para a rua de fato?", diz Mari. Ela lembra que sentia uma terceirização do protesto. As pessoas queriam ver as ruas cheias, mas achavam que isso era papel dos movimentos, não delas próprias.

Ao longo de abril e dos meses seguintes, continuamos fazendo as nossas ações pontuais, que se revelaram bem-sucedidas em outras ocasiões. Em 29 de abril, um dia depois de o STF mandar soltar nove empreiteiros do

Petrolão, ao que os procuradores da Lava Jato chamaram de "HC Combo" (HC de *habeas corpus*), fizemos um ato simbólico de apoio ao juiz federal Sergio Moro em três cidades: São Paulo, Curitiba e Campo Grande. Dessa vez, as manifestações não foram noticiadas apenas depois de ocorrerem, como acontecia até então. A mídia tradicional passou, aos poucos, a divulgar os eventos com antecedência. No caso desse ato, a notícia foi dada pelo jornalista Felipe Moura Brasil, colunista da *Veja*.

No dia 2 de maio, sábado, 40 manifestantes protestaram em frente à casa de Dilma, em Porto Alegre (RS), o que incitou a presidente a antecipar sua volta a Brasília – Dilma passava o feriado na capital gaúcha. No dia 3, em Uberaba (MG), cerca de 60 pessoas realizaram um "apitaço" na abertura oficial da feira Expozebu, organizada pela Associação Brasileira de Criadores de Zebu, e pela primeira vez em 35 anos a tradicional feira agropecuária não teve um presidente da República presente no ato. O portal G1 registrou que nosso grupo "utilizou cartazes criticando a corrupção no país e o governo do PT". Também se tornou comum ouvir panelaços e buzinaços durante os programas e discursos do PT na televisão, algo que nós ajudávamos a divulgar e organizar.

A Lava Jato não só seguia em frente como surpreendia os brasileiros, acostumados com o "tudo acaba em pizza". Os fatos provavam que desta vez algo estava diferente. Em junho, a Polícia Federal prendeu os presidentes das empreiteiras Odebrecht e Andrade Gutierrez, respectivamente Marcelo Odebrecht e Otávio Marques de Azevedo. Em julho, foi a vez de Jorge Zelada, ex-diretor da área internacional da Petrobras, ir para a cadeia, assim como o diretor-presidente da fornecedora de energia Eletronuclear, Othon da Silva. A polícia cumpriu ainda mandados de busca e apreensão na casa de seis políticos: Fernando Collor (PTB-AL), Ciro Nogueira (PP-PI), Eduardo da Fonte (PP-PE), Mário Negromonte (PP-BA), Fernando Bezerra Coelho (PSB-PE) e João Pizzolatti (PP-SC). Em 3 de agosto de 2015, o ex-ministro José Dirceu também foi preso durante a 17ª fase da Lava Jato. Além dele, foram presos seu irmão Luiz Eduardo de Oliveira e Silva e outras seis pessoas. Pela primeira vez em nossa história, esse tipo de notícia se tornava comum na capa dos principais veículos de comunicação do país. E isso era motivo de celebração.

O povo fazendo a sua parte novamente

Por Colin Butterfield

No começo de julho, decidimos que era hora de sair de novo. Lembro-me exatamente do dia em que estava falando com o Renan Santos, um dos líderes do Movimento Brasil Livre, para definirmos uma data juntos. Cabia a mim articular a interação entre o Vem Pra Rua e os outros movimentos. Ficamos debatendo um tempão, tentando encontrar um critério para essa escolha. Até que falamos do recesso, tanto escolar quanto no Congresso. As aulas voltariam no dia 3 de agosto. Então, no fim de semana anterior, não era um bom momento. No domingo seguinte seria o Dia dos Pais. As opções eram 16 ou 23 de agosto. Já queríamos deixar marcado com dois meses de antecedência, para termos tempo de preparar as saídas e atrair o máximo possível de pessoas. Decidimos pelo dia 16 e, assim que batemos o martelo, liguei para o Marcelo Reis, do Revoltados On Line, que também topou. Em seguida, liguei para os líderes dos demais movimentos e conseguimos que a maioria nos acompanhasse.

Para mim, aquela foi a melhor de todas as manifestações que fizemos até aquele momento, por duas razões. Primeiro, porque mostrou que as ruas não haviam se esvaziado, como divulgou a imprensa na saída de abril. Segundo, porque foi a primeira vez que todos os movimentos falaram exatamente a mesma linguagem. Antes, cada um tinha seu mote. Agora, além de nós e dos dois grupos que lideraram a saída, estavam lá Brasil Melhor, Acorda Brasil, Endireita, Nas Ruas, Avança e outros passando a mesma mensagem, levantando as mesmas bandeiras. Conseguimos, finalmente, criar uma coesão de discurso das ruas. Nossas palavras eram idênticas: "Fora Dilma", "Lula Nunca Mais", "Fora Corruptos", mensagens de apoio total à Lava Jato, uma defesa explícita (até então inédita da nossa parte) pelo impeachment e pedidos pelo fim da impunidade no Brasil.

Foi muito gratificante ver essa união. Ela foi possível graças a um alinhamento que articulamos entre os movimentos. Todo mundo aprendeu – ao menos naquele momento – que era melhor trabalharmos lado a lado. Uma das minhas frases prediletas é: respeitem as divergências, e vamos somar nas convergências. É assim o tempo todo. Sempre que alguém começa a tentar jogar pedra, eu falo: "Gente, espera aí! É natural termos divergências, mas vamos deixá-las de lado e ver onde estão as coisas que nos unem. Vamos construir em cima delas".

A manifestação de 16 de agosto foi grande: cerca de 1 milhão de pessoas em todos os estados brasileiros. E nós tínhamos uma grande esperança de que ela empurrasse o impeachment adiante.

Dez medidas para começar

A saída de 16 de agosto contou com a divulgação da imprensa nacional em peso. Veículos como BBC Brasil, as revistas *Exame* e *Época NEGÓCIOS* e o portal Terra anunciaram nosso evento com antecedência. O americano *Wall Street Journal* e o inglês *Independent* enfatizaram o apoio das ruas ao impeachment de Dilma.

Outra divulgação que nos surpreendeu foi a do PSDB. O partido convocou as pessoas às ruas para a manifestação em inserções nacionais na televisão. "No próximo dia 16, convocados por movimentos da sociedade civil, os brasileiros estarão voltando às ruas. Se você também está cansado de tanta mentira e de tanta corrupção, participe", dizia o vídeo. O chamado não foi feito a pedido dos movimentos, e deixou claro quem estava convocando a população. Acabou se tornando mais um instrumento de divulgação para nós.

Criamos um grito de guerra para resumir nossos objetivos naquela saída:

"Viemos aqui / Por mudanças / Não aguentamos mais / Este governo / Inflação / Corrupção / Enganação / Exigimos / Oposição / Investigação / Punição / Somos a união / Que quer / Mudar o Brasil / Fora Dilma / Fora Lula / Fora PT / Vem Pra Rua".

Além da união dos movimentos, aquela manifestação trazia outra novidade: a coleta de assinaturas para as 10 Medidas contra a Corrupção, propostas pelo Ministério Público Federal como um projeto de Lei que tramita na Câmara dos Deputados. O tema surgiu em nossas discussões internas sobre as pautas que iríamos defender. A arquiteta Thaís Monteiro, do Vem Pra Rua, sugeriu que abraçássemos a causa. Acolhemos a ideia, e ela se tornou a responsável por recolher as assinaturas durante o protesto.

"Imprimimos camisetas com o tema das 10 medidas, conseguimos mesa, cadeiras, quatro ombrelones, imprimimos panfletos, compramos centenas de canetas, pranchetas, enfim, todo o material necessário", conta ela. "Por ser uma campanha nova, o difícil era, a cada pessoa que abordávamos, ter que contar a 'novela' inteira. Mas quando alguém fazia discurso em cima do nosso caminhão, costumava falar sobre as 10 medidas, indicar onde estávamos e orientar as pessoas a irem assinar. Em seguida vinha aquela muvuca de gente."

As 10 Medidas contra a Corrupção são:

1. Prevenção à corrupção, transparência e proteção à fonte de informação.
2. Criminalização do enriquecimento ilício de agentes públicos.
3. Aumento das penas e crime hediondo para corrupção de altos valores.
4. Aumento da eficiência da justiça dos recursos no processo penal.
5. Celeridade nas ações de improbidade administrativa.
6. Reforma no sistema da prescrição penal.
7. Ajustes nas nulidades penais.
8. Responsabilização dos partidos políticos e criminalização do caixa dois.
9. Prisão preventiva para evitar a dissipação do dinheiro desviado.
10. Recuperação do lucro derivado do crime.

Desde 16 de agosto, colher assinaturas para apoiar as 10 medidas passou a fazer parte de toda manifestação do Vem Pra Rua. Tornou-se uma causa agregadora. O objetivo dos grupos envolvidos com a causa era coletar 1,5 milhão de assinaturas. Esse número tornaria o projeto popular e, por consequência, ele tramitaria na Câmara dos Deputados. Isso porque, segundo a Constituição Federal, a apresentação de projetos de iniciativa popular precisa conter assinatura de, no mínimo, 1% do eleitorado nacional. No Brasil, somos em torno de 135 milhões – logo, 1,3 milhão de assinaturas seriam suficientes. No total, chegamos a 2 milhões de assinaturas (das quais o Vem Pra Rua calcula ser responsável por aproximadamente 10%), que já foram entregues ao Congresso. Mas, para se tornar projeto popular, teria que haver checagem de cada uma das assinaturas, o que levaria muito tempo. O deputado Mendes Thame, do PV, apresentou um projeto de lei com as 10 medidas.

Não tem negociação

A votação pela reprovação das contas do governo Dilma estava prevista para 17 de junho de 2015. Um dia antes, alguns integrantes do Vem Pra Rua se reuniram em frente ao TCU para outra vigília, em apoio à votação. Para nossa frustração, e de muitos outros brasileiros, na data marcada foi decidido, por unanimidade, adiar por 30 dias o julgamento. Nos meses seguintes, a defesa conseguiu duas novas extensões do prazo.

Durante esse período, nós nos aproximamos do ministro Augusto Nardes, relator do processo. "Fazíamos uma pressão efetiva sobre o TCU", afirma Jaílton Almeida, o líder do movimento em Brasília. "Quando ele começou o relatório, entre os oito ministros havia apenas quatro votos a favor da rejeição das contas. No final, a vitória foi unânime."

Em 4 de outubro, três dias antes de finalmente se concretizar o julgamento, os ministros Luís Inácio Adams (Advocacia-Geral da União) e José Eduardo Cardozo (Justiça) pediram o afastamento do relator Augusto Nardes por ter cometido "uma irregularidade ao manifestar opinião e antecipar publicamente o voto", noticiou o portal G1. No dia 2 de outubro, o mesmo site havia publicado: "Relator das contas do governo no TCU irá recomendar rejeição". Nardes defendeu-se na página oficial do TCU, dizendo "que não antecipou sua opinião final acerca da apreciação dessas contas. Apenas disponibilizou, na quinta-feira anterior, minuta de relatório e do parecer prévio dos demais ministros, uma vez que o Regimento Interno do TCU exige que a distribuição dessas peças aos seus pares se faça em até cinco dias antes da data da sessão".

No dia 5 daquele mês, nós nos mobilizamos em vigílias espalhadas por 18 TCUs de todo o Brasil. A pressão foi tão intensa que integrantes do Vem Pra Rua – entre eles, a coordenadora nacional, Adelaide de Oliveira – estamparam a capa da *Folha de S. Paulo* no dia seguinte. Ao lado da foto que mostrava nosso ato, a manchete: "Dilma vai recorrer ao Supremo se TCU não afastar relator". A intenção da então presidente era anular o julgamento que ainda nem havia acontecido. Acreditamos que a pressão do Vem Pra Rua colaborou para o desfecho escolhido por Nardes, que, de fato, rejeitou as contas de Dilma referentes ao ano de 2014. A decisão foi baseada em análise técnica, mas enquanto o governo fazia pressão de um lado, mobilizando ministros e parlamentares para pedirem a aprovação das contas, as ruas cobravam sua reprovação. No dia da votação, reunimos um grupo do lado de fora do TCU de Brasília. "Quando o relator saiu, a população gritou: 'Nardes, guerreiro, do povo brasileiro'", conta Jaílton. Ao encontrar o grupo de pessoas do lado de fora, Nardes pegou o megafone e disse: "Mostramos à nação, apesar de todas as pressões e ataques que eu sofri, que foi uma vitória da cidadania. E o mais importante em todo esse processo é a sociedade brasileira, que está acordada para viver momentos de transformação. Sem a participação de vocês, talvez esse resultado não tivesse sido conseguido". Adelaide escutou relatos similares. "Os técnicos sempre sofreram muita pressão. A notícia que recebíamos era que eles queriam rejeitar as contas, mas tinham medo porque estariam arriscando suas carreiras", diz ela. "A pressão do povo e o apoio popular foram cruciais para aqueles oito votos a zero. Ganhamos de lavada." No dia seguinte, a capa de *O Estado de S. Paulo* registrava: "Por unanimidade, TCU rejeita contas de Dilma".

Agora vai

Os meses de setembro e outubro foram intensos para os parlamentares e para a população, que acompanhavam novos acontecimentos a cada dia e, às vezes, a cada hora. Enquanto aguardávamos o julgamento das contas de Dilma pelo TCU, a pauta do impeachment voltou à tona. A presidente se recusava a renunciar, mesmo com pedidos escancarados da população nas ruas. O procurador-geral da República, Rodrigo Janot, não levou adiante a ação de crime penal movida pela oposição ao governo federal. Portanto, afastar Dilma por meio do impeachment se revelou a única saída.

No final de agosto, ficamos sabendo que Janaína Paschoal apresentaria um novo pedido de impeachment, feito por ela e pelo jurista Hélio Bicudo, um dos fundadores do PT e militante de direitos humanos. Esse pedido foi entregue à Câmara no início de setembro. Tomamos a iniciativa de conversar novamente com Miguel Reale Júnior e pedir que contribuísse com a dupla de juristas, para dar ainda mais consistência e força ao pedido. Além da competência dos três advogados, era importante reunir bagagem, por isso Reale e Bicudo, que participaram ativamente de momentos históricos da política brasileira, tinham um peso fundamental naquele documento. Sabíamos que a aposta era alta e precisávamos ser certeiros.

Nós acompanhamos de perto todo esse processo. Inicialmente foi feito um aditamento, ou seja, alguns ajustes no texto já redigido por Janaína e Bicudo. Em 16 de setembro, a Adelaide foi ao cartório, em nome do Vem Pra Rua, participar do registro do novo pedido de impeachment, junto com outros movimentos populares. "Foi a maior honra da minha vida", diz ela. O jornal O *Estado de S. Paulo* noticiou o episódio e citou o Vem Pra Rua: "A entrega do material foi feita diretamente no gabinete do presidente da Câmara, em tom de ato político, com a presença de deputados de partidos da oposição e representantes de movimentos da sociedade civil, como o Vem Pra Rua. O documento perdeu a validade, no entanto, porque o STF negou a possibilidade de se fazer aditamentos. Foi preciso, então, entrar com um novo pedido. Os três juristas, novamente, trabalharam para unir os acréscimos ao texto original, formando um só documento. E, no dia 15 de outubro, assinamos a versão atualizada do pedido de impeachment. Acompanhamos Miguel Reale Júnior e Maria Lucia Bicudo, que representou o pai, Hélio, na entrega do pedido à Câmara dos Deputados. O jornal *O Globo* noticiou o episódio: "Novo pedido de impeachment é feito em São Paulo". O texto ressaltava a indignação dos juristas pela não aceitação do pedido anterior pelo STF: "Ao registrar o pedido, Reale considerou as liminares concedidas pelo STF para suspender a tramitação do pedido já existente na Casa, feito por ele e por Bicudo, uma invasão do Judiciário sobre o Legislativo. Bicudo disse que a decisão atendeu à 'escória do PT'". O pedido sem aditamentos ingressou na Câmara no dia 21 de outubro de 2015.

Pausa forçada

Os meses de setembro, outubro e novembro pareceram mornos para nós, depois de uma sucessão de acontecimentos tão impactantes quanto a reprovação das contas de Dilma e o pedido de impeachment. Passamos dias e noites mobilizados por essas causas, muito mais nos bastidores do que nas ruas, para que os parlamentares agissem de acordo com a vontade popular.

Havia a expectativa de que Eduardo Cunha (PMDB), então presidente da Câmara dos Deputados, acolhesse o pedido de impeachment no dia 1º de novembro, conforme havia prometido. Isso era importante para que o processo na Câmara terminasse antes do recesso de fim de ano, permitindo o afastamento da presidente. A expectativa era grande. O risco era que o recesso de janeiro esfriasse o processo, e todo o nosso esforço dos últimos meses tivesse sido em vão. Dependíamos do acolhimento.

Seguimos realizando ações pelo movimento, menos visíveis do que as saídas que levaram milhões de pessoas às ruas, porém também muito importantes para a solidificação do Vem Pra Rua. Naquele mês, fizemos o Primeiro Encontro de Lideranças do Movimento. Usamos uma sala cedida a nós pela Assembleia Legislativa de São Paulo (Alesp). Durante um fim de semana, promovemos debates sobre a ideologia, os objetivos e as ações do Vem Pra Rua, além de festas de confraternização. O grupo cresceu muito ao longo de seu ano de existência e aquele foi um momento importante para conhecer ou reencontrar as pessoas que faziam a diferença e lideravam multidões de voluntários em diversas regiões do Brasil. Havia entre 40 e 50 participantes. Convidamos o historiador e comentarista da rádio *Jovem Pan*, Marco Antonio Villa, e a ex-apresentadora da *TV Veja*, Joice Hasselmann, para compartilhar suas visões e conhecimento sobre a história e o atual momento político do Brasil.

Adriana Franco, que dentro do Vem Pra Rua é uma das responsáveis por manter contato com lideranças estaduais e municipais, foi uma das pessoas que insistiram para que organizássemos um encontro. "Acho que a gente tem que trazer os líderes regionais e agradecer a eles. Às vezes estão longe e eu falo com eles, mas eu quero que vejam o Colin, o Chequer, que para eles são suas referências. Esses encontros dão uma liga, um reconhecimento para as pessoas."

Nesse evento começamos a discutir a importância de construir uma agenda propositiva para o Vem Pra Rua. Nossa intenção não era ser apenas um movimento passageiro. Ir para as ruas era, sim, um dos meios para mudar a forma de fazer política e a postura da população no país. Mas apenas um deles. Para ir além, precisávamos estar prontos para o momento de passar de uma atitude combativa para uma atitude construtiva. Estava claro para nós que o primeiro passo seria garantir a saída do PT do poder. Em seguida, viria uma possibilidade real de mudança, de recomeço – ainda que com políticos com carreiras de longa data. A mudança seria consequência da pressão externa que estávamos ajudando a criar com as pessoas, e não necessariamente da iniciativa dos governantes. A partir daí era preciso estarmos prontos para contribuir com propostas concretas do que fazer para melhorar o país.

Outubro e novembro de 2015 foram também os meses em que testamos um novo modelo de manifestação: saídas espontâneas todos os dias. Mantivemos esse ritmo de pequenos protestos ao longo de três semanas. Algo como "um rolezinho" noturno, que organizamos em várias cidades do Brasil – caminhávamos pelas ruas com poucas centenas de pessoas para fazer barulho a favor do impeachment, com faixas e cartazes. O mote dessas manifestações menores era "Natal sem Dilma". Foi interessante. Até certo ponto, funcionou – sempre havia algumas pessoas. No entanto, eram grupos pequenos, com 100 ou 200 participantes. O custo-benefício entre o grande esforço para mobilizar esses encontros e a pequena repercussão que tiveram fez com que a iniciativa não se sustentasse por mais tempo. Aprendíamos mais uma lição.

No segundo semestre de 2015 também passamos a organizar uma "agenda" do Vem Pra Rua. Patrícia Bacci cuidava dessa ferramenta, e sua função era acompanhar as ideias que eram dadas em nossos grupos de mensagem, colocá-las em um documento registrando quem seria o responsável por tirar a ideia do papel e transformá-la em ação. "Quando a pessoa que tinha a ideia não queria tocar, eu falava assim: ou a gente tira da lista, ou você faz, ou você convence alguém a fazer", conta Patrícia. Como dizemos até hoje, muita gente nos dá ideias ótimas, mas como um movimento formado por voluntários, com número limitado de pessoas e recursos, não somos capazes de fazer tudo. Essa organização também ajudava a divulgar ideias locais que às vezes se tornavam iniciativas nacionais, como foi o caso da vigília no TCU.

Terminamos o mês de novembro muito desanimados. Estávamos certos de que Cunha havia desistido de encaminhar o pedido naquele ano de 2015. A frustração abalou até o nosso engajamento em relação ao movimento. "Muita gente acha que o Cunha foi nosso herói, mas ele nos atrapalhou muito", diz Jaílton. "O impeachment poderia ter acontecido naquele momento, mas ele usou o pedido para barganhar com o governo, para se proteger da cassação de seu mandato."

Desde outubro, Cunha havia sido colocado contra a parede pelo Conselho de Ética. No dia 13 desse mês, os partidos PSOL e Rede entraram com uma representação contra ele, por suposta quebra de decoro parlamentar. A base do pedido era que o presidente da Câmara teria mentido em depoimento à CPI da Petrobras, em março de 2015, ao negar ter contas no exterior. O Ministério Público suíço desmentiu o político. Entre a abertura da análise na Comissão de Ética e a bancada do PT decidir votar contra Cunha, ele tentou negociar com o governo uma escapatória. Cunha segurou os pedidos de impeachment para manter um trunfo em seu processo no Conselho de Ética. Essa lenga-lenga foi acompanhada pelos principais veículos de comunicação. No mesmo dia em que foi desmentido, Cunha afirmou ter rejeitado mais cinco pedidos de impeachment de Dilma porque não atendiam aos pré-requisitos técnicos. Ele já havia arquivado oito. E ainda restavam três a serem analisados (entre eles, o que carregava nossa assinatura). No dia 17 de outubro, *O Estado de S. Paulo* publicou: "Cunha perde apoio no Conselho de Ética para evitar cassação". O texto falava do "isolamento" do parlamentar, que perdera metade dos votos que tinha a seu favor em 24 horas.

Assistíamos incrédulos e desesperançosos àquela novela. Com o nosso pedido de impeachment como moeda de troca do presidente da Câmara, que era a única pessoa que poderia apresentá-lo, acreditamos que nossos esforços haviam sido em vão. Pensamos: "Acabou. Perdemos o *timing*. Não vai dar". Não havia ânimo nem para comemorar mais uma prisão da Lava Jato: do empresário e pecuarista José Carlos Bumlai, amigo de Lula, envolvido nas denúncias de corrupção, fraude e lavagem de dinheiro investigadas pela operação.

Entre o fim de novembro e o início de dezembro, estávamos derrotados psicologicamente. Sinceramente, não sabíamos o que fazer. As pessoas comentavam nas redes sociais, cobrando uma atitude nossa e nos xingando.

"Cadê vocês? Não vai acontecer nada?!". E nós não tínhamos nada para responder. Todo aquele poder que sentimos ter no início da nossa luta parecia acabado.

Tchau, querida

Até que veio a surpresa. No dia 2 de dezembro de 2015, o Brasil era o país de uma notícia só: o pedido de impeachment da presidente Dilma Rousseff havia, finalmente, sido aceito e encaminhado por Eduardo Cunha. A revista *Veja* resumiu o acontecimento histórico da seguinte forma: "A crise política que o governo Dilma Rousseff atravessa atingiu nesta quarta--feira seu mais alto grau até agora: o presidente da Câmara dos Deputados, Eduardo Cunha (PMDB-RJ), aceitou o pedido de impeachment contra a presidente. (...) A decisão se dá justamente no dia em que a bancada do PT fechou questão pela continuidade das investigações contra Cunha no Conselho de Ética, que podem dar ensejo à perda do seu mandato".

A novidade nos reanimou. O debate estava aceso mais uma vez. Queríamos comemorar a apresentação do pedido de impeachment e reanimar o povo. E não haveria jeito melhor do que ir às ruas para fazer isso. Escolhemos um dia e horário simbólicos para comemorar a vitória sobre o PT: dia 13 de dezembro, às 13 horas.

Até por ter sido organizada em pouco tempo, sabíamos que seria uma saída pequena se comparada à de 15 de março, quando mais de 2 milhões de pessoas foram às ruas. Logo que anunciamos, porém, percebemos que a mídia estava tratando essa saída como se fosse uma manifestação nacional. Mais uma vez, essa expectativa seria uma oportunidade para o governo dizer que as ruas se esvaziaram e tirar a força dos movimentos. Tivemos uma ideia: aquele seria só o "esquenta" de outra grande manifestação – e, aí sim, apostávamos alto –, em 13 de março de 2016. Sabíamos que havia um tremendo risco em nossa estratégia. Mas era um risco muito bem calculado, que estávamos dispostos a correr.

No dia 12 de dezembro, véspera de nossa saída às ruas, a página do Vem Pra Rua no Facebook saiu do ar. Mari Botter soube, por volta do meio--dia, por um dos integrantes dos grupos de WhatsApp do movimento. Ela e outras pessoas do Vem Pra Rua começaram a espalhar a notícia, que em menos de duas horas teve repercussão na imprensa, em sites como UOL e O Estado de S. Paulo. No final da tarde a página já tinha sido restabelecida. O que provavelmente aconteceu naquele dia é que um grupo de usuários denunciou a página por conteúdo impróprio, o que levou o algoritmo da rede social a bloqueá-la.

A manifestação de 13 de dezembro reuniu 600 mil pessoas em ao menos 87 cidades espalhadas por todos os estados brasileiros. O tema principal era o impeachment de Dilma. Mais uma vez, os sites de notícias ressaltaram o fato de que o protesto reuniu menos gente.

Anunciamos a saída de 13 de março durante aquele evento. Embora o público tenha vibrado, muitos líderes de outros movimentos foram contra nossa decisão. Falaram que estávamos nos antecipando e colocando tudo o que havíamos construído até ali a perder. O Movimento Brasil Livre foi o único que acatou na hora a nossa decisão.

No dia 16 de dezembro, três dias depois da nossa manifestação, defensores do PT convocaram protestos a favor de Dilma. Segundo o portal G1, 98 mil pessoas (número fornecido pela Polícia Militar) saíram às ruas em ao menos 42 cidades e 25 estados do país e no Distrito Federal. Os números eram muito inferiores aos nossos, mas não foi assim que a imprensa os divulgou.

Como se isso não bastasse, e após tantos altos e baixos, fechávamos 2015 com mais uma notícia desanimadora. Na última quinzena de dezembro, o STF mudou o rito do afastamento definido por Eduardo Cunha e o tornou mais lento, a pedido do PC do B, partido da base aliada ao governo. A principal definição foi a de que o Senado poderia barrar o processo de afastamento. Ou seja, mesmo que os deputados instaurassem o processo, seu afastamento só ocorreria após o encaminhamento inicial do processo pelo Senado. A decisão foi considerada por nós e pela maioria dos juristas como uma aberração ao texto constitucional, mas estrategicamente decidimos não investir energia nesse tema. Com a consistência que nós acreditávamos ter o processo, o afastamento, mesmo mais tarde, aconteceria.

Na mesma época, na Fazenda, o ministro Joaquim Levy foi substituído por Nelson Barbosa. Levy deixou o cargo após 11 meses, durante os quais encontrou resistência no governo para colocar em prática as medidas do ajuste fiscal e enfrentou críticas de pessoas vinculadas ao governo e ao PT.

Antes do fim da sexta-feira, 18 de dezembro, um jornalista que nos telefonava frequentemente ligou para colher informações. Dessa vez, invertemos o diálogo e fizemos as perguntas.

– E aí, o que você tem ouvido a respeito de Dilma e do processo de impeachment? Qual a sua opinião, e a de seus colegas de redação? – perguntamos.

– Bom, o impeachment está morto, fora de questão – respondeu o jornalista.

– Sério? Por quê? – questionamos.

– Ora, com a manifestação do governo maior que a de vocês, com o recesso à frente e o novo rito definido pelo STF, a chance de impeachment é zero.

O Natal político de 2015 não nos trouxe presentes. Mais uma vez, nos restou esperar.

CAPÍTULO 7

13 de março de 2016

O ano de 2016 se iniciou no mesmo clima de desânimo que encerrou 2015. Estava declarado que no dia 13 de março sairíamos às ruas em uma megamanifestação. Mas, naquele momento, nem nós mesmos acreditávamos na força dessas palavras. Os outros movimentos tratavam nossa ideia como loucura, e os simpatizantes do Vem Pra Rua pareciam não ter pressa para confirmar suas presenças pelo Facebook, nem entusiasmo para anunciá-las aos amigos. Como aquele jornalista com quem falávamos frequentemente havia nos antecipado, não se acreditava mais em impeachment. Nossa sensação era de que teríamos de trabalhar como doidos para que o evento fosse minimamente aceitável. Ninguém acreditava que seria o sucesso prometido. Tínhamos que, ao menos, garantir que não seria uma vergonha.

Em fevereiro, Jaílton Almeida, de Brasília, estava especialmente preocupado. "Eu pensava: 'Meu Deus, não vai ter 10 mil pessoas na rua'", conta ele. A proximidade das férias escolares e do Carnaval, que nesse ano acabava em 9 de fevereiro, colaboravam com o desengajamento das pessoas, acreditávamos. Chegamos ao ponto de questionar se deveríamos voltar atrás na nossa decisão. Reunimos o Conselho do Vem Pra Rua e propusemos a discussão:

– Gente, temos que tomar uma decisão. Vamos seguir em frente com a manifestação ou não? Talvez o melhor caminho seja desistir. Reconhecer o erro, ser humilde e, quem sabe, fazer algo simbólico, mais modesto. Por exemplo, colar cartazes em pontos emblemáticos das cidades. Precisamos encarar que não vamos fazer uma grande manifestação. Não há clima para isso.

Nosso consolo àquela altura era relembrar, para nós mesmos, o propósito do grupo. Independentemente do que acontecesse dali para a frente, havíamos feito a nossa parte. Mesmo que o Vem Pra Rua acabasse depois dessa decisão, seria parte do jogo. Nossa responsabilidade não era com o êxito de nossas ações. Mas, sim, com a nossa luta. Não queríamos ser brasileiros acomodados, covardes. Não queríamos ficar em casa vendo toda aquela bagunça acontecer na política apenas reclamando, sem fazer nada de efetivo. E nossas próprias justificativas nos conduziram a uma volta de 360 graus, nos levando ao lugar de partida.

– Se não queremos ser brasileiros omissos, o que a gente pode fazer agora?

– Ir para a rua.

– Então vamos!

Com a nossa decisão reafirmada, mergulhamos nos preparativos da manifestação de 13 de março. Perante a incerteza em torno do número de pessoas que reuniríamos, concluímos que a divulgação no mês anterior ao evento seria decisiva. Deveria ser a mais estruturada de todas que havíamos feito, era a nossa única chance. Montamos um plano de divulgação muito mais arrojado do que os anteriores, com mais frentes de divulgação, mais itens, mais material, ações que nunca tínhamos feito antes, mais gente envolvida. Quando acabamos, nos deparamos com um orçamento absurdamente alto para as nossas condições: R$ 202 mil. Como levantar esse dinheiro em menos de um mês?

Reação em cadeia

Por Rogerio Chequer

Recebi um telefonema de uma amiga antiga, da época em que morei em Nova York, Emy Shayo, com quem não falava havia meses. Ela disse que havia decidido fazer algo pelo Vem Pra Rua e, sem falar comigo, já tinha marcado um jantar com o marido, um casal de amigos e um amigo que tínhamos em comum para debater o que podiam fazer. Curiosamente, ela mais me informou do que convidou para esse jantar. Disse que, se eu quisesse ir, seria bacana, mas que fariam de qualquer jeito. São essas iniciativas que alguém tem, com determinação, sem depender dos outros, que estão construindo a mudança do Brasil.

Na noite marcada para o jantar, tive uma reunião de trabalho que se estendeu por cinco horas e terminou às 21h30. Liguei para saber se ainda estavam no restaurante – disseram que já tinham acabado, mas me esperariam – e voei para lá. Os amigos eram todos conhecidos. O casal, Ivan e Juliana Kraiser, são amigos antigos também da época de Nova York.

Combinamos que a maior ajuda seria chamarem a maior quantidade de amigos possível para um encontro, onde divulgaríamos o movimento e a manifestação de 13 de março. O casal Kraiser ofereceu a casa para esse encontro, que aconteceria numa terça-feira. Na saída do restaurante, combinando os próximos passos, nos esquecemos do tempo e dos carros parados em lugar irregular. Todos nós tomamos multa.

A partir daquele dia, saímos convidando amigos para o encontro. Criamos um grupo no WhatsApp e postávamos lá os nomes das pessoas confirmadas. Ou melhor, o Ivan postava. Para cada nome nosso, ele colocava cinco nomes dele. Uma máquina de convidar. Não sabíamos a reação em cadeia que aquele encontro iniciaria.

Se é para ir, vamos com tudo

Naquela terça-feira havia cem pessoas no apartamento do casal Kraiser. A linha que adotamos foi aproximar novas pessoas do grupo por meio de um conhecimento mais profundo do nosso trabalho. Se gostassem da nossa história, as chances de contribuírem para nosso orçamento seria muito maior. O que não antevimos foram as consequências desse encontro. Além de doações, muitas pessoas começaram a se aproximar do Vem Pra Rua para ajudar no nosso dia a dia, outras se dispuseram a ceder suas casas para oferecer encontros semelhantes. E mais uma pirâmide do bem começava.

As reuniões se multiplicaram nas semanas seguintes, seguindo o mesmo formato: conhecidos abriam suas residências e chamavam pessoas próximas que demonstravam algum interesse pelo Vem Pra Rua. Nos dois meses que se seguiram, foram 22 encontros como esse.

Aquele foi um período difícil para nós porque, profissionalmente, nossas agendas eram típicas de um empresário e de um executivo, cheias de reuniões e tomadas de decisões – agravadas pela crise político-econômica do país. No fim do dia, entretanto, não havia tempo para descanso. Encontrávamos um volume não menos intenso de trabalho, que pedia urgência, no Vem Pra Rua. Enquanto um de nós (Chequer) se dedicava mais às palestras, o outro (Colin) cuidava das ações nos bastidores. Nos dois casos, trabalhávamos feito loucos. O que nos fazia continuar com alegria e disposição era a clareza sobre o porquê de estarmos ali, mesmo que os acontecimentos não se desenrolassem no ritmo da nossa vontade.

Além dos investimentos costumeiros para impulsionar os convites da manifestação no Facebook, tínhamos uma munição nova como parte do nosso marketing digital. Desde dezembro, a equipe de tecnologia do Vem Pra Rua testava uma ferramenta que seria revolucionária para o nosso êxito. Partimos da observação do comportamento on-line de apoiadores do governo, um grupo que ficou conhecido como MAV – Militância em Ambientes Virtuais. Tratava-se de um esquema organizado desde 2011, como reportou a *Folha de S.Paulo* no dia 18 de outubro daquele ano: "PT treina 'patrulha virtual' para atuar em redes sociais". Segundo o texto, o partido criava cursos e editava um "manual do tuiteiro petista" com "táticas de guerrilha na internet".

Na prática, essas táticas consistiam em fazer propaganda pró-partido, criticar a mídia diante da divulgação de fatos ou opiniões contrárias ao PT, em sites de notícias e redes sociais, como o Twitter e o Facebook. A ideia, segundo a *Folha*, era recrutar "a tropa a tempo de atuar nas eleições municipais de 2012". "Vamos espalhar núcleos militantes virtuais por todo o país", declarara o petista Adolfo Pinheiro, encarregado de apresentar um plano de ação ao presidente da legenda, Rui Falcão.

A estratégia petista foi adotada também pelo PSDB, principal oposição nas eleições de 2014, quando Aécio Neves concorreu à Presidência com Dilma Rousseff. Ambos os partidos incluíram robôs entre seus militantes, de acordo com notícias dos principais jornais do país. Em 30 de setembro de 2014, novamente a *Folha de S.Paulo* divulgou o resultado de um levantamento do Laboratório de Estudos sobre Imagem e Cibercultura, da Ufes (Universidade Federal do Espírito Santo), feito a pedido do jornal. "A conversa entre usuários do Facebook e do Twitter durante o debate presidencial no último domingo (28) foi fortemente influenciada pela atuação de robôs", dizia o texto. "Robôs são programas capazes de publicar mensagens de maneira coordenada, o que impacta os assuntos mais comentados na rede – no caso do Twitter, os *trending topics*, no do Facebook, os chamados *itens populares*", explicava o jornal.

Decidimos aproveitar as lições dos MAVs, que considerávamos legítimas. Isto é, a coordenação de ações on-line. No nosso caso, porém, criamos um grupo de pessoas reais engajadas na nossa causa. Não havia a hipótese de incluir robôs nos times. Afinal, isso distorceria a realidade, uma vez que não se tratava de uma força representativa da população, mas, sim, de uma manipulação da opinião pública. "O nosso time tinha a missão de chamar as pessoas para as manifestações e de responder a comentários no Facebook do Vem Pra Rua, para criar um efeito piramidal no número de convidados", diz Marcelo Coelho, que encabeçou essa ação. "Tivemos um trabalho enorme para criar um grupo de pessoas de verdade, fazendo um trabalho demandante como esse sem receber por isso."

Montamos esse grupo de pessoas e as orientávamos a responder, um a um, os comentários de potenciais participantes na página do movimento na rede social. O objetivo era incentivar as pessoas que demonstravam interesse em comparecer aos protestos. Pessoas que poderiam facilmente deixar a ideia de lado. Uma vez que respondíamos, reforçando a importância de estarmos juntos, acreditávamos estar aumentando as chances de engrossar o grupo. Como eram pessoas reais escrevendo em nome do Vem Pra Rua, caso o usuário com quem estávamos interagindo tivesse alguma dúvida, ele poderia comentar novamente e iniciávamos um diálogo. Em nossas mensagens, também incentivávamos cada pessoa a convidar outros conhecidos, criando uma rede muito maior do que éramos capazes de imaginar naquele momento.

Deu certo. E rápido. As pessoas do grupo que formamos abraçaram a ideia de ser agentes de mudança. Havia, no dia 22 de fevereiro, 955.968 convidados para o evento. Seis dias depois, em 28 de fevereiro, já eram 1.680.279. Ficamos animados com o poder da ação coordenada. No dia 6 de março, o PT anunciou uma manifestação de apoio à presidente, no mesmo dia e local da nossa. "Militantes convocam ato pró-governo para domingo na Paulista", dizia a manchete do jornal O Estado de S. Paulo. Não poderíamos deixar essa notícia esvaziar o nosso protesto, alimentando a ideia de que possivelmente haveria embate entre as duas turmas. O ambiente pacífico durante os eventos já havia se tornado uma de nossas mais importantes marcas registradas. Aumentamos, então, o número de pessoas do nosso time, engajado em responder às mensagens no Facebook. Naquele dia havia 2.409.643 convidados para a nossa manifestação – o que já configurava o recorde histórico entre os eventos do Facebook no mundo.

Nosso esforço foi tamanho que gerou um resultado impressionante. No dia seguinte, 7 de março, já eram 3.627.187 convidados. Em 13 de março, não restavam dúvidas sobre a potência da estratégia adotada. Batemos 6.611.610 convidados na rede social. Naquela semana, registramos a maior audiência em nossa comunidade no Facebook, com a impressionante marca de mais de 28 milhões de usuários únicos passando pelas nossas páginas.

Fora do ambiente virtual, panfletamos como nunca. Havíamos aprendido na saída de 13 de dezembro que estender faixas nas ruas avisando sobre a manifestação e entregar panfletos nas saídas do metrô era uma boa estratégia para chamar as pessoas. Essa ação para o protesto de março foi coordenada pela Janaína, que checava se os panfletos estavam sendo distribuídos como planejamos.

A possibilidade de termos manifestantes pró-governo protestando no mesmo dia acabou não se confirmando. Como já havíamos avisado sobre a manifestação à Polícia Militar, não seria possível que outro grupo estivesse na Paulista no mesmo dia. O ato favorável a Dilma na avenida acabou ocorrendo alguns dias depois, em 18 de março.

E o noticiário explodiu

Os dias anteriores ao protesto agitaram todo o Brasil. No dia 23 de fevereiro de 2016, a prisão do marqueteiro João Santana e de sua mulher, Mônica Moura, aqueceu o noticiário sobre a Operação Lava Jato e aumentou a nossa vontade de ir às ruas. O publicitário foi o responsável pelas campanhas presidenciais de Lula, em 2006, e de Dilma, em 2010 e 2014. Foi acusado de receber US$ 7,5 milhões no exterior de Zwi Skornicki, lobista de um estaleiro que tem negócios com a Petrobras, e de *offshores* ligadas à empreiteira Odebrecht. Segundo o juiz Sergio Moro, responsável pela Lava Jato, Mônica sabia que os recursos recebidos eram ilícitos. O casal foi abordado pela Polícia Federal ao chegar ao aeroporto de Guarulhos, em São Paulo, às 9h21 da manhã de uma segunda-feira, voltando da República Dominicana, onde Santana trabalhava pela reeleição do presidente Danilo Medina.

Outra notícia em especial veio como uma bomba. No dia 3 de março, a revista *IstoÉ* revelou trechos da delação premiada do senador Delcídio do Amaral, do PT, afastado do partido desde que havia sido flagrado em uma gravação oferecendo dinheiro à família do ex-diretor da Petrobras, Nestor Cerveró. Ele afirmou que a então presidente Dilma e o ex-presidente Lula tentaram interferir nas investigações da Lava Jato. Uma dessas tentativas, segundo ele, foi buscar uma nomeação favorável ao governo para a vaga do ministro do Supremo Tribunal de Justiça (STJ). De acordo com Delcídio, Dilma estava em dúvida se o escolhido, Marcelo Navarro, "tinha consciência do 'compromisso' que estava prestes a assumir". Ela não havia dito explicitamente do que se tratava o "compromisso". Mas, com base nas conversas anteriores, o senador afirmou que ficava claro que "o objetivo imediato era de liberação de pessoas importantes presas", em decorrência da Lava Jato.

Delcídio também disse que Aloizio Mercadante, ministro da Educação e uma das pessoas mais próximas de Dilma, tentou oferecer ajuda política e financeira para que o senador não fechasse o acordo de delação premiada.

No dia seguinte, 4 de março, mais um fato explosivo: Lula foi levado para depor pela Polícia Federal, por meio de um mandado de condução coercitiva expedido por Moro. O ex-presidente estava sendo investigado por suspeita de ter recebido vantagens indevidas durante seu mandato. Uma das suspeitas mais divulgadas naquele momento era referente ao sítio Santa Bárbara, em Atibaia (SP), utilizado por Lula e pelos familiares, que teria sido comprado e reformado com dinheiro de empreiteiras envolvidas no cartel da Petrobras.

Faltavam 11 dias para a nossa manifestação. "O dia em que o Lula foi levado para depor foi o recorde de atividades do Vem Pra Rua, porque nos mobilizamos ainda mais pela divulgação do protesto depois daquele episódio", lembra Jaílton. "Foi quando começamos a ter a percepção de que as coisas iriam dar certo. Percebemos que a manifestação não seria grande. Seria gigantesca.

As pessoas começaram a confirmar a presença com uma velocidade ainda maior, e os comentários indignados com os políticos eram postados o tempo todo. "Alguns grupos de mensagens que estavam com atividade de 10% foram a 100%", diz Jaílton. Quando ele voltou a Brasília, tratou de ajustar os preparativos. "Liguei para todo mundo: 'Dobra o número de todos os equipamentos!'." Isso significava quatro caminhões de som gigantes, dos quais um era do Vem Pra Rua, e os outros três pertenciam aos outros movimentos. Enquanto terminávamos os preparativos, todos os grupos que haviam criticado fortemente nossa decisão de ir às ruas já estavam nos apoiando. De repente, alguns começaram a dizer que estavam conosco desde o início, que já estava certo que participariam. Nós achamos ótimo que eles tenham se unido à causa, mesmo que na última hora. O importante era o evento ganhar força.

O que querem as ruas?

Essa foi a primeira manifestação em que não havia no ar um tema comum claro para defender, dentro e fora do Vem Pra Rua. Se perguntássemos a 12 pessoas qual deveria ser o mote da saída de 13 de março, a impressão era de que ouviríamos 12 respostas diferentes. E todas convictas. Uns achavam que o tema deveria ser o impeachment. Outros, que a bandeira levantada deveria ser: "Fora PT". Alguns brigavam pelo "Fim aos Corruptos". Havia os que defendiam "Eleições Já". Nós não poderíamos errar o mote. Não poderíamos convidar milhões de pessoas às ruas sem uma causa forte o bastante para potencializar o impacto sobre os políticos e o Brasil. Era preciso garantir o sucesso do protesto.

Decidimos contratar uma empresa para fazer uma pesquisa, a fim de saber o que, de fato, as pessoas queriam levar às ruas. Decidiu-se por um modelo que misturava uma pesquisa qualitativa e uma quantitativa. No levantamento qualitativo, foram organizadas duas reuniões, em formato de *focus group* (grupo focal, técnica na qual um moderador conduz uma discussão sobre determinado tema com oito a 12 participantes). Uma turma era formada por homens, e outra por mulheres, e reuniram-se em uma segunda e em uma quarta-feira à noite. Ficamos assistindo às conversas através do espelho usado nesse tipo de pesquisa, em que quem está atrás consegue ver o que acontece do outro lado – mas não vice-versa. Depois, para o levantamento quantitativo, foram feitas centenas de telefonemas testando as conclusões que tiramos da primeira etapa, para entender e confirmar a percepção que tínhamos sobre as ideias da população.

O resultado foi um aprendizado importante e surpreendente. Descobrimos que as pessoas estavam muito mais inteiradas sobre o que estava acontecendo no nosso país do que imaginávamos. Estavam cientes da participação de Lula nos processos de corrupção que eram revelados. Estavam mais refratárias ao PT do que parecia. Por exemplo, 63% dos brasileiros queriam o impeachment de Dilma. Só que 58% não queriam Michel Temer como presidente. Havia um paradoxo brutal. Não existia uma aderência forte ao chamado de impeachment. Porém, quando falávamos "Fora PT", havia 100% de aderência. Falávamos: "Espera aí! Mas Fora PT significa derrubar a Dilma. E isso é a mesma coisa que impeachment!". Vimos que diferentes maneiras de colocar uma mesma ideia geravam impactos completamente distintos, em grande parte devido à máquina de comunicação do governo, ainda colossal e dominante. E foi ali que começamos a perceber que o que concentrava 100% de concordância era a blindagem da Lava Jato, o apoio a Sergio Moro e ao fim da corrupção e da impunidade no Brasil.

Baseados na pesquisa, deixamos de lado a bandeira pelo pedido de impeachment e o "Fora Dilma". Para o dia 13 de março, batemos nas três teclas que mais ressoavam a vontade popular: (1) blindagem da Lava Jato; (2) apoio a Sergio Moro; e (3) fim da corrupção através do fim da impunidade. Foi ali que nosso mote começou a decolar.

A três dias da manifestação, em 10 de março de 2016, o Ministério Público de São Paulo pediu a prisão preventiva de Lula (e de mais seis pessoas) pelos crimes de lavagem de dinheiro e falsidade ideológica. Documentos e testemunhos levavam à conclusão de que um apartamento tríplex no Guarujá, no litoral de São Paulo, era destinado a Lula. O ex-presidente negava ser dono do imóvel. A notícia estampava as capas dos principais jornais do país no dia seguinte. Na primeira página, *O Estado de S. Paulo* trazia: "Promotoria pede prisão de Lula e dificulta ida para ministério", referindo-se à tentativa de Dilma nomeá-lo ministro da Casa Civil, em substituição a Jaques Wagner. A *Folha* repetia a frase: "Promotoria de SP pede prisão de Lula". E *O Globo*: "MP pede prisão de Lula; oposição sugere cautela". Segundo o site G1, "o pedido foi amplamente criticado porque haveria, segundo juristas, erros técnicos e fundamentação rasa".

Jogos políticos

Os dias imediatamente anteriores à manifestação foram intensos. Não só pelos pedidos de prisão, pelo aumento exponencial de participantes confirmados no Facebook ou pela união entre os movimentos. Havia mais um elemento com o qual teríamos que lidar: o interesse dos políticos pelo Vem Pra Rua, que, como em atos anteriores, crescia junto com a aderência popular. Alguns deles começavam a anunciar à imprensa que subiriam no nosso caminhão. Detalhe: nós não os havíamos convidado nem os queríamos ali. Esses anúncios geraram uma repercussão negativa. No dia do evento, a revista *Brasileiros* noticiou: "Adesão maciça de políticos revela natureza das manifestações de hoje". A *Folha* falou em "adesão inédita de políticos" na manifestação. "O presidente do PSDB, senador Aécio Neves (MG), orientou os paulistas da bancada a convocarem militantes do partido para o ato na Avenida Paulista. Aécio, que deve discursar de cima dos carros do Vem Pra Rua e do MBL, quer aproveitar que os filiados estão mobilizados para as prévias em São Paulo", disse a reportagem.

O Estado de S. Paulo publicou a manchete "Líderes da oposição no Congresso vão juntos à manifestação na Paulista". O texto reforçava a ideia de um vínculo entre o nosso grupo e os parlamentares: "No primeiro evento, que contou com a mobilização institucional dos partidos, eles se reunirão no domingo pela manhã em um hotel da capital e seguirão juntos para o caminhão de som do Vem Pra Rua, que estará na esquina da Avenida Paulista com a Rua Pamplona". As declarações feitas pelos políticos, totalmente alheias à nossa vontade, repercutiram negativamente para nós.

Em Brasília, a insistência dos políticos por uma aproximação era ainda maior. Em 13 de março, um parlamentar ligou para o Jaílton diversas vezes tentando garantir um lugar em nosso caminhão. "Não deixei de jeito nenhum", diz Jaílton. "Sei que alguns deles me odeiam, mas faz parte." Na hora do protesto, cinco deles chegaram a bater boca com o líder do Vem Pra Rua em Brasília. Eles diziam: "Sem a gente você não vai fazer nada! Um dia você vai precisar de mim". Jaílton, então, respondeu: "Deputado, não tem a menor chance de deixá-lo subir. Eu preciso do senhor todos os dias no Congresso, não aqui". Mesmo assim, os seguranças do Vem Pra Rua tiveram que encarar os seguranças do político. Mas nem ele, nem os colegas subiram em nosso caminhão.

Sabíamos que a relação com os políticos era necessária, sim, mas desde que por alinhamento de propósitos específicos, sem qualquer preferência ou rejeição em função de partidos. Era necessário interagir com eles para promover as mudanças que desejávamos, em nome da população. Mas isso de modo algum consistia em termos um vínculo formal ou deixar que nossos protestos se transformassem em comício. Nunca aceitamos apoio financeiro de nenhum deles e nos recusamos a vincular a imagem do movimento a parlamentares e instituições políticas. Isso não faria sentido algum para quem representa a voz das ruas. Nossa função é acompanhar, monitorar, reivindicar os interesses populares. E garantir que os políticos transformem esses interesses em atitudes.

A maior manifestação da história do Brasil

Em São Paulo, após algumas reuniões entre políticos e líderes do movimento, ficou combinado que os políticos iriam para uma área ao lado do caminhão do MBL – e não para o nosso. Quem os guiaria do hotel em que estavam hospedados até o local da manifestação seria o Jaílton, nosso líder de Brasília. Pela manhã, ele participara da manifestação de Brasília e, à tarde, foi para São Paulo. Na Avenida Paulista, conduziu alguns políticos da oposição até o caminhão do MBL. Entre eles, o governador de São Paulo, Geraldo Alckmin (PSDB), os senadores José Serra (PSDB), Aécio Neves (PDSB) e Ronaldo Caiado (DEM), e os deputados Mendonça Filho (DEM), Darcísio Perondi (PMDB) e Carlos Marun (PMDB). "Os políticos saíram caminhando de mãos dadas, e eu ao lado deles", conta ele. "Mas eu ia meio que me escondendo, confesso. Não queria sair em fotos com eles." Chegando ao caminhão do MBL, Jaílton se afastou deles e se uniu ao Vem Pra Rua.

As notícias, no entanto, enfatizaram a hostilização que os políticos sofreram ao caminhar entre a população. *O Estadão* publicou: "Alckmin e Aécio são hostilizados e não discursam na Paulista". O texto trazia detalhes: "Por volta das 15h30, acompanhados por uma comitiva de parlamentares de oposição, Alckmin e Aécio se aproximaram do caminhão do Movimento Brasil Livre (MBL), que estava em frente ao Masp. Os tucanos foram recebidos por xingamentos de 'oportunistas'. Aécio também foi cobrado pela citação de seu nome em depoimento na delação premiada do senador Delcídio do Amaral na Operação Lava Jato. O grupo ficou no local por cerca de quinze minutos e então se dividiu".

Muitas emoções

Às 14h30 do dia 13 de março, a Avenida Paulista já estava lotada. Faltava meia hora para o início oficial da manifestação, e as pessoas não conseguiam mais avançar a partir de quatro quadras do local. Jaílton lembra ter ficado, ao subir em nosso caminhão, calado por cerca de 30 minutos. "Não conseguia pronunciar qualquer coisa", diz ele. "Eu olhava para a multidão, para as pessoas do nosso grupo trabalhando, para os helicópteros da polícia e da imprensa que sobrevoavam a Paulista, e prestava atenção a cada detalhe." Em cima do caminhão, acompanhávamos as informações sobre o sucesso dos protestos pelo Brasil, realizados em mais de 300 municípios.

Recebemos uma doação de bexigas brancas e amarelas e as utilizamos para fazer um ato pela paz em meio ao protesto. Quando começou o evento, falamos para as pessoas segurarem os balões porque, em breve, cantaríamos o Hino Nacional com eles em mãos. Fizemos isso. Ao final do hino, indicamos: "Agora, pela paz, vamos soltar os balões em cinco, quatro, três, dois, um...". Ao mesmo tempo que deixávamos as bexigas subirem, uma DJ que estava conosco no caminhão colocou o "Tema da vitória", usado pela *Rede Globo* nas vitórias brasileiras na Fórmula 1. Para Guilherme Steagall, aquele momento foi uma "epifania". "Uma Paulista cheia não é sorte. Nós sempre soubemos que o Brasil queria isso, mas, na hora em que todo mundo começou a cantar o hino, eu pensei: 'E como quer! Eu não sabia que queria tanto'." Ao ver os milhares de bexigas subirem, as pessoas choravam de todos os lados. Foi uma cena chocante. Emocionante.

Renata também chorava olhando ao redor. "Eu não costumo chorar, mas naquele dia deixei sair tudo o que estava pesando sobre as minhas costas", diz. "Eu me dei conta do que significava tudo aquilo que estávamos fazendo. Dilma sofreria o impeachment, estava claro. E isso fazia com que tudo que passamos realmente valesse a pena." O "tudo" ao que ela se referia era principalmente a excessiva dedicação ao movimento, que, em muitos casos, significou estar longe dos filhos para trabalhar voluntariamente. Com exceção de março de 2016, em que o cunhado de Renata levou seu filho por poucos minutos às ruas, eles nunca participaram dos protestos com os pais. "Como trabalhávamos desde muito cedo para montar tudo, nunca conseguimos levá-los conosco, e isso me deixava magoada."

O casal Janaína e Maurício, membros muito ativos no Vem Pra Rua, seriam padrinhos de casamento no dia 13. Eles ajudaram a organizar a estrutura na Paulista de manhã e saíram para a cerimônia quando as pessoas começavam a chegar. "Foi bem difícil; foi a primeira vez que a gente não ficou até o final", lembra Janaína. Eles voltaram no fim do dia para ajudar a desmontar o caminhão. Mas a lembrança mais marcante que o Maurício guardou daquele dia foi ver a movimentação da cidade durante o trajeto da Paulista até o município de Itapecerica da Serra, a aproximadamente 40 quilômetros de lá, onde seria o casamento. "Eu falava: 'Olha, Janaína, olha aquela massa amarela vindo'. Em cada esquina víamos grupos de pessoas usando camiseta verde e amarela. Concluímos que estavam todos indo para a manifestação. Pensei: 'Meu Deus, esse negócio vai ser monstruoso'. Ligamos o rádio e ouvimos o Chequer dando entrevista, e atrás a Adelaide 'puxando' a multidão no grito. E de cada esquina, de cada bar, de cada posto de gasolina saía um grupo de pessoas indo para a Paulista. Nós esvaziamos São Paulo, pensei. Isso arrepiou", conta Maurício.

Aquela manifestação foi importante para nos mostrar quanto o movimento havia amadurecido ao longo de mais de um ano de existência. Fomos ganhando experiência e relevância no país. No Rio, o Vem Pra Rua contou também com o apoio de artistas como Suzana Vieira, Marcelo Serrado e Marcio Garcia. Em São Paulo, entre outros, discursaram os juristas Miguel Reale Júnior e Hélio Bicudo, coautores do pedido de impeachment.

A celebração pelo sucesso em 13 de março foi especial para todos nós. O encontro exigiu mais trabalho que os anteriores e, a princípio, não gerava resultados evidentes. Não só havia dado certo, como foi um dia inesquecível. "Foi a semana mais emocionante da minha vida", diz Jaílton. "Preciso viver umas três vidas para ter outros dias como aqueles."

Aquela foi provavelmente a maior manifestação não religiosa da história da humanidade. Foi um dia muito bonito e especial. Para finalizar, reunimos os integrantes do Vem Pra Rua para comer pizza e assistir juntos ao *Fantástico*. O encontro foi na casa da Mari Botter. O programa da Globo veiculou uma reportagem com 15 minutos de duração, que mostrava as manifestações em diversas regiões do país ao longo do dia. Isabella, de 14 anos, filha da Patrícia Bacci, costumava nos ajudar nas manifestações. Daquela vez, ela fez questão de acompanhar sua mãe na casa de Mari. "O meu marido falou: 'Isa, você já fez parte da história'. E ela: 'Fazer parte da história é também comemorar com o pessoal do Vem Pra Rua vendo o *Fantástico*, é ver o Chequer assistindo à entrevista dele na televisão'", conta Patrícia. "Foi muito legal assistir ao jornal juntos. Foi uma baixada de adrenalina, uma energia diferente dos outros dias, em que cada um ia exausto para sua casa."

A voz do Vem Pra Rua

Por Rogerio Chequer

A entrevista para o programa de domingo da Globo foi apenas uma entre dezenas de outras que concedia durante os períodos de manifestação, como porta-voz do movimento. No dia 13, o trabalho se estendeu pela noite. A caminho da casa de Mari, parei o carro para manter o sinal de celular enquanto falava com um jornalista da BBC de Londres.

Ao chegar lá, eu ainda tinha trabalho pela frente: finalizar um artigo para a Folha de S.Paulo, *do qual já tinha escrito uma parte na madrugada anterior. O texto foi publicado na edição do jornal do dia seguinte, com o título: "Um dia que valerá por anos". A seguir, alguns trechos:*

"Com 6,5 milhões de manifestantes pelo Brasil, o dia 13 de março de 2016 entra para a história como a maior manifestação política e social da

humanidade. Por qualquer critério que quisermos avaliar – número de participantes, número de cidades, convites ou confirmações no Facebook –, nenhum país reuniu tanta gente nas ruas.

Crianças e idosos, ricos e pobres, nortistas e sulistas saíram às ruas para pedir o fim da impunidade, o fim da farra, o fim de um governo escancaradamente corrupto. E o fizeram de forma surpreendente.

Em um país acostumado a manifestações políticas ideologicamente radicais, pouco conhecidas pelo apreço à organização, à disciplina e ao respeito às leis, pode parecer surpreendente que cinco manifestações nacionais reunindo mais de 10 milhões de pessoas tenham um saldo como as nossas: nem uma única vitrine quebrada.

(...)

Os recordes desse dia, no entanto, não são suficientes para mudar o Brasil de forma sustentável. A mudança do país começa com o impeachment de Dilma Rousseff, mas continua com a renovação política, com o fim da impunidade, com o fortalecimento das instituições democráticas, objetivos de longo prazo do Movimento Vem Pra Rua.

(...)

Na fase final e derradeira desse triste capítulo da história do Brasil, só o trabalho conjunto e coordenado entre sociedade e políticos pode nos tirar desta lama de escárnio, incompetência e sofrimento.

E, aí sim, o dia 13 de março será lembrado não apenas como um recorde, mas como o dia no qual o povo brasileiro retomou a esperança no futuro que merece."

Nesse artigo, enfatizamos as ideias que concederiam perenidade ao Vem Pra Rua: a vontade e a disposição para mudar o Brasil dali para a frente.

Para quem quisesse ver

Coroamos o sucesso do nosso trabalho com o reconhecimento da mídia no dia seguinte. A capa do *Estadão* foi uma foto da Paulista de página inteira acompanhada apenas da data, em números grandes: "13/3/2016". Tanto no Estado como na *Folha de S.Paulo*, as notícias sobre os protestos em diversas regiões no Brasil ocuparam um caderno inteiro. Os principais veículos internacionais também noticiaram o evento: *The New York Times*, a agência Reuters, *The Guardian*, BBC, Bloomberg e *The Economist*. Ao lermos sobre o evento na *The Economist*, nos lembramos do artigo escrito um ano e meio antes, "A Revolução Cashmere", sobre nossa manifestação que reunira 25 mil pessoas.

Em 17 de março de 2016, quatro dias depois da nossa manifestação, foi formada a comissão do impeachment. Essa comissão carregaria consigo toda a pressão das ruas: o Congresso já não poderia mais tomar decisões pensando apenas em seus próprios interesses, ignorando o recado que as manifestações haviam dado. Na prática, aquele era só mais um passo em uma longa jornada que ainda tínhamos pela frente.

CAPÍTULO 8

Os bastidores do impeachment

Os esforços mobilizados para a votação do impeachment na Câmara foram enormes. Mesmo com as oscilações de opinião dos parlamentares e da mídia em relação à probabilidade de Dilma Rousseff ser afastada, nós trabalhávamos sem economizar dedicação para quando – e se – chegasse o momento de cada deputado dizer "sim" ao impedimento da presidente. Não poderíamos deixar à mercê dos políticos e de seus interesses próprios uma decisão que dizia respeito à vontade da população brasileira e pela qual batalhamos tanto. A força-tarefa que criamos com essa finalidade teve início muito antes da gigantesca manifestação do dia 13 de março. O trabalho nos bastidores começou em dezembro de 2015.

A primeira ação foi dividir parte dos voluntários do Vem Pra Rua em grupos para pressionar os deputados e senadores a votar a favor do impeachment. Cada grupo era responsável por alguns parlamentares, de acordo com a sua região. "Começamos ligando para os líderes de todos os estados. Dizíamos em quais parlamentares eles deveriam ficar de olho: 'Esses dois deputados e esse senador são seus, faça pressão sobre eles'", conta Adelaide de Oliveira. "Os líderes também nos passavam informações que descobriam. Por exemplo, o filho de um parlamentar seria candidato a prefeito de determinada cidade. Nesse caso, fomos até a cidade e ficamos em frente à casa da mãe do candidato com cartazes exigindo seu voto a favor do impeachment. Eram pequenas ações para fazer barulho."

Foi um político que, sem querer, nos deu a dica que levou ao desenvolvimento dessa estratégia. Quando abordado pelo representante do movimento, ele deu uma resposta atravessada:

– O que vocês pensam não me importa. Quem me elege não são vocês!

Ele tinha razão. Pressionar parlamentares de outro estado tinha pouco efeito, pois ele sabia que não éramos seus eleitores diretos. Precisávamos sofisticar o nosso método. "Espera aí, então vamos incomodar quem o elege!", diz Adelaide. Tínhamos o mapa dos redutos eleitorais de cada um, isto é, da região que concentrava a maior parte de seus eleitores. Passamos, então, a promover atos locais para conscientizar a população de cada região sobre o posicionamento de seus políticos em relação ao afastamento de Dilma. Além disso, separamos os grupos de pessoas do Vem Pra Rua que faziam ações pela internet por estado, para que cada um pressionasse os respectivos parlamentares virtualmente. Era comum ouvirmos de deputados e senadores respostas como:

– Eu vou votar segundo as minhas convicções.

"Você representa uma série de pessoas que votaram em você. Portanto, tem que votar segundo a convicção delas. Não está aí para fazer o que vier à sua cabeça, mas, sim, o que o povo quer que você faça", lembra Adelaide.

Ainda em dezembro, começamos a idealizar uma ferramenta para dar apoio a esses voluntários do movimento espalhados pelo Brasil e para diminuir o trabalho das pessoas que ligavam diariamente para os líderes regionais passando os comandos.

O nascimento do Mapa do Impeachment

A primeira ideia surgiu do Chequer, que desejava mapear a intenção de voto de todos os parlamentares por meio de uma planilha de Excel. Nada além disso. Imaginava que a coluna da esquerda teria uma lista de nomes de todos os parlamentares, entre senadores e deputados. A última coluna da direita indicaria a posição deles – contra, a favor ou indecisos – em relação ao impeachment. Entre uma e outra, estariam os dados de contato dos políticos.

Cogitamos chamar a ferramenta de "painel" ou "placar", mas nenhum dos dois refletia exatamente o que aquilo seria. Logo concluímos: "Tem que se chamar Mapa do Impeachment". Ligamos para o Coelho, responsável pela parte de tecnologia do Vem Pra Rua, e compartilhamos a ideia. "Temos que começar a fazer pressão neles desde agora", dizíamos. "Vamos azucrinar os que forem contra o impeachment – ou indecisos – para sentirem a pressão."

Imaginávamos que um dia o jornalista William Bonner falaria, no tradicional *Jornal Nacional*, da TV Globo: "Segundo o Mapa do Impeachment, faltam cinco parlamentares...". Até o momento em que escrevemos este livro, isso ainda não aconteceu. Mas chegamos bem mais longe do que poderíamos calcular.

Aprofundamos o assunto com o Coelho. Após explicar o que tínhamos em mente, ele respondeu: "Interessante. Deixe-me dar uma pensada no assunto". Dias depois, ele já tinha algumas ideias de como o mapa sairia do papel.

A ferramenta ganhou a forma de site – e não de planilha de Excel. Além das informações que havíamos idealizado inicialmente, incluímos outros cargos públicos que cada parlamentar já havia ocupado, o crescimento do patrimônio pessoal e as empresas que doaram recursos para suas campanhas. Entre os dados de contato estavam o e-mail, o telefone do gabinete, páginas no Facebook e no Twitter. Durante o processo de produção da ferramenta, foram muitas horas de trabalho e de conversa.

Para preencher todas as informações que pretendíamos no Mapa do Impeachment, precisaríamos de algum tipo de ajuda. Se na página de cada parlamentar (total de 594) disponibilizássemos 10 dados, teríamos que buscar e compilar quase 6 mil informações. Não daria para fazer isso manualmente. Foi então que desenvolvemos sistemas que compilaram dados da Câmara dos Deputados, do Senado Federal, do Tribunal Superior Eleitoral (TSE) e de outras fontes, todas públicas. Ao final, dividimos os 513 deputados e 81 senadores entre voluntários do Vem Pra Rua, para cada um conferir todos os dados de aproximadamente cinco políticos, um por um.

O mais difícil foi estabelecer a posição de cada parlamentar perante o impeachment, dado que isso não é passível de automação. Decidimos que os mesmos voluntários que conferiam os dados determinariam a posição do parlamentar, baseados em declarações públicas. Sem declaração pública, nada feito: seria considerado "indeciso". Criamos um grupo no Telegram com todos os voluntários que trabalhariam nesse mapeamento, 29 ao todo, e um banco de dados intermediário que os comunicava ao mapa. Desse grupo, Emy Shayo, que havia organizado o jantar que deu origem às palestras sobre o Vem Pra Rua, foi protagonista mais uma vez. Às vésperas de dar à luz o terceiro filho, cuidando dos outros dois e trabalhando normalmente durante o dia, não economizava esforços para conferir a posição de dezenas de parlamentares. Mais um exemplo de que "quem quer faz, quem não quer inventa uma desculpa".

O resultado de todo esse trabalho foi um site de fácil navegação, amigável ao internauta. Esteticamente elaborado e, ao mesmo tempo, didático, ali o visitante encontrava todas as informações de que precisava para entrar em contato e pressionar um parlamentar. Para facilitar ainda mais o trabalho de quem o consultaria, criamos os "Bolas da Vez". Eles eram destacados logo na primeira página: um a favor, um indeciso e um contrário ao impeachment. Havia também os destaques por estado. Todos os dias, à meia-noite, o site automaticamente trocava os "Bolas da Vez" nacionais e estaduais. A ideia é que quem estivesse ali fosse o foco das ações naquele dia. Assim, aumentávamos a pressão sobre eles para que assumissem publicamente o seu voto.

Depois de testar a eficácia do mapa entre os integrantes do movimento, lançamos para o público geral no dia 24 de fevereiro de 2016. Entendíamos que seu potencial era enorme se utilizado por pessoas do Brasil todo, fossem elas ou não do Vem Pra Rua.

Certa vez, Chequer foi a um supermercado em Serra Negra fazer compras com a mãe e a namorada, Andrea. Elas entraram para fazer as compras enquanto ele aguardava no carro, falando com o Coelho por telefone sobre o Mapa do Impeachment, quando era apenas uma ideia. Depois de 45 minutos, a Andrea voltou.

– Não acredito que você ainda está no telefone!

Ela estava brava.

– Fique calma. Um dia eu vou te contar o que nós estávamos conversando aqui e quanto isso é importante para o Brasil; você vai entender.

Nas próximas páginas, o leitor também entenderá a relevância do que conseguimos construir.

Congresso sob pressão

O Mapa do Impeachment foi um grande passo do movimento para fomentar o exercício da cidadania além das ruas. Começamos a exercer uma influência mais direta sobre os parlamentares. O fato de os voluntários do Vem Pra Rua concentrarem suas atenções em um ou alguns políticos por vez, em seus redutos eleitorais, inevitavelmente chamou a atenção deles. "Se o senador visse, em sua página do Facebook, 50 mensagens de uma mesma pessoa questionando seu posicionamento em relação ao impeachment, ele poderia pensar: 'Dane-se essa pessoa, vou bloqueá-la'. Mas quando 50 pessoas diferentes mandam mensagens sobre o mesmo tema, isso começa a pesar", diz Coelho.

Os grupos do Vem Pra Rua que pressionavam os parlamentares já estavam organizados por estado e já atuavam regionalmente. No entanto, com o site, eles passaram a não depender mais de instruções de uma pessoa para decidir para qual deputado voltar seus esforços. Bastava acessar o Mapa do Impeachment, olhar a lista de indecisos ou o Bola da Vez. Ao mesmo tempo, o site permitiu que pessoas que não tinham vínculo algum com o Vem Pra Rua também se engajassem, mandando e-mails e mensagens nas redes sociais dos parlamentares. "Realmente acredito que a ferramenta ajudou a direcionar a pressão de uma maneira fora do comum", diz Coelho. Até quem tem pouco tempo para ajudar, mas quer fazer algo para contribuir com a mudança da política, poderia acessar o site, ver o Bola da Vez e fazer uma ligação ou enviar uma mensagem em minutos.

Embora muitos se fizessem de desentendidos, os parlamentares sentiram a pressão popular. Tivemos relatos de que, no Congresso, os próprios políticos comentavam uns com os outros: "Olha o 'Bola da Vez' aí discursando". Isso porque a pressão sobre eles era grande. O telefone de seu gabinete não parava de tocar, sua caixa de e-mails era bombardeada e suas páginas nas redes sociais recebiam comentários dia e noite.

A repercussão da ferramenta foi imediata – e crescente. No dia de seu lançamento, o jornalista Reinaldo Azevedo publicou em seu blog, na *Veja*: "Vem Pra Rua lança o Mapa do Impeachment". Com uma foto da página inicial do site e a explicação de seu funcionamento, ele abraçava nossa causa: "Esse impeachment é seu! É você quem faz! Boa parte dos parlamentares só vai se mexer se você se mobilizar! Vem pra rua!". O site Congresso em Foco destacava, no título da notícia que divulgava a nova ferramenta, a informação retirada do mapa: "A maioria da Câmara ainda indecisa" em relação ao afastamento de Dilma.

A *Folha de S.Paulo* também divulgou o Mapa do Impeachment no dia seguinte ao lançamento. Além das informações sobre o funcionamento da ferramenta, o jornal abordou os objetivos do Vem Pra Rua com a iniciativa: "Para Chequer, mostrar a evolução patrimonial e quais bens dos parlamentares podem indicar outras fontes de receita. 'As pessoas podem tirar sua própria conclusão de como está acontecendo o jogo de favorecimento político. Se os congressistas tomam decisões por nós, nada mais justo do que sabermos sobre eles', explica. O movimento, favorável ao voto distrital, também disponibilizou no site as cidades em que o parlamentar havia sido mais votado, o que ajudava a conhecer seu reduto eleitoral. 'O impeachment é a primeira grande pauta do site. Futuramente, a ferramenta poderá indicar o posicionamento dos políticos em outros temas', promete o empresário".

Posteriormente, veículos como *Estadão* e *Folha* passaram a elaborar seus placares do impeachment. Nós comparávamos nossos dados com os deles. Quando havia diferença, ligávamos para entender onde estava o ruído. Um dos nossos diferenciais era exigir uma declaração pública do político para considerar seu voto.

A eficácia do mapa foi rapidamente comprovada. Em 11 de abril, cerca de um mês e meio depois do lançamento do site, a *Folha de S.Paulo* deu voz ao incômodo dos parlamentares com uma reportagem intitulada "Deputados se dizem pressionados por grupos contra e pró--impeachment". O texto reproduzia o discurso-desabafo do deputado federal Victor Mendes (PSD-MA), publicado em sua conta no Facebook, por meio de um vídeo "que fez no plenário da Câmara dizendo ainda estar indeciso e ter recebido 'muitas ofensas' para assumir logo uma posição".

Os parlamentares indecisos como Mendes têm sido mapeados, e seus nomes muito bem divulgados por movimentos favoráveis e contrários ao impeachment, em ações que envolvem desde o estímulo a cobranças nas redes sociais até a divulgação de celulares e endereços residenciais de quem está em cima do muro. Os movimentos comemoram os efeitos da pressão e prometem intensificá-la nesta semana. "Quero ser convencido, não intimidado. Como se o eleitor normal, no dia da eleição, ao ir pra urna, não tivesse dúvida em quem votar", disse Mendes à *Folha* na última sexta. O movimento Vem Pra Rua, responsável pelo Mapa do Impeachment, credita boa parte da evolução que o apoio ao impeachment ganhou no último mês – segundo seu próprio levantamento – à pressão exercida sobre cada um nas redes e em seus gabinetes em Brasília.

Naquele dia, 11 de abril, conforme nosso levantamento, o número de indecisos na Câmara desde 13 de março havia caído de 214 para 102, o de favoráveis ao impeachment subira de 170 para 286, e os contrários caíram um pouco, de 129 para 125. Eram necessários 342 votos favoráveis na Câmara para que o impeachment seguisse para o Senado. Mesmo depois de vencida essa etapa, o mapa continuaria ativo para que a pressão fosse realizada sobre os senadores. Vale destacar que o Vem Pra Rua não divulga números de celulares ou endereços residenciais dos políticos. Publicamos apenas o número do gabinete, informação que é pública e disponibilizada no próprio site do Congresso.

O Comitê do Impeachment

O nosso objetivo estava sendo alcançado: os parlamentares estavam se sentindo pressionados pelo monitoramento do mapa. Não só as assessorias, mas os próprios deputados começaram a nos ligar de volta. Nunca esqueceremos o dia em que almoçávamos juntos em um restaurante, debatendo estratégias para o movimento, quando o telefone tocou.

– Rogerio Chequer?

– Sim.

– Você é um dos líderes do Vem Pra Rua, não?

– Sou.

Ele se apresentou pelo nome e disse que era deputado.

– Esse Mapa do Impeachment é de vocês, não é?

– É.

– Pois eu recebi aqui um negócio falando que eu sou contra o impeachment, mas eu não sou!

– Ok, o senhor tem alguma declaração pública afirmando isso? Um vídeo ou uma publicação nas suas redes sociais?

– Não, não posso ter. Mas estou dizendo para vocês: vou votar "sim".

– Sinto muito, deputado. Só podemos trocar no site quando você fizer uma declaração pública.

Recebíamos várias ligações como essas e sempre explicávamos os mesmos critérios, independentemente do partido. Principalmente a partir da manifestação de 13 de março, o mapa ganhou ainda mais visibilidade. Os parlamentares – assim como nós – passaram a enxergar que aquela ferramenta realmente tinha um poder de pressão social muito grande. Então, eles começaram a se mexer, a se posicionar com mais clareza e a querer conversar conosco.

Aos poucos, fomos descobrindo que no Congresso havia pessoas que podiam nos ajudar. Esse grupo era formado principalmente por políticos que estavam alinhados com a nossa causa, ou seja, que queriam o impeachment da presidente. Era importante para nós acompanhar – e pressionar – a definição dos votos de cada parlamentar. Para isso, manter contato próximo com os deputados foi um dos caminhos que encontramos. Ao contrário dos veículos de comunicação, que acompanhavam as intenções de voto contra ou a favor do impeachment para informar o público, o nosso compromisso era conseguir de fato o afastamento de Dilma. Qualquer divergência de discurso, ruído na comunicação ou mudança de lado precisavam ser identificados e tratados rapidamente.

Ao longo desse processo foi criado o Comitê do Impeachment, liderado pelo então deputado federal Mendonça Filho (DEM), o Mendoncinha, que foi nomeado ministro da Educação no governo Temer. Jaílton Almeida era um dos integrantes do comitê, em nome do Vem Pra Rua.

Faziam parte do grupo também alguns líderes de outros movimentos, como o MBL, e políticos de partidos como PSDB, PSB e Solidariedade.

Sempre havia um representante do Vem Pra Rua nos encontros do comitê. Esse grupo se reunia com o objetivo de detalhar as estratégias para tentar convencer cada indeciso e alguns dos contrários ao impeachment a mudar de ideia. "Naquele início, fizemos um primeiro encontro organizado, elaborando, pensando, criando, trabalhando juntos", diz Jaílton.

Além das conversas, era importante frequentar o Congresso, visitar gabinetes, fazer pressão pelas redes sociais. Nessa fase pré-votação da Câmara, íamos a Brasília semanalmente. Passamos por situações inusitadas nesse período. Um deputado nos reconheceu e se aproximou, dizendo que precisava ser colocado "a favor" no mapa. "Sério? Por quê?", perguntamos. Ele sacou seu celular e nos deu, pedindo para ouvir uma gravação. Era sua mãe lhe dando uma bronca porque ele ainda não havia declarado seu voto e o alertando de que, se a Dilma renunciasse, o pessoal do mapa ia eternizar o fato de que ele não era a favor na época. Na verdade, nunca tínhamos pensado nessa possiblidade.

No mesmo dia, outro deputado federal disse que o filho estava sofrendo *bullying* na faculdade porque o pai aparecia indeciso no Mapa do Impeachment. Ele, porém, jurava que votaria a favor. Só com as câmeras desligadas, claro. Como diversos outros, ele pedia: "Me coloca a favor". Nossa resposta era sempre a mesma: "Só se você tiver uma declaração pública. Se quiser, gravamos um vídeo agora mesmo!". "Ah, não posso" foi a resposta.

Houve ainda o caso de um parlamentar que, certo dia, falou conosco pela manhã. "É você aquele do Mapa do Impeachment que está me dando uma dor de cabeça? Eu vou votar a favor, vocês mudam lá?". E nós repetimos a mesma conversa: "Deputado, se o senhor não publicar algo dizendo isso, não vamos mudar". "Vocês não me pautam!", ele retrucou, irritado. Depois do almoço, ele nos procurou novamente: "Fui um pouco grosso. Como funciona o processo? O que eu preciso fazer?".

A combinação do Mapa com o Comitê do Impeachment nos permitiu exercer um papel decisivo no processo de impeachment da presidente.

Em 25 de março, o jornal *El País* publicou uma reportagem sob o título: "Por impeachment, Vem Pra Rua e MBL pressionam deputados corpo a corpo e nas redes". O texto começava assim: "Agora eu vou ler os nomes dos deputados que se dizem indecisos em relação ao impeachment. Cobre uma posição deles", dizia ao microfone o líder do movimento Vem Pra Rua, Rogerio Chequer, do alto de um caminhão de som na Avenida Paulista. Naquele domingo, 13 de março, 500 mil pessoas tomaram a avenida em São Paulo, nas contas do Instituto Datafolha, e quem estava ao alcance do microfone de Chequer ouviu nomes como Celso Russomanno (PRB-SP) e Ricardo Izar (PP-SP). Coincidência ou não, esses dois deputados fizeram questão de se posicionar a favor do impeachment na semana seguinte ao protesto. Um pouco mais adiante, a reportagem dizia: "O chamado Comitê do Impeachment se reúne uma vez por semana na Câmara dos líderes oposicionistas e representantes de movimentos, como o Vem Pra Rua e o Movimento Brasil Livre (MBL), que levaram para dentro do Parlamento a pressão contra o governo". O jornal citou ainda o Mapa do Impeachment.

Protestos sem convocação

Em 16 de março, duas notícias bombásticas. A primeira: o Planalto anunciara Lula como ministro da Casa Civil: "A Presidenta da República, Dilma Rousseff, informa que o ministro de Estado Chefe da Casa Civil, Jaques Wagner, deixará a pasta e assumirá a chefia do Gabinete Pessoal da Presidência da República. Assumirá o cargo de Ministro de Estado Chefe da Casa Civil o ex-presidente da República Luiz Inácio Lula da Silva", dizia trecho da nota oficial divulgado pelo portal G1. "Segundo a TV Globo apurou, Jaques Wagner manterá o status de ministro, apesar de estar sendo transferido para o cargo de chefe de gabinete da Presidência, que, até então, não era considerado vaga de primeiro escalão. Com isso, Wagner manterá o foro privilegiado", continuava a reportagem.

A segunda notícia chocante foi dada um pouco mais tarde, por volta das 18 horas. O áudio de uma conversa entre Dilma e Lula fora divulgado pelo juiz Sergio Moro, responsável pela Lava Jato. O grampo telefônico havia sido feito pela Operação Aletheia, 24ª fase da Lava Jato, cujo alvo principal era Lula. "Numa ligação de 1 minuto e 35 segundos, realizada nesta quarta-feira, às 13h32, Dilma disse que enviaria um 'termo de posse' para Lula por meio de Jorge Messias, subchefe de assuntos jurídicos da Casa Civil", publicou a revista *Época*. A então presidente afirmava, ainda no áudio, que ele deveria usar o termo de posse "em caso de necessidade". Os investigadores da Lava Jato interpretaram o diálogo como uma tentativa de Dilma evitar uma eventual prisão de Lula. Se houvesse um mandado do juiz, de acordo com essa interpretação, Lula mostraria o termo de posse como ministro e, em tese, ficaria livre da prisão.

Não sabemos ao certo se as pessoas já estavam indo para as ruas naquele dia por causa da decisão de nomear Lula ministro ou se o áudio foi o responsável pela iniciativa. O fato é que houve uma saída espontânea. "Ninguém convocou nada", afirma Zizo, do Vem Pra Rua em São Paulo. Seu amigo, Cris, estava na Avenida Paulista em uma reunião e, ao ver a manifestação na avenida, resolveu participar.

Rosana, também da turma de Zizo, Cris e Chade, se lembra de que "de repente, todo mundo começou a falar: 'Estou indo para a Paulista'; 'Eu também'; 'Eu também'; 'Eu também'. Não teve convocação", diz ela. "Nessa quarta-feira, eu lembro que havia senhoras, amigas da minha mãe, e as pessoas mal se cumprimentavam; já chegavam focadas em manifestar sua indignação. Foi muito visceral."

Janaína descreve a saída espontânea como emocionante e importante. "As pessoas entenderam o propósito. Elas já não precisam mais do Vem Pra Rua ou de qualquer outro movimento para ocupar o espaço que é delas, que é a rua", afirma. Seu marido, Maurício, teve sensação similar. "Quando isso acontece é porque 'pegou no breu'. A coisa nasceu da geração espontânea. Isso é um grande legado do movimento. É cidadania aflorada."

Jaílton, em Brasília, estava em alerta desde o dia anterior, quando havia sido divulgado outro áudio revoltante. Nele, o então ministro da Educação, Aloizio Mercadante (PT), oferecia apoio financeiro, jurídico e político a José Eduardo Marzagão, assessor do senador Delcídio do Amaral (ex-PT e sem partido). Segundo a revista *Veja*, que divulgara o áudio gravado por Marzagão, os encontros entre os dois teriam acontecido em dezembro, pouco depois da prisão de Delcídio. O senador e seu chefe de gabinete, Diogo Ferreira, foram presos por suspeita de tentar atrapalhar as investigações da Lava Jato após Delcídio ter sido gravado oferecendo ajuda para que o ex-diretor da Petrobras, Nestor Cerveró, deixasse o Brasil. "Eu estava pensando que, depois da manifestação do dia 13 de março, o Vem Pra Rua iria descansar um pouco, que poderíamos voltar a dar atenção às nossas famílias, afinal, já havíamos conseguido feitos incríveis", diz Jaílton. "Quando foi divulgado o áudio do Mercadante, eu pensei: 'Não tem mais dia calmo'. Aquilo era muito escandaloso. Não dava para ficar parado."

Vestiu o terno e correu para o Congresso. "Fui até o gabinete da liderança dos Democratas e estavam todos perplexos, se perguntando: 'Como pode ser?'." Naquela noite, o líder do Vem Pra Rua em Brasília praticamente não dormiu, tamanha era a demanda dos grupos de mensagem do movimento. "Na quarta-feira eu só queria descansar, pelo amor de Deus, mas alguém sugeriu 'manifestação'. Eu falei: 'Não, gente, não dá. O pessoal tem que entender que nós vivemos, além de nos manifestar'. Mas como eu sou preocupado demais, pensei: 'Vai que tenha protesto, é melhor deixar tudo preparado'. Liguei para o Luciano, meu amigo, para dizer que talvez a gente precisasse levar a caixa de som". Seria suficiente, ele acreditava.

Jaílton pensava que, se as pessoas fossem para a rua, não passariam de 50 manifestantes. Luciano foi mais ousado. Sem avisá-lo, alugou dois caminhões médios. Por volta das 18 horas, quando Jaílton saiu do trabalho, foi até o Congresso ver como estava a situação. Assim que chegou, o assessor do partido Democratas ligou para o seu celular.

– Você está vendo televisão?

– Não, estou no Congresso.

– Então vem para cá agora.

Quando chegou ao gabinete, ouviu o áudio de Dilma e Lula, divulgado em uma reportagem na TV. "Aquilo teve uma repercussão inédita. Isso nunca tinha acontecido em Brasília!", diz Jaílton. Na capital federal, as pessoas também começaram a ir para a Esplanada dos Ministérios espontaneamente. "Por coincidência, o Chequer havia marcado um voo para chegar naquela noite à cidade."

Enquanto os manifestantes chegavam, Jaílton tentava convencer os deputados a levarem o caminhão da Esplanada dos Ministérios à Praça dos Três Poderes, área em frente ao Congresso Nacional e Câmara dos Deputados, onde a segurança nacional proíbe o acesso de carros e helicópteros. Os deputados disseram não poder ajudá-lo. Não queriam se arriscar. Ele, então, tentou a autorização do comandante da Polícia Militar para descer o Eixo Monumental, via que desemboca na praça. Também não conseguiu. Até que Luciano ligou para Jaílton dizendo que estava no caminhão e que uma das pistas estava livre, pois havia sido bloqueada para a subida de carros. A essa altura, cerca de 10 mil pessoas já estavam reunidas no local. "Quando eu olhei para cima, vi dois faróis vindo em minha direção", conta Jaílton. "Era o Luciano descendo pela via que estava livre. O motorista não teve a coragem de descer; ficou com medo de ser preso, então ele tomou seu lugar." Enquanto dirigia, Luciano gritava: "Vai, Brasil! Vai, Brasil!", "Lula fora! Esse áudio é uma vergonha!".

Jaílton tinha motivo para ficar desesperado. "Luciano é um empresário, pai de família, e a esposa dele tem medo dessas coisas mais arriscadas. Eu só pensava: 'Se ele for preso, a mulher dele vai me matar e se separar." Quando ele já estava próximo à multidão, quatro policiais cercaram o caminhão. Pediram seus documentos. Jaílton, perplexo, pensava: "O que eu faço?". Até que teve uma ideia. Pegou o microfone da mão de Luciano, subiu no caminhão e começou a chamar a população para ir para perto dele: "Vem pra rua, Brasília!". As pessoas foram se aproximando, formando um cerco. "A polícia quer tirar o nosso caminhão, Brasília! Isso pode?", perguntava ele com o microfone. "Prende o Lula! Prende o Lula!". "E o pessoal começou a repetir a frase de ordem. Os policiais se viram cercados por 10 mil pessoas... Até que saíram de fininho e liberaram o Luciano. O nosso caminhão ficou lá."

"Quando achei que já tivesse acontecido tudo naquela noite", continua Jaílton, "olho para cima e vejo outro caminhão descendo. Quem estava em cima dele? Rogerio Chequer. Direto do aeroporto." Ficamos lá até tarde da noite com a população. Foram 15 mil pessoas às ruas sem serem convocadas. "Algo escandaloso. Tive uma sensação do tipo: 'Caramba! Do brasileiro agora nada escapa'."

Os protestos não se limitaram a Brasília. As pessoas saíram às ruas, em manifestações, panelaços e buzinaços contra a nomeação de Lula como ministro, também em São Paulo, Rio de Janeiro, Minas Gerais, Espírito Santo, Rio Grande do Sul, Alagoas, Paraíba, Ceará, Mato Grosso do Sul, entre outros lugares, em um total de 16 estados, como publicou o portal UOL. "Na maioria dos casos, as pessoas foram para as ruas depois do expediente de trabalho para manifestar indignação contra a decisão da presidente Dilma Rousseff, sem que houvesse uma convocação prévia em dias anteriores via redes sociais (o que ocorreu nos protestos do último domingo, 13)", dizia a reportagem. Também noticiaram as manifestações populares o site G1, os jornais *Estadão, Folha de S.Paulo* e *El País* e as revistas *Veja* e *Época.*

Em uma reunião na Câmara, na manhã do dia 7 de abril, uma notícia traria muitas consequências: um deputado nos informou que já havia uma data certa para a votação do impeachment na Câmara. Até então isso não estava definido.

– O negócio é o seguinte: na sexta-feira, a sessão vai começar às 9 horas da manhã e vai até a madrugada. No sábado, a sessão vai começar ao meio--dia e vai até a madrugada. No domingo, a sessão vai começar às 14 horas, já com a votação.

– Deputado, o senhor está certo disso? É uma informação muito importante, porque se o senhor está dizendo que a votação será no dia 17, domingo, vamos convocar uma saída às ruas nesse dia – dissemos.

– Podem contar com esse cronograma.

Não podemos afirmar que o Vem Pra Rua influenciou nessa decisão, mas o fato é que alguns dias antes havíamos dito aos parlamentares que seria melhor a votação ser justamente no domingo, porque eles teriam o apoio das pessoas nas ruas. A partir do momento que tivemos a confirmação, começamos a preparar a manifestação do dia 17 de abril.

O rompimento do PMDB com o governo

Um episódio importante na luta pelo impeachment de Dilma foi a saída do PMDB da base aliada. Enquanto o partido não desembarcasse do governo, a situação do impeachment estaria frágil. Essa decisão começou a se desenhar no dia 12 de março, data da convenção nacional do partido. Na ocasião, predominaram os discursos pró-impeachment, como noticiou o portal G1: "O impeachment da presidente Dilma Rousseff, o rompimento com o governo e um maior protagonismo do PMDB na política nacional deram o tom dos discursos na manhã deste sábado (12) na convenção nacional do partido, em Brasília. Embora o PMDB detenha seis ministérios, nenhum dos oradores inscritos para discursar defendeu o governo". Ficou definido um "aviso prévio" de 30 dias do partido no governo. No fim desse período, o diretório nacional tomaria a decisão final em relação à sua saída.

No entanto, já ficou determinado na convenção que os membros do PMDB estavam proibidos de assumir novos cargos no governo.

O evento foi marcado por gritos de "Fora Dilma", que concederam um ar de manifestação popular ao encontro político. Andréia Sadi, jornalista da GloboNews, publicou em sua página no Twitter um vídeo curto dos parlamentares gritando contra a presidente, com a frase: "Parece convenção da oposição... Mas é do PMDB mesmo... Entoam 'Fora Dilma'..."

Em 29 de março, dia da reunião do diretório nacional do PMDB, a decisão definitiva foi tomada em "três minutos", segundo a *Folha de S.Paulo*. O portal G1 publicou uma reportagem com o título "Por aclamação, PMDB oficializa rompimento com governo Dilma". O site Nexo apresentou a visão de dois cientistas políticos sobre a decisão do partido. Carlos Pereira, professor da Fundação Getúlio Vargas, defendia que, "com a saída do PMDB da base aliada, todas as condições para o impeachment de Dilma Rousseff estão colocadas. As chances do impeachment aumentam muito. (...) A partir de agora será um período muito difícil para o Planalto. O PT vai tentar se vitimizar e vocalizar essa narrativa de que o impeachment é um golpe. Já para o governo, a negociação para derrubar o impeachment deixa de ser com o partido e passa a ser individual".

Pedro Arruada, professor da PUC-SP, chamava atenção para a diferença entre sair do governo e fazer oposição. "O PMDB é maioria no Congresso e era o principal partido da base aliada, mas deixou claro que sair do governo não significa fazer oposição. Pode ser que parte da bancada continue votando junto com o governo em projetos de interesse do Planalto. O PMDB não é um consenso entre si, ele continua sendo um partido dividido. É provável, portanto, que parlamentares do PMDB votem pelo impeachment, e outros, não."

Dias depois do rompimento, o PMDB passou a orientar os parlamentares a votar a favor do processo de impeachment.

O muro da vergonha

Nas semanas anteriores à votação do impeachment, mesmo sem a confirmação da data, intensificamos ainda mais a pressão sobre os políticos indecisos e contrários ao impedimento da presidente. Montamos, em diversas cidades do país, o "Muro da Vergonha". Tratava-se da exibição de telões, banners ou projeções, dependendo das possibilidades de cada local, com os rostos dos parlamentares indecisos ou contra o impeachment estampados. Seria uma reprodução parcial das imagens e informações concentradas no site do mapa.

Houve uma polêmica em torno do nome escolhido para batizar a nossa ação. "Teve gente que achou 'Muro da Vergonha' muito pesado", lembra Adelaide. Tatá foi uma das que, em um primeiro momento, consideraram "agressivo demais". "Eu nem conseguia votar a favor ou contra o nome. Mas depois ficou claro para mim que foi apenas uma forma inovadora e muito interessante que encontramos de nos manifestar." Chegamos à conclusão de que o objetivo era mesmo pressionar duramente os políticos e mantivemos o nome. Queríamos expor absurdos, como o fato de alguns deles terem triplicado o patrimônio durante o mandato.

A proposta do Muro da Vergonha nasceu em uma reunião da liderança do Vem Pra Rua no mês de março. Renata e Maurício foram para a varanda e começaram a bater papo. "Ali surgiu a ideia, e já falamos para quem estava no encontro", diz Renata. Houve alguns debates acerca de como e quem conduziria a iniciativa, que acabou sendo realizada a várias mãos. Como sempre fazíamos ao idealizar um ato novo, criamos grupos nos smartphones para dar ideias e repassá-las para o máximo possível de regiões.

Algumas cidades aderiram ao Muro da Vergonha. Entre elas, São Paulo, Brasília e Rio de Janeiro. "Nacionalmente falando, não conseguimos muito entusiasmo em relação a esse ato ao redor do Brasil", diz Renata. "As pessoas diziam que era complicado montar uma estrutura desse porte, não só pela execução, mas também pela liberação dos órgãos públicos." Encontramos dificuldades na capital paulista. O dia escolhido para a ação foi 3 de abril, um domingo, na Avenida Paulista. Tivemos que pendurar nosso cartaz de oito metros de comprimento por 3,2 metros de largura na área em frente à Fiesp, já que a prefeitura de São Paulo e a Polícia Militar não liberaram a montagem de uma estrutura de ferro como suporte na avenida – isso acabou rendendo R$ 10 mil de multa para a federação, por conta da Lei Cidade Limpa, que regula anúncios publicitários no município em espaços públicos e privados.

Foi a primeira vez que expusemos aqueles políticos em "praça pública", como diz Renata. "É algo que se faz desde sempre, mas não se fazia no Brasil." Reunimos cerca de 3 mil pessoas na Paulista.

O tema daquela saída era pontual: deputados e senadores. Descobrimos, porém, ao longo do dia, que o assunto soava chato e sem graça. Foi difícil manter os discursos, entreter os manifestantes, muitos dos quais participavam de uma ação do movimento pela primeira vez. A situação ficava ainda mais complicada por não termos definido horários de início e fim para o evento. As pessoas estavam caminhando na Paulista e se aglomeravam em torno do mural. Sentimos a necessidade de tirar o microfone de cima do palco e dar voz ao público.

Nós estávamos especialmente inspirados para alternar as falas. Um discursava um pouco, enquanto Colin entrevistava as pessoas na rua. Como sempre, Colin colocava sua peruca de palhaço e "incorporava" seu personagem Nilo Campos, o "repórter de campo" do Vem Pra Rua.

Foram interessantes os depoimentos que ouvimos dos manifestantes. Havia um homem vestido de papa que dizia estar ali para abençoar todo mundo e nos livrar do mal. O mal era a Dilma. Ele se tornou a sensação do evento. Um garoto do Recife também chamou a atenção por ser superpolitizado, o que ficou claro em seu discurso. Conversamos ainda com um grupo de cinco rapazes que se diziam "do rap". Eles quiseram cantar uma música sobre a situação do Brasil. Nós deixamos, é claro. Foi um dia muito espontâneo, em que ouvimos sem dúvida a voz do povo. "Eu reparei que havia muitas pessoas simples naquele dia. As pessoas falavam que tinham trabalhado não sei quantas horas naquele dia, que tinham ido de ônibus para o protesto", diz Luciana Reale. A repercussão foi intensa. Veículos como *Estadão*, Agência Brasil, *Veja,* Globo, Record, *Folha de S.Paulo*, entre outros, citaram a manifestação em sua cobertura jornalística.

Surpresas de última hora

No mesmo dia que fomos às ruas com o Muro da Vergonha, o *Estadão* noticiou que Lula estaria tentando cooptar votos contra o impeachment. Seu QG, segundo a reportagem, era em um hotel, a sete quilômetros do Palácio do Planalto. O mesmo hotel em que morava o senador Delcídio do Amaral antes de ser preso, acusado de atrapalhar a Lava Jato. Ali ele teria recebido ministros, dirigentes de partidos, deputados e senadores da base aliada do governo no Congresso. Segundo o jornal, Lula teria dito: "Nunca pensei que a situação estivesse tão crítica", em relação às demandas represadas dos aliados. E "estamos comendo o pão que o diabo amassou". "Nas conversas para convencer aliados, Lula diz que, vencido o impeachment, Dilma está disposta a 'refundar' o governo e a mudar a cara da administração. Foi dele a ideia de dialogar com todas as forças políticas, incluindo a oposição, liderada pelo PSDB, para tentar um 'pacto nacional'", dizia a reportagem.

Em nossas interlocuções com o Congresso, ouvimos que os "prêmios" oferecidos pelo petista estavam crescendo enormemente. A informação é que havia promessas de milhões de reais em troca de votos contrários ao afastamento de Dilma. Esses boatos nos deixaram preocupados. A poucos dias da votação, não podíamos baixar a guarda e deixar o governo impedir que o Brasil avançasse. Era disso que se tratava a decisão que seria tomada no dia 17 de abril.

Em uma das conversas no Congresso, um grupo de deputados do PP havia mostrado um documento em que todos os deputados do partido eram convocados para uma reunião em que votariam o posicionamento a ser adotado em relação ao impeachment. Ao longo do dia, aquele papel foi assinado por uma série de parlamentares. Em determinado momento, um deles, deputado Julio Lopes (PP-RJ), falou: "Já temos assinaturas suficientes, vamos fazer uma reunião e fechar a favor do afastamento da presidente". Assumimos que o PP, com uma significativa bancada com mais de 40 deputados, votaria a favor do impeachment.

Três dias antes da votação, a situação parecia sob controle. Passando grande parte do tempo em Brasília, nós fazíamos checagens diárias entre nossas projeções de votos e as listas que circulavam pela Câmara, buscando discrepâncias. As projeções indicavam mais de 260 votos a favor. Continuávamos monitorando cada deputado indeciso e repassando seu nome e posicionamento para nossas bases regionais e para o banco de dados do Mapa do Impeachment. Cada voto contava.

Na sexta-feira, 15 de abril, a dois dias da votação na Câmara, amanhecemos com uma surpresa. Ao que tudo indicava, Lula teria conseguido alguns votos a mais, fruto das barganhas que ocorriam no hotel. Os valores que circulavam nos corredores do Congresso e restaurantes de Brasília eram crescentes e estarrecedores. Parecia que o dinheiro estava gerando resultados. Corremos para o Congresso, a fim de checar de perto se seria verdade. Estávamos todos preocupados, pois havia vários nomes dissidentes, e alguns outros que simplesmente desapareceram e não atendiam o telefone.

O deputado traidor

Por Rogerio Chequer

Foi nesse clima de tensão que recebi, pelo celular, um vídeo inquietante. Nele, o deputado Weverton Rocha, líder do PDT, dava a entender que a bancada do PP não estava fechada contra o impeachment, conforme esperávamos.

No vídeo, ele apresentava o deputado Waldir Maranhão (PP-MA) como o portador da novidade. Em seu depoimento, Maranhão dizia: "Somos 12 deputados federais que fechamos questão, vamos defender a nossa presidente, vamos defender o Brasil e salvar realmente o Maranhão. O Maranhão não merece ter retrocesso. O nosso governador Flavio Dino tem sido baluarte contra o impeachment, fundamentado nos princípios constitucionais". Gelei. Aquilo foi um baque. Fomos para o fundo do poço. Na noite anterior tínhamos ido dormir com 267 assinaturas previstas e, naquele dia, a previsão caíra para 251. Com esse vídeo, qualquer resultado seria possível.

Mandei o vídeo na hora para o deputado Julio Lopes, que havia me garantido que o partido votaria a favor do impeachment. Naquela noite, ele me respondeu que depois me contaria as consequências do vídeo.

Passei a sexta e o sábado com o Jaílton, dentro do Congresso, tentando levantar informações e influenciando os deputados o máximo possível em favor de nossa causa. "Foram os dias em que mais trabalhei na minha vida. Se, ao longo de dez dias, somando tudo, eu dormi oito horas, é muito. Era uma média de uma a duas horas de sono por noite", diz o então líder do Vem Pra Rua em Brasília.

Uma das tarefas que instituímos e fazíamos a todo momento era comparar as listas de nomes que votariam "sim" e "não". Havia três listas: uma do Vem Pra Rua, uma organizada pelo partido Democratas, e uma pela Secretaria da Câmara. Eu enviava as informações de Brasília para o pessoal do movimento em São Paulo para definir de quais deputados valia mais a pena ir atrás.

Na capital paulista, minha namorada, Andrea, embora não fizesse parte do movimento, estava próxima de integrantes do grupo. Ela se lembra de quando passávamos o dia contando os votos e mandando e-mails para os deputados, engajados intensamente.

Deixei o Congresso no sábado, véspera da votação, exausto, por volta de meia-noite. Estava esperando alguns amigos do Vem Pra Rua na saída do estacionamento do Anexo IV do Congresso, e havia vários deputados indo embora. De repente, veio o deputado Julio Lopes, aquele mesmo que havia garantido que o partido votaria a favor do impeachment e para quem eu mandara o vídeo.

– Deputado, e aquele vídeo, o que significa? Afinal, como vai votar o PP? – questionei.

– Chequer, nós estávamos em reunião ontem da Plenária Nacional do partido. Estavam presentes o presidente do partido, o vice-presidente, o governador, o vice-governador, centenas de pessoas, as mais importantes do PP. Tínhamos acabado de fechar questão em torno do impeachment. Todo o partido votaria a favor do afastamento de Dilma. No momento em que definimos isso, seu vídeo chegou. O que eu fiz? Pedi a palavra, me deram o microfone, e eu coloquei o celular assim, com o vídeo virado para todo mundo, e o microfone embaixo. A Plenária inteira assistiu àquele vídeo. Quando acabou, o presidente levantou e falou: "Filho da mãe! Esse cara ainda tem um diretório temporário no Maranhão. Pode suspender o diretório. Vamos atrás dele!". E começaram a entrar em uma mega-ação para ir atrás desse grupo.

Fiquei incrédulo, olhando para a cara dele, imaginando, acima de tudo, as consequências de não ter enviado o vídeo imediatamente. Pedi que repetisse a história inteira.

Com esse nível de adrenalina, mais uma vez dormi pouco, peguei um avião logo cedo no domingo para acompanhar a votação da Avenida Paulista.

Punição

Em 15 de abril, o site Congresso em Foco, entre outros veículos de notícias, publicou uma reportagem sobre o assunto, cujo título era: "PP pune deputado que fez vídeo contra impeachment". O texto dizia: "A direção nacional do PP destituiu o deputado Waldir Maranhão (PP-MA) da presidência do diretório estadual da legenda. A decisão foi tomada no início da noite desta sexta-feira (15), poucas horas depois que o parlamentar gravou um vídeo ao lado do governador maranhense, Flávio Dino (PCdoB), e do líder da bancada do PDT, Weverton Rocha (PDT-MA), posicionando-se em apoio à presidente Dilma Rousseff".

Finalmente, a votação na Câmara

Dois dias depois, 17 de abril de 2016, as lideranças do Vem Pra Rua chegaram à Avenida Paulista por volta de duas horas da tarde. De cima do caminhão, começamos a falar com as pessoas que se aglomeravam. A votação só teve início às seis da tarde.

Enquanto a Renata e o Coelho coordenavam a música, Colin, mais uma vez, vestiu sua peruca, pintou o rosto e amarrou a bandeira do Brasil em volta do pescoço, para assumir o papel de Nilo Campos.

Janaína estava grávida de nove meses, e, durante o protesto, as pessoas lhe diziam frases como: "Você é louca de subir no caminhão com essa barriga!". "Eu não perderia aquele impeachment por nada", diz ela. "Eu pensava: 'Vai nascer na rua!'. Foi muito emocionante".

Quando começou a votação, ela estava em cima do caminhão. E lá ficou. Por volta do centésimo voto, começou a sair uma fumaça da área onde estavam os computadores no veículo. A primeira reação que tivemos foi gritar. "Vai descendo! Não pergunte nada, só vai descendo. Primeiro a Janaína, que está grávida. Depois, as outras mulheres. Em seguida, o restante", gritou Chequer. Aproximadamente dois minutos depois, ouvimos uma explosão. A energia caiu e o telão apagou.

De um momento para o outro o microfone parou de funcionar, e não tínhamos nenhum outro equipamento para nos dar suporte. Alguns integrantes do grupo foram buscar um gerador de energia. Enquanto isso, nós fomos para o palco da Fiesp, onde ficamos por uma hora e meia. Deu tempo ainda de voltar ao nosso caminhão, com o problema já solucionado, e assistir ao desfecho histórico. Logo que a energia retornou, havia poucas pessoas do Vem Pra Rua no caminhão e precisávamos voltar a atrair a atenção de quem estava em volta. Guilherme Steagall assumiu o microfone – pela primeira vez. "Eu nunca tinha feito isso. Mas comecei a falar: 'E aí, turma, mais um voto 'sim'!'", lembra.

Cada voto favorável era um gol para o Brasil. Todo mundo vibrava como se fosse um jogo de futebol. Pulavam, gritavam, se abraçavam, agitavam a bandeira, se emocionavam. Às 18h25, o site do jornal *Valor Econômico* registrou nossas reações. A matéria dizia que aqueles que estavam na Paulista pulavam e tocavam cornetas. O site Huffpost Brasil publicou uma nota com descrição similar. O título era "Fora Dilma: Votação de impeachment tem clima de torcida de Copa do Mundo".

Após nossa preocupação com os votos do PP, 38 deputados do partido acabaram votando a favor e apenas quatro votaram contra o impeachment. Foram 342 gols da nossa seleção. O 342º, de Bruno Araújo, então deputado federal (PSDB-PE), definiu o resultado. E causou uma explosão ainda maior na Paulista.

Alguns vídeos registram aquele momento de explosão na Paulista e no nosso caminhão. As pessoas se abraçavam chorando, como não se via nem em comemorações de futebol.

O que poucos viram foi que, no calor da emoção, esquecemos que tínhamos um telão de algumas toneladas montado no caminhão – fomos avisados de que não poderíamos pular nem ficar todos do mesmo lado. Logicamente, esquecemos desse detalhe. E, no meio dessa festa, de repente veio alguém gritando, desesperado, dizendo que o caminhão estava tombando. Com as lágrimas ainda escorrendo, paramos de pular e descemos para a rua, para de lá continuar nossa comemoração.

Além do impeachment, tínhamos outro motivo para celebrar: o sucesso da nossa estratégia. Acertamos em cheio quem daria o voto decisivo, graças ao trabalho da equipe de tecnologia por trás do Mapa do Impeachment e de todos os integrantes que captaram informações de bastidores, acompanhando exatamente a inclinação de cada deputado. Esse cuidado ao levantar informações, o corpo a corpo em Brasília e a comparação constante com outros veículos fizeram com que errássemos somente dois votos durante a sessão decisiva na Câmara.

Não restava dúvida de que o Vem Pra Rua foi importante em todo o processo de impeachment. E mais números corroboravam a nossa percepção. Naquele dia histórico, 17 de abril de 2016, milhares de pessoas acessaram o Mapa do Impeachment. Quando lançamos o site, nossa meta era chegar a 4 ou 5 mil pessoas acessando o mapa simultaneamente. No pico, chegamos a ter 22 mil usuários ao mesmo tempo. Ao todo, foram 6,4 milhões de visitas.

Dois meses depois da votação, no 2º Encontro de Líderes do Vem Pra Rua, o Coelho fez uma apresentação contando sobre a criação do Mapa do Impeachment e citou nossas conversas. Andrea, que havia ficado irritada no fim do ano anterior em Serra Negra, sem saber o que estava sendo planejado naquela ligação de quase uma hora, estava lá para assistir.

– Você se lembra daquele dia no supermercado em que eu fiquei falando ao telefone? Essa foi a importância daquela conversa.

Ela sorriu.

Valeu a pena?

Em Brasília, a festa também foi grande. Foram colocados cinco telões e dois carros de som enormes nas ruas. Para pagar a conta de uma infraestrutura cara, os integrantes do movimento no Distrito Federal foram atrás de doações. "Para equipar o evento do dia 17 de abril, gastamos 'um mundo' de recursos que nunca havíamos gastado. Trabalhamos muito tempo conciliando a interlocução com os políticos no Congresso, a montagem do evento e a captação de recursos."

Charles Putz e sua mulher, Verena, grandes ativistas do Vem Pra Rua, foram a Brasília acompanhar a votação na Esplanada dos Ministérios. Quando o número de votos começou a se aproximar de 342, o casal desceu do caminhão para comemorar a provável vitória literalmente nas ruas. "Eu falei: 'Sou Vem Pra Rua, então, na hora do impeachment, quero estar na rua'", diz Putz. "Assim que descemos, nos abraçamos, pulamos e comemoramos com os desconhecidos que estavam à nossa volta". Em seguida, começou a tocar o Hino Nacional. "As pessoas cantavam, caminhando em direção ao Congresso. Essa cena, por si só, foi bárbara", conta Verena. "Quando chegamos perto da barreira de policiais, eles se assustaram, pensaram que iríamos invadir. Mas não. Nós paramos lá e ficamos cantando o hino, virados para eles. O comandante, então, disse para recuarem. E eles começaram a cantar o hino conosco."

Apesar dos momentos emotivos, o clima era de diversão. Putz tem o hábito de pintar o corpo nas manifestações. Naquele dia, ele escreveu com tinta no peito: "Fora Dilma". No gramado da Esplanada ele pulava, apontando para a frase, incitando a multidão a repeti-la. Putz dizia: "Vamos lá, gente, comigo! Todo mundo quer isso...". As pessoas, então, diziam: "Fora Dilma". Nesse momento, Putz virava de costas para os manifestantes e apontava para outra frase pintada em seu corpo, que todos repetiam novamente: "Tchau, querida!".

No dia da votação, a sensação geral foi de vitória. De celebração. De que valeu a pena tanto esforço dedicado. Patrícia Bacci, que ajudou a organizar o evento em São Paulo, descreve que, ao ver o último voto, sentiu que "todo o ônus do trabalho ficou de um tamanho tão pequeno, mas tão pequeno, que eu quase não lembrava que um dia ele existiu. Já o bônus é gigante. É o bônus de fazer parte dessa história, que é triste, porém maravilhosa". Patrícia estava acompanhada do filho Pedro, de 11 anos, na Avenida Paulista. "Ele ficou até o último minuto acompanhando a votação. E, ao final, comemorou, pulou e chorou conosco."

Enquanto assistia aos "sins" dos deputados, passava um filme na cabeça de Janaína. "Muita gente não acreditou que conseguiríamos alguma coisa com o movimento e nos reduzia a um bando de malucos. Eu estava acostumada a ouvir comentários como: 'Para com isso! O que vocês estão fazendo?'; 'Você não tem mais vida social' ou 'Você perdeu o senso. Não consegue mais dar atenção para as pessoas. Está aqui, mas não sai do celular'", diz ela. "Quando o impeachment passou pela Câmara, o tratamento dos amigos e conhecidos mudou. Eles passaram a dizer: 'Fica à vontade, porque o que vocês estão fazendo é realmente muito importante'."

Luciana Reale estava tão tensa antes da votação que preferiu assistir em casa. "Eu queria ver tranquila." Ela manteve a sintonia com as ruas e recebia, pelo celular, fotos da manifestação enviadas pelos colegas do Vem Pra Rua. "Foi lindo e emocionante o dia 17 de abril", diz. No dia seguinte, 18 de abril, era aniversário de seu pai, Miguel Reale Júnior, jurista que havia exercido papel fundamental na conclusão daquela etapa da história. "Foi um presente e tanto para ele", comenta Luciana. "Ele me ligou para me parabenizar quando passaram os 342 votos. Disse que eu havia sido esteio do impeachment."

Miguel Reale Júnior define aquele momento como de "primeira vitória importante", mas também de "um primeiro desafio importante". "O afastamento da presidente punha à nossa frente, como denunciantes, um grande trabalho, que seria um segundo desafio importante [vencer também no Senado Federal]".

Uma reportagem de três minutos, no *Fantástico*, fez um retrato do clima do país naquele dia. "O Brasil parou para assistir à votação em Brasília", dizia o apresentador Tadeu Schmidt. A jornalista Poliana Abritta completava: "Nos bares e restaurantes, em todo lugar que tinha um aparelho de TV, as pessoas estavam ligadas na sessão da Câmara". Em seguida, foram exibidas imagens de reuniões de pessoas e manifestações pró-impeachment em Cuiabá (MT), Campo Grande (MS), Dourados (MS), Fortaleza (CE), Salvador (BA), Porto Alegre (RS) e Rio de Janeiro (RJ). A repórter Lilia Teles encerrou a matéria com a frase: "Domingo, 17 de abril, o dia em que o Brasil parou para ver a história do país nas telas da TV". No total, de acordo com o Huffpost Brasil, houve protestos em 24 estados, além do Distrito Federal.

Vem dormir na rua

Desde o dia 16 de março – data da divulgação do áudio da conversa entre Lula e Dilma –, a Avenida Paulista era ocupada por manifestantes, de acordo com uma reportagem do portal UOL publicada no dia 20 do mesmo mês. O site comparava a atitude dos brasileiros a "uma estratégia de protesto comum na última década" em diversos países. "Foi assim nos Estados Unidos, no Egito e na Ucrânia. Grupos mais ou menos organizados se juntam espontaneamente para exigir mudanças e permanecem num local até que suas demandas sejam atendidas (ou não)."

Quatro dias depois de ter começado, o grupo reunia aproximadamente 70 pessoas acampadas. Do dia 19 de março para o dia 20, o número de barracas dobrara: de 18 para 36, de acordo com o UOL. Segundo a reportagem, não se tratava de protesto de um grupo específico, mas, sim, de pessoas não vinculadas a nenhum movimento.

Putz acompanhava as notícias sobre a ocupação da Paulista. Chamou sua atenção o fato de aquelas pessoas estarem totalmente "abraçadas" à causa do impeachment. Embora não fossem do Vem Pra Rua, compartilhavam ao menos essa causa similar. Algumas delas, no entanto, defendiam bandeiras que o movimento não apoiava, como o intervencionismo militar. Certo dia, conversando com Adelaide, Putz decidiu se aproximar dos ocupantes da Paulista. "Fui conquistar a confiança deles. Era uma missão para o Putz", diz o próprio. Ele acampou na avenida por três finais de semana. Chegava às sextas-feiras e ia embora aos domingos. Verena chegou a levar coisas para o marido, mas não dormiu na Paulista.

Fazia parte de sua estratégia de conquista de confiança dialogar com as diversas tribos ali presentes. Um dia, chegou de bicicleta, debaixo de chuva, carregando três mochilas, com roupas e barraca. Outra vez, chegou de skate para se aproximar da "molecada". "Fui me enturmando aos poucos, de madrugada. Ficava dando aula para eles sobre economia política, intervencionismo estatal, posicionamento de direita e esquerda, corrupção e formas de combatê-la. Falava sobre o que foram as 'Diretas Já' e o 'Fora Collor'". Aos poucos, conseguiu o que queria: a confiança de seus "vizinhos". Foi só então que ele se identificou como um membro do Vem Pra Rua. Fez isso em meio a um debate, em que algumas pessoas falavam mal do movimento. "Perguntei: 'O que você acha de mim?'. Quem estava falando mal do grupo respondeu: 'Você é completamente diferente'. 'Sabia que eu sou um dos líderes do Vem Pra Rua?' Caiu o queixo deles. 'Mas como?', perguntavam. 'Eu achava que vocês só queriam aparecer'." Putz respondeu: "A nossa prioridade é a nossa causa".

Vencida a batalha na Câmara, passamos a aguardar a primeira votação no Senado. Caso metade dos senadores fosse favorável à continuidade do processo, a presidente seria afastada por 180 dias ou até a votação definitiva no próprio Senado. A primeira votação aconteceu no dia 11 de maio. Não organizamos manifestações para o dia, pois não sabíamos exatamente a que horas seria a sessão nem quanto tempo duraria. Mas Putz, Verena e Zizo se encontraram na Paulista para acompanhar a TV Senado. Às 6h34 da manhã, por 55 votos a 22, o Senado decidiu abrir processo de impeachment contra a presidente Dilma Rousseff, "por entender que há indícios suficientes de que ela cometeu crime de responsabilidade", publicou a Agência Senado, portal do Senado Federal. "A gente estava lá na comemoração na Paulista. Teve uma festa muito alegre", diz Putz.

Como muitos de nós, Renata assistiu à votação em casa. "Acordei e fui correndo para a TV com as crianças. Eu chorava, e as crianças não entendiam nada." No dia 22 de maio de 2016, mesmo após o afastamento da presidente ser aprovado pelo Senado, o *Estadão* publicou uma reportagem afirmando que ainda havia pessoas acampadas na Avenida Paulista. Eram menos de dez. "Há mais barracas do que ocupantes", dizia o jornal.

Tchau, querida (pra valer)

No início de junho, com quase dois meses de antecedência, definimos a data da próxima saída do Vem Pra Rua, em uma reunião do Conselho. O dia escolhido foi 31 de julho, com a intenção de pressionar o Senado a emitir a decisão final sobre o impeachment no início de agosto. Não podíamos baixar a guarda nem dar o impedimento por concretizado antes de ele se efetivar. Em seguida, conversamos com os líderes dos demais movimentos para que fossem também às ruas. Em 11 de junho, o jornalista Augusto Nunes publicou em seu blog, na *Veja*: "Em 31 de julho, milhões de brasileiros vão anunciar nas ruas o início do último agosto de Dilma em Brasília".

Uma vez lançada a data, começamos novamente todos os preparativos necessários para a realização de uma megamanifestação. Nossas reuniões ficam mais frequentes em períodos pré-protestos. Reforçamos a ideologia do Vem Pra Rua e o mote da saída, definimos o que estaria escrito nos panfletos, quais os meios de arrecadar doações, quem alugaria os caminhões, entre muitas outras funções. "Agora temos uma estrutura profissional", diz Adriana, líder do movimento no Rio de Janeiro. "Já me peguei chamando os grupos internos até de 'departamentos'", afirma, rindo.

Porém, algumas coisas nos atrapalharam na organização do dia 31. Uma delas foi o Facebook. Um dos motivos de sucesso do 13 de março eram as estratégias que adotamos para convidar as pessoas na rede social. Acreditamos que, desde então, houve uma mudança nos algoritmos da plataforma, que não nos permitiu um alcance tão grande quanto nos meses anteriores. Percebemos que o Facebook limitou o número de convites que cada pessoa podia fazer a 50 por dia. As mensagens que mandávamos para incentivar nossos seguidores a convidar outros seguidores passaram a ficar escondidas. E houve uma mudança na página do evento, ocultando as postagens que fazíamos dentro dele. Mesmo assim, conseguimos convidar 1,5 milhão de pessoas.

Apesar de outros movimentos terem aderido rapidamente ao nosso chamado para o dia 31, uma semana antes da manifestação alguns preferiram cancelar. O argumento do Nas Ruas e do MBL foi que, com a votação do impeachment no Senado prevista para o fim de agosto, eles preferiam ir às ruas mais perto do dia 21, para pressionar os senadores.

Finalmente, sabíamos que a adesão ao 31 de julho seria menor porque essa manifestação tinha um caráter completamente diferente das outras. Foi a primeira vez que saímos às ruas sem um alvo tão específico. Falamos sobre várias causas, sobre o futuro.

Nossas pautas para o dia 31 de julho foram: (1) o impeachment definitivo de Dilma; (2) apoio total à Lava Jato; (3) as 10 medidas contra a corrupção; (4) a prisão de todos os corruptos, independentemente de partido; e (5) a renovação política.

Apesar de termos reunido menos gente no dia 31, a nossa capilaridade se manteve. Registramos manifestação em 200 cidades.

Em 31 de agosto aconteceu a segunda votação do Senado. Os senadores responderam se consideravam ou não que Dilma Rousseff havia cometido crime de responsabilidade. Enquanto na primeira votação, de 11 de maio, bastava a maioria simples do grupo (isto é, metade mais um) para dar continuidade à discussão sobre o impeachment, em agosto foi necessário que dois terços dos senadores fossem favoráveis ao afastamento. Isso equivale a 54 dos 81 possíveis votos. Ao final, Dilma perdeu o mandato com o voto de 61 senadores.

CAPÍTULO 9

Uma luz em Curitiba

Quando o Vem Pra Rua fez a sua primeira saída, no dia 16 de outubro de 2014, a Lava Jato já estava atuando havia mais de seis meses. A operação ainda não tinha tomado as proporções monumentais que hoje enxergamos, mas já nos dava fatos e um bom motivo para colocar o combate à corrupção no centro dos nossos objetivos. O juiz Sergio Moro, responsável pelas decisões em primeira instância da operação, optou por conduzi-la às claras, deixando a população acompanhar o desmonte do maior esquema de corrupção do país. Em uma entrevista ao jornal *O Estado de S. Paulo*, publicada em 20 de março de 2016, o delegado Márcio Anselmo, que integrava a equipe da Polícia Federal que iniciou as investigações da Lava Jato, dava a dimensão da importância da conduta de Moro: "Muitas vezes, o que acontecia nessas investigações é que os fatos ficavam encobertos em escaninhos do Judiciário e ninguém tinha noção da gravidade". Com a mudança de atitude, diminuíram os riscos de o caso se tornar, como tantos outros, invisível aos olhos do povo. A Lava Jato inflamou, de modo crescente, a indignação dos brasileiros.

E nós éramos brasileiros indignados. Estávamos decididos a não esperar os ânimos se acalmarem. Queríamos o contrário: transformar revolta em ação. A Lava Jato, com as prisões de políticos, empresários, executivos e o pedido de ressarcimento de dezenas de bilhões de reais aos cofres públicos, nos dava a esperança de que era possível mudar o país. A equipe responsável pela operação atuava em uma causa que também era nossa, de cada cidadão brasileiro. A bandeira de combate à corrupção nos acompanhou por todos os protestos que vieram a seguir.

Não era uma bandeira inocente: a grande transformação que enxergávamos no país no curtíssimo período desde 2014 era justamente a consolidação, na nossa sociedade, de um sentimento contrário à corrupção. Estava cada vez mais claro para nós e para as demais pessoas que era absolutamente necessário combatê-la na prática, que era obrigação de cada um de nós tornar pública nossa rejeição aos corruptos, aos corruptores e aos seus atos, e que deveríamos traduzir isso em ações concretas.

Com o passar do tempo, o Vem Pra Rua continuou cultivando seu vínculo com a Lava Jato. Defendendo a operação, criticando qualquer pessoa que tentasse tirar a sua força, assumindo sua continuidade como nossa bandeira "inegociável" (independentemente de quem atingisse) e ajudando o Ministério Público a ter assinaturas suficientes para as 10 Medidas contra a Corrupção.

O Vem Pra Rua nasceu e cresceu contra a corrupção. Cresceu junto com a Lava Jato, que se tornou a maior investigação de corrupção e lavagem de dinheiro do país, cujas revelações motivaram os cidadãos a irem às ruas. Ela deu forma objetiva à nossa causa. Deu nome à vontade do movimento – e dos brasileiros em geral – de extirpar a sujeira da política e do nosso dia a dia, de virar a página da história onde está registrado que o Brasil é o país do "jeitinho".

Quem são os patrões?

Da mesma forma que nós nos fortalecíamos com os desdobramentos da Lava Jato e levantávamos sua bandeira em nossas manifestações, a operação ganhava mais combustível com o apoio da população. Estabeleceu-se um saudável processo de retroalimentação, em que ambos os lados saíam mais fortes. Em 13 de março de 2016, dia do megaprotesto que levou 6,5 milhões de pessoas às ruas, Sergio Moro enviou uma nota ao blog da jornalista Cristiana Lôbo, comentarista da GloboNews, reforçando a importância do apoio demonstrado por multidões de brasileiros. "Fiquei tocado pelo apoio às investigações da assim denominada Operação Lava Jato", afirmou ele. "Importante que as autoridades eleitas e os partidos ouçam a voz das ruas e igualmente se comprometam com o combate à corrupção, reforçando nossas instituições e cortando, sem exceção, na própria carne, pois atualmente trata-se de iniciativa quase que exclusiva das instâncias de controle

O delegado Márcio Anselmo afirmou, em entrevista para este livro, que "a Lava Jato nunca seria o que foi se não tivesse o apoio da população". Ele lembra que nos protestos de 2013 houve pedidos de mudança, mas "a classe política ignorou". "Os novos protestos que surgiram após a Lava Jato começaram a ganhar uma dimensão gigantesca", diz ele. "Nós, da Polícia Federal, sempre comentamos que as manifestações são motivo de orgulho. Orgulho de fazer parte daquilo, de ter o apoio da população." Em certa medida, ele atribui à pressão popular a blindagem da operação. "As ruas, de certa maneira, neutralizam os interesses políticos. Enquanto os políticos tentam destruir a operação da perspectiva política, as ruas fazem o contraponto: inibem os políticos de tentar minar a Lava Jato."

Da mesma forma que nós acompanhamos atentos os noticiários para poder definir as estratégias seguintes do Vem Pra Rua, soubemos que os policiais ficavam ligados nas iniciativas da população. O delegado Jorge Pontes, ex-diretor da Interpol e aposentado da Polícia Federal desde 2012, mantém proximidade com os ex-colegas de trabalho. Ele nos contou que dois delegados conhecidos ficavam de olho no noticiário da televisão, para ver como seria a reação da sociedade diante de determinadas revelações ou condutas da Polícia Federal e do Ministério Público.

O Vem Pra Rua, segundo Pontes, foi fundamental para dar força ao trabalho dos policiais federais de Curitiba. "Eles praticamente se sentem protegidos, abraçados pelas pessoas", diz ele. Sergio Moro já falou sobre a importância do apoio popular em palestras. Ele diz que, quando se combatem criminosos poderosos, como na Lava Jato, não há como prescindir do apoio popular. Pontes completa: "Quando vocês saem às ruas em apoio ao nosso trabalho, da Polícia Federal, vocês estão escrevendo o primeiro capítulo do fim dessa trágica sina que nós – policiais, procuradores e juízes operadores do Direito, que trabalhamos na persecução penal – temos, que é passar carreiras inteiras enxugando gelo". Ele compara o Vem Pra Rua à torcida do Flamengo. "Para os jogadores, a partida de futebol acontecerá de qualquer forma. A diferença é se vai ser com ou sem o apoio da torcida."

Para Pontes, a sociedade brasileira se encontrava em um estado de letargia que poderia ser fatal à Lava Jato – e ao país. Se a população não agisse, ou ao menos reagisse, "hoje teríamos um juiz órfão em Curitiba, um grupo de procuradores da República órfão, e delegados, agentes e peritos órfãos. Porque o trabalho deles não teria levado a sociedade a lugar nenhum", afirma. A impressão dele é que agora, quando um delegado termina o dia depois de indiciar um poderoso, ele sabe: "Vai haver reação, mas o meu país está comigo, a sociedade está comigo". "Foi interessante porque teve uma hora em que esse policial percebeu que políticos em cargos decisivos também fazem parte da quadrilha."

Apesar da gravidade contida nas palavras de Pontes, tornou-se normal, no Brasil, o governo ter todas as condutas promíscuas que hoje conhecemos bem e, ainda assim, portar-se como autoridade máxima do país. Como se não precisasse prestar contas à sociedade. Como se não fôssemos nós, cidadãos, os verdadeiros chefes do país. A Operação Lava Jato nos deu munição para enxergar uma inversão de valores. O movimento, por sua vez, aceitou esse papel. Tomou para si as responsabilidades de cidadão que lhe cabe. Isto é, monitorar, cobrar, punir quando se faz necessário, exigir, propor. "Quando vocês saem em protesto, na verdade, são os patrões", diz Pontes. "O movimento levou para as ruas os patrões dos governantes corruptos. Aí os políticos começam a sentir o bafo no cangote."

Diogo Castor de Mattos, procurador da República que também integra o grupo da Operação Lava Jato, concedeu uma entrevista ao *Estadão* em 21 de fevereiro de 2016, em que reiterou a importância de a sociedade civil exercer o controle de órgãos como o Judiciário. "Esse controle é importante porque é um poder que se mostra não efetivo nos últimos anos. A sociedade civil tem que acompanhar e fazer o seu controle porque é o interesse coletivo que está em jogo, principalmente nos crimes de colarinho branco, em que a vítima acaba sendo toda a sociedade."

O Brasil cansou

A Lava Jato é só uma amostra do cenário geral brasileiro. Um relatório do Conselho Nacional de Justiça (CNJ), de 2013, escancara o baixo índice de condenação em crimes contra a administração pública e a alta recorrência de "cancelamento" desses casos pelo decurso do tempo. O procurador Diogo Castor de Mattos citou o documento em um artigo publicado na revista *Veja* em março de 2015. O estudo mostra que, entre 2010 e 2011, a Justiça brasileira deixou prescrever 2.918 ações envolvendo crimes de corrupção, lavagem de dinheiro e atos de improbidade administrativa. Nos crimes de colarinho branco, a pena demora mais de 15 anos para ser aplicada. Normalmente é aplicada em patamar perto do mínimo legal, que pode abrir brecha para a sua substituição por penas alternativas à prisão, como prestação de serviços à comunidade e multa. Essa pena pode ainda ser perdoada após parte dela ter sido cumprida, por meio de indulto natalino (extinção da pena geralmente no dia 23 de dezembro).

"A situação dos processos de corrupção contra parlamentares é ainda mais grave", escreveu Diogo. O Brasil é um dos países com mais autoridades com foro por prerrogativa de função do mundo e, possivelmente, com mais investigados. Estimativas atuais apontam cerca de 350 parlamentares federais que respondem a investigações ou ações penais no Supremo Tribunal Federal. "Nesse contexto, se cada uma das turmas levasse duas sessões para julgar cada caso (no Mensalão foram realizadas 53 sessões), seriam necessárias 350 semanas para finalizar todos os processos", diz o procurador. Ou seja, considerando que nenhum caso novo chegasse ao STF, seriam sete anos apenas julgando parlamentares. E o Supremo não tem como única atribuição esse tipo de julgamento.

O cúmplice perfeito para o crime institucionalizado era o silêncio da população. As pessoas reclamavam, é verdade, mas, em geral, em almoços e jantares com a família e os amigos, com os colegas de trabalho, no táxi, no ônibus e em suas redes sociais. Essas reclamações tinham conotação de resmungo. Passava longe da braveza que se sente quando pisam no seu calo.

A sensação é de que agora acordamos de um longo sono que nos tornava inertes. A má notícia é que o pesadelo é real. A boa, porém, é que agora, despertos, começamos a gritar, exigir, encarar e expor. Essas atitudes têm se revelado eficazes contra os criminosos poderosos contra os quais temos batalhado. "Ir às ruas constrange os poderosos", afirma Jorge Pontes. Segundo ele, uma das características de oligarquias é roubar e conviver amigavelmente com a vítima do roubo. "Eles querem ter milhões na Suíça, querem entrar no avião da Air France e sentar ao lado daqueles que estão pagando suas contas. Querem sentar no restaurante e comer uma pizza ao lado de nós, que pagamos a pizza com o nosso salário. Eles querem nos roubar e ainda ter um convívio com a gente." Isso nós não podemos nem vamos mais permitir. Os cartazes, os gritos de guerra e as paródias que cantamos nas ruas, segundo Pontes, têm um grande poder sobre os políticos corruptos. "Além de vocês nos darem força, criam o constrangimento que talvez comece a mudar a realidade." Como exemplo, ele cita os políticos, empresários e executivos punidos pela Lava Jato, que têm família. "De repente, o filho mais velho tem que falar: 'Papai, o que é isso? Esse Mercedes a gente não podia ter. A gente não podia estar nesse hotel. Eu sei que o senhor ganha R$ 30 mil. Tudo bem que estudamos em um bom colégio, temos tudo, mas espera aí. Estamos passando férias em um hotel seis estrelas e pagando tudo para todo mundo por quê?'."

A resposta a essa pergunta talvez seja: porque antes a impunidade era certa. Agora, com a força que vem de profissionais como os envolvidos na Lava Jato e das pessoas que vão às ruas, a conta chega. E é alta. "Na Revolução Francesa, entraram no palácio e decapitaram pessoas. Não vamos fazer isso. Mas vamos fazer uma revolução à nossa maneira. A decapitação moral, pelo constrangimento", sugere Pontes.

Isso já começou no nosso país. E está provado pelas situações que passamos com os deputados na Câmara. O filho envergonhado perante os amigos de faculdade. A mãe desesperada pela falta de posicionamento do filho deputado. Pressão neles, por todos os lados.

Qual é a diferença agora?

A Operação Lava Jato é a maior investigação de corrupção e lavagem de dinheiro que o Brasil já teve. Inspirada na Operação Mãos Limpas, que limpou a política italiana nos anos 1990, iniciou-se com um trabalho da

Polícia Federal. Logo, tornou-se um marco das aspirações de um novo Brasil. Foi assim que instituições públicas, que em geral não tinham nenhum apelo midiático e popular – como Polícia Federal e Ministério Público –, se consolidaram como razões de orgulho para os brasileiros. Os avanços da sociedade brasileira com as condenações dos culpados no julgamento do Mensalão; os desdobramentos das investigações da Lava Jato; a seriedade do trabalho do juiz Sergio Moro, da equipe de procuradores de Curitiba e da Polícia Federal; as prisões e as primeiras condenações de grandes figurões da política e do meio empresarial envolvidos em escândalos de corrupção foram elementos que contribuíram para uma permanente mobilização da sociedade brasileira, no período entre outubro de 2014 e abril de 2016. Esperamos que esse seja só o começo.

O começo de uma nova história. Porque a Lava Jato não é a primeira operação que tenta combater a corrupção no país. Desde o impeachment do presidente Fernando Collor, em 1992, houve outras tentativas de desarmar os criminosos institucionais, como as operações Satiagraha em 2004, Avalanche em 2007, Caixa de Pandora e Castelo de Areia em 2009. Essas não alcançaram o mesmo sucesso da que agora investiga a Petrobras. Por quê? Vamos fazer uma breve retrospectiva.

A Operação Satiagraha, da Polícia Federal, tinha por objetivo investigar os negócios do banqueiro Daniel Dantas, presidente do grupo Opportunity. "Acabou, no entanto, marcada para sempre por ter servido de fachada para o funcionamento de uma máquina ilegal de espionagem", publicou a revista *Veja* em julho de 2008. Isso porque o delegado encarregado da investigação, Protógenes Queiroz, conduziu espionagem e escutas ilegais contra ministros (inclusive a então ministra Dilma Rousseff), senadores, juízes, advogados e jornalistas. Em 2009, Dantas foi condenado por quatro crimes: gestão fraudulenta, evasão de divisas, lavagem de dinheiro e formação de quadrilha. Dantas foi preso duas vezes e condenado em primeira instância a dez anos de prisão. Mas, em função da "má-fé" dos investigadores, em junho de 2011 o Superior Tribunal de Justiça anulou o processo e, por consequência, a condenação de Dantas por corrupção ativa.

No final de 2007, foi deflagrada a Avalanche, operação da Polícia Federal que inicialmente investigava apropriação indevida de dinheiro apreendido durante a operação de fechamento de bingos, mas que culminou na descoberta de diversos outros crimes. Tratava-se de um grupo formado por empresários, despachantes aduaneiros, advogados e policiais civis e federais que praticava extorsão, fraudes fiscais e corrupção. O publicitário Marcos Valério, que ficou conhecido no escândalo do Mensalão em 2006, foi um dos 17 presos pela operação. Em outubro do ano seguinte já haviam sido soltos seis presos temporários. Marcos Valério e seu sócio, Rogério Tolentino, estavam entre os que continuaram na prisão.

Dois anos depois, em 2009, duas operações da Polícia Federal foram deflagradas: a Caixa de Pandora e a Castelo de Areia. A Caixa de Pandora investigou a suposta distribuição de recursos ilegais à base aliada do governo de Brasília, cargo na época ocupado por José Roberto Arruda (DEM). O secretário de Relações Institucionais do governo e ex-delegado da Polícia Civil, Durval Barbosa, teve papel fundamental nas investigações. Ele aceitou colaborar com a Polícia Federal em troca de uma punição mais leve em outro caso de corrupção, revelado pela Operação Megabyte. Um ano antes, essa operação investigou fraudes em contratos com empresas de informática nos governos de Joaquim Roriz (PMDB, 2002-2006) e de José Roberto Arruda, no Distrito Federal.

A Castelo de Areia tinha como alvo principal a empreiteira Camargo Corrêa, acusada de crimes financeiros e lavagem de dinheiro. A revista *IstoÉ* publicou, em maio de 2014, uma reportagem cujo título era "A intocável Camargo Corrêa". Em seguida, o texto dizia: "Toda vez que uma investigação ameaça a empreiteira, provas são anuladas, delegados trocam de função e inquéritos terminam engavetados". Segundo a revista, os diretores teriam pago propina a políticos, partidos e agentes públicos para vencer a licitação de grandes obras. Durante a investigação, foram mencionados nomes de peso, como o do ex-diretor da Eletronorte, Adhemar Palocci, irmão do ex-ministro Antonio Palocci. Em janeiro de 2010, a ação penal contra os diretores foi suspensa por liminar do Supremo Tribunal de Justiça. Em abril de 2011, o mesmo órgão considerou ilegais as interceptações telefônicas da operação e anulou todas as provas obtidas pela Polícia Federal.

Por trás do milagre de Curitiba

O que, afinal, a Lava Jato tem de diferente em relação a todas essas operações anteriores? Essa pergunta tem algumas respostas. Não se trata de uma única característica definitiva. O que há é uma feliz combinação de fatores. O primeiro fator é a boa formação técnica de procuradores, delegados e juízes que hoje temos no Brasil. Eles são selecionados em concursos públicos disputados e treinados nas melhores universidades do mundo, como Harvard e Princeton. Segundo uma reportagem da revista *Época* de fevereiro de 2015, procuradores, delegados e juízes "beberam no Direito Criminal americano e na forma como ele lida com crimes de colarinho branco. É um dos sistemas mais severos – e controversos – do mundo. Enxerga justiça sobretudo na recuperação do dinheiro desviado ou fraudado, com multas pesadas".

Um dos momentos em que o preparo da equipe é mais duramente testado é no enfrentamento dos advogados de defesa. Esse é um dos grandes desafios da Justiça brasileira, uma vez que os defensores dos suspeitos e réus se dedicam, com toda sua robusta bagagem, a encontrar meios legais de parar as investigações. A revista *Época* discorreu sobre eles em outra reportagem, intitulada "Os bastidores inéditos da Lava Jato", publicada em março de 2015. "As mais bem pagas bancas de advogados do país passaram a exercer o legítimo direito de defesa, mirando em falhas da investigação para anular a Lava Jato. O advogado Antônio Carlos de Almeida Castro, o Kakay, já havia anunciado sua expectativa de anular, de novo no STJ, a operação [Lava Jato]". O texto reforça que a sinalização do STJ no caso Lava Jato é diferente se comparado a outra operação do passado. "Quando os advogados esperavam uma vitória à Castelo de Areia *[o relator no STJ Newton]*, Trisotto deu a dimensão da Lava Jato. 'Poucos momentos na história brasileira exigiram tanta coragem do juiz como esse que vivemos nos últimos anos. Coragem para punir os políticos e os economicamente fortes, coragem para absolvê-los quando não houver nos autos elementos para sustentar um decreto condenatório'."

Para Milton Seligman, ex-ministro da Justiça e ex-presidente do Incra no governo Fernando Henrique Cardoso, é no aprimoramento técnico dos integrantes da Polícia Federal e do Ministério Público que reside a principal diferença entre a Lava Jato e as operações anteriores. "Antes, eles não eram capazes de instruir um processo tão bem quanto os advogados que estavam na defesa", afirma Seligman. "A acusação não era capaz, do ponto de vista técnico, de se confrontar com grandes advogados. Os advogados ganhavam todas." Hoje, diz ele, temos um "sistema judicial muito mais capaz". Jorge Pontes concorda: "A diferença da Lava Jato para as outras foi o esmero técnico dos profissionais. Eles trabalhavam para não errar, conversaram muito entre si e são muito especializados, dominam e escrevem muito bem sobre o tema em que atuam".

O jornalista Elio Gaspari escreveu, em sua coluna em *O Globo*, de 11 de fevereiro de 2015, que "comparar a Satiagraha com a Lava Jato seria uma injustiça com o trabalho da PF, do Ministério Público e do juiz Sergio Moro na investigação das petrorroubalheiras". Ele comemora, porém, o fato de a operação atual resgatar crimes descobertos na anterior – agora com potencial punitivo. "Em 2009 a Operação Castelo de Areia chegou às portas da empreiteira Camargo Corrêa, e dois anos depois o processo foi anulado no Superior Tribunal de Justiça por falha processual. Para felicidade geral, as tramas descobertas na Castelo de Areia vêm sendo desvendadas na Lava Jato. Se os diretores da Camargo Corrêa fecharem um acordo de colaboração, melhor ainda."

O segundo fator que colaborou com o sucesso da Lava Jato foram os avanços na legislação. Com a Lei da Organização Criminosa (nº12.850), que passou a valer em 2013, estabeleceram-se procedimentos mais claros para o uso da delação premiada – isto é, um acordo firmado com o Ministério Público e a Polícia Federal no qual o réu ou suspeito de cometer crimes se compromete a colaborar com as investigações e denunciar outros integrantes da organização em troca de benefícios. A delação é apenas um instrumento do processo investigatório. Para que o conteúdo delatado tenha validade é preciso ter provas.

A exemplo do que acontece nos Estados Unidos, a delação premiada, que já era usada no Brasil, ganhou um peso fundamental no desenvolvimento da Lava Jato. Enquanto escrevíamos este livro, já haviam sido fechados 56 acordos com pessoas físicas.

Houve ainda no Brasil, em 2012, o endurecimento da lei contra lavagem de dinheiro, que determinou que qualquer recurso com origem oculta ou ilícita seja enquadrado como lavagem de dinheiro (e não mais apenas os recursos provenientes de tráfico de armas e drogas, crimes contra a administração pública ou terrorismo). No ano seguinte, foi promulgada a Lei Anticorrupção, pela qual as empresas passaram a ser responsáveis e punidas por atos de corrupção contra a administração pública, com multas de até 20% de seu faturamento. Essa lei requer definições e regulamentações complementares, ainda não finalizadas, e políticos estão tentando diminuir sua eficácia. O Vem Pra Rua, auxiliado por um dos maiores especialistas em legislação anticorrupção do Brasil, o jurista Modesto Carvalhosa, está monitorando esse processo para evitar o esvaziamento da lei. Precisaremos de apoio popular para isso, sob risco de votarem modificações espúrias em Brasília, na calada da noite.

O terceiro fator que contribuiu para o sucesso da Lava Jato foram justamente as experiências anteriores, que formaram, na prática, as equipes envolvidas nas operações. A maior preparação dos profissionais está diretamente ligada ao fortalecimento das leis. Segundo a reportagem da revista *Época* de fevereiro de 2015, essa geração de procuradores, delegados e juízes é que batalhou para a mudança na legislação. "Se em alguns casos não conseguiam produzir provas, em muitos outros frustravam-se com leis inadequadas e um Judiciário claramente leniente com os poderosos. Eles se cansaram disso", diz o texto. Em seguida, destaca os frutos dessa disposição em fazer diferente: "Conseguiram por fora (no Congresso, mudando leis) e por dentro (mudando a mentalidade de juízes e investigadores) mudar as regras do jogo. A impunidade não está mais garantida de saída como antes. Nem será assegurada com tanta facilidade nos Tribunais Superiores".

O delegado Márcio Anselmo é parte atuante dessa história e reconhece a importância de uma operação desse porte ser conduzida por um grupo preparado e entrosado. "A maior parte da equipe envolvida na Lava Jato já se conhecia havia anos e, portanto, tinha uma relação de confiança", declarou ele.

O quarto fator que explica o sucesso da Lava Jato é o uso de colaborações internacionais. Até o momento em que escrevíamos este livro, havia 94 pedidos ativos de colaboração para 30 países.

Como começou a Lava Jato

Um ponto que não pode ser deixado de lado em uma análise da Lava Jato é a maneira como tudo começou, e como os fatos se desenrolaram. No início da operação, não se sabia que ela ganharia a dimensão que tomou. Tudo se iniciou em julho de 2009, quando a Polícia Federal começava a apurar em Curitiba um inquérito sobre operação suspeita de lavagem de dinheiro. O foco era uma empresa de Londrina ligada à família do deputado federal José Janene (PP-PR), morto em 2010. Também se investigaria nesse processo o Posto da Torre, um posto de combustível conhecido no Distrito Federal pela venda de dólares no mercado negro. O delegado Márcio Anselmo só se deu conta do tamanho do esquema que estavam desmontando quando a equipe se deparou, nas escutas, com o nome "Beto", que se referia ao doleiro Alberto Youssef. Anselmo já o conhecia da CPI do Banestado, em 2003, que investigou as responsabilidades sobre a evasão de bilhões de dólares (até 2009, a conta estava em US$ 124 bilhões) do Brasil para paraísos fiscais entre 1996 e 2002. Na ocasião, Youssef foi condenado e liberado depois de fazer o primeiro acordo de delação premiada do Brasil, que permitiu a investigação de centenas de crimes. No caso Banestado, foram feitos mais de vinte acordos de colaboração, recuperando-se aproximadamente R$ 30 milhões só em função deles, e foram obtidas 97 condenações. As autuações fiscais decorrentes do caso chegaram a cifras bilionárias e foram feitos mais de cem pedidos de cooperação internacional. Esses resultados só foram ultrapassados pela Lava Jato. Para Anselmo, a aparição de Youssef indicava algo maior.

A partir de Youssef, a Polícia Federal chegou aos políticos envolvidos na Lava Jato. "A operação foi ganhando alicerces maiores", diz Anselmo. "Quando chegou aos políticos, tinha certa blindagem, já tinha decisões do Supremo, ganhou vida própria." Segundo ele, havia várias operações que se depararam com a mesma estrutura criminosa que a Lava Jato descobriu, mas que não conseguiam avançar.

Jorge Pontes destaca ainda outro ponto importante para a continuidade da operação: a seriedade do Tribunal Federal da 4ª Região, localizado em Porto Alegre (RS) e responsável pelas decisões em segunda instância.

"Aquele é um Tribunal de desembargadores seriíssimos. E eles não estão desfazendo nada que o Sergio Moro fez."

A ponta do iceberg

Hoje, porém, a Lava Jato, apesar de todo o sucesso, é ainda um caso isolado. Deltan Dallagnol, coordenador da força-tarefa do Ministério Público Federal na operação, confirma essa condição, em depoimento publicado na revista *Época*, em julho de 2015: "Não acreditamos que a Lava Jato terá o mesmo fim – ou a ausência de um fim – do propinoduto *[escândalo de 2002 envolvendo o ex-governador do Rio de Janeiro Anthony Garotinho]*. A dimensão e a importância do esquema descoberto, que faz da Lava Jato um ponto fora da curva, traz a perspectiva de sua priorização na Justiça, o que pode resultar num julgamento bastante rápido", afirmou. O delegado Márcio Anselmo acredita que não há como a Lava Jato ser anulada e defende seu potencial transformador: "Não tem a possibilidade de retroagir. A operação está aí para provar que é possível atingir o coração da corrupção no país. Desde quem paga até quem recebe, incluindo os intermediários e os agentes políticos".

No entanto, é prudente manter a vigilância, não baixar a guarda e estar preparado para os desafios que teremos pela frente. O próprio Deltan Dallagnol afirma, na mesma reportagem da *Época*, que "não podemos perder a perspectiva: se queremos combater a impunidade e a corrupção de forma eficiente, é necessário mudar o sistema. A Lava Jato cria um ambiente propício para essas mudanças, a fim de evitar que outros grandes casos de corrupção arrastem-se na Justiça por décadas até a impunidade de crimes gravíssimos".

O desembargador federal Fausto De Sanctis, juiz que ocupou a cadeira que hoje é de Moro nos casos Satiagraha e Castelo de Areia, concedeu uma entrevista ao portal UOL em abril de 2016. Na ocasião, foi perguntado se "o fato de, finalmente, grandes empresários estarem no banco dos réus e condenados é um legado da Lava Jato". Ele respondeu: "Não é um legado. É uma esperança. Mas fica um alerta. Ao mesmo tempo em que surge esperança, existe a readaptação do criminoso". Isto é, é ingenuidade pensar que só o "lado de cá" vem se aprimorando. Como uma reação a isso, o "lado de lá" também vai sofisticando seus métodos. É como um vírus, que aprende a viver com os anticorpos e exige que o organismo desenvolva novas munições para combatê-lo. Até porque a Lava Jato é só a ponta do iceberg.

A reportagem da *Época* sobre os investigadores, procuradores e juízes da Lava Jato dá uma ideia da dimensão do que temos pela frente: "O que o Brasil chama de Petrolão é, para eles *[equipe da PF e MP]*, apenas uma parte – embora uma parte mastodôntica – da corrupção institucionalizada do país".

O apoio do Vem Pra Rua à Lava Jato permanecerá até o fim da operação. Continuaremos fazendo sua defesa pelo tempo que for necessário. Somos duas faces da mesma luta contra a corrupção e a impunidade. E que essa seja apenas a primeira de muitas outras Lava Jato. Se outras vierem, que tenham a mesma seriedade e apoio da população. Vamos para a rua lavar este país a jato.

Não é passageiro

Por Colin Butterfield

Uma grande diferença da Lava Jato em relação a outras operações já realizadas no Brasil foi o engajamento da sociedade civil e a vigilância que o cidadão criou para garantir a continuidade do trabalho de policiais federais, procuradores e juízes. O Vem Pra Rua não criou esse sentimento sozinho. Nós e os outros movimentos fomos o estopim, acendendo o país na hora certa. As pessoas estavam prontas para abraçar a causa.

Os cidadãos estavam mais engajados, fartos do que estava acontecendo na política brasileira. Eles já não aguentavam mais o sistema funcionando da maneira como sempre funcionou.

Além disso, com o crescente acesso à internet e a intensa troca de informações no ambiente virtual, criou-se uma rede em que as notícias políticas se espalham rapidamente. A informação circula quase na mesma velocidade com que as pessoas reagem a ela.

Acredito que, no caso da Lava Jato, os profissionais não só estavam muito bem preparados para lidar com os fatos descobertos, como também tinham ideias fortes em relação ao seu papel na sociedade. E essas convicções falam mais alto do que qualquer "carteirada" que possa ser dada por alguém com poder de diminuir a força da operação.

Considerando esses fatores, vejo claramente que o apoio do brasileiro à Lava Jato não foi uma reação passageira. A população se engajou para valer, o que também a levou a aderir aos protestos que ajudamos a organizar. E mostrou aos políticos que não estamos de brincadeira.

CAPÍTULO 10

Mudança no protagonismo

A Operação Lava Jato é um divisor de águas na história do Brasil – assim desejamos e para isso trabalhamos. Mas está claro que, por enquanto, ela é uma exceção à regra, um ponto fora da curva. E, para que se torne parte do que gostaríamos de chamar de "normal" no Brasil, não podemos depender apenas de Sergio Moro e sua equipe. Nem de outros Sergios Moros que venham a surgir no futuro. É claro que seria maravilhoso para o país que juízes com a determinação e coragem dele fizessem escola. Não podemos, porém, contar apenas com isso para reverter um mal como a corrupção, tão enraizada nas entranhas da nossa política e da nossa sociedade civil. De nada adianta ter uma Operação Lava Jato se continuarmos aceitando dar um "jeitinho" no ambiente corporativo, se toparmos receber "por fora" para levar uma vantagem, se continuarmos a furar a fila para que prevaleçam os nossos interesses – as pequenas corrupções, que consideramos menores e para as quais teimamos em fechar os olhos. De nada adianta uma Operação Lava Jato se os políticos nela citados continuarem se elegendo, e se os empresários continuarem aceitando jogar o jogo como ele está posto hoje. De nada adianta uma Operação Lava Jato se os brasileiros não mostrarem que a corrupção é intolerável – essa atitude começa no dia a dia.

Cabe a cada um de nós fazer a sua parte. No campo da política, isso pode significar candidatar-se e ocupar cargos públicos. Mas não é preciso ter atuação direta para participar ativamente da condução do país, pois há um momento crucial na democracia: eleições. Antes e depois. Escolher os candidatos com atenção é fazer sua parte. Saber quem são, o que já fizeram efetivamente, o que pensam e o que planejam realizar significa tomar as rédeas das decisões que serão executadas em seu nome. É responsabilizar-se pelo futuro do Brasil. Porém, tão ou mais importante do que isso é acompanhar os políticos eleitos no decorrer de seu mandato. É cobrar, fazer pressão para que cumpram o que prometeram, para que decidam pelo bem do país, para que se posicionem – e não fiquem em cima do muro jogando para os dois lados. Afinal, os políticos estão lá para nos representar e não para agir de acordo com as próprias vontades. É escrever e ligar para o político no qual você votou, dizendo: "Escuta, eu votei em você. Eu e a maioria queremos que você vote assim".

Fazer sua parte é também adotar uma postura individual coerente com o que você espera de seus representantes políticos. É agir de acordo com a ética. É ter a transparência e a confiabilidade que você espera dos outros, seus políticos incluídos. Na prática, isso significa uma mudança importante na maneira com a qual estamos acostumados a viver e a nos relacionar. Do ponto de vista profissional, é urgente que se pare de propor e aceitar acordos ilícitos ou mesmo duvidosos, seja um empresário, um executivo ou um operário. A intolerância à corrupção precisa ser um valor compartilhado todos os dias, por toda a sociedade. Dessa forma, será natural que os nossos representantes políticos reflitam sobre esse comportamento. Não vamos esquecer: os parlamentares são parte da nossa sociedade.

Mesmo hoje, depois de tantas manifestações que levaram milhões e milhões de pessoas às ruas, ainda há quem duvide da perenidade do Vem Pra Rua e dos movimentos em geral. Estão duvidando, na verdade, é da mudança de conduta do cidadão brasileiro. Duvidar e não dar o exemplo é o mesmo que reclamar e não fazer nada – o princípio que norteou a criação do Vem Pra Rua. Precisamos seguir em frente agindo, nos detalhes do dia a dia, deixar claro que não baixaremos nossas bandeiras e que as causas que abraçamos são, de fato, inegociáveis.

O senador Ronaldo Caiado (DEM-GO) foi um dos parlamentares que abraçaram a nossa causa desde o começo dentro do Senado. Ele reforça a importância de manter essa nova postura que os brasileiros que foram às ruas demonstraram nos últimos meses. "Essa mudança será suficiente ou apenas mais um lado da história que contaremos depois? Esse é o nosso grande desafio daqui para a frente. A continuidade das ações, a cobrança, a representatividade nas eleições de 2016. E, em 2018, termos um Congresso muito mais sintonizado com a pauta da sociedade brasileira do que com aquela pauta fisiológica, corrupta, oportunista, que visa muito mais a reeleição e o fortalecimento partidário, assim como foi até agora."

Um tripé que não se sustenta

Para que a mudança de atitude seja real, profunda e duradoura, temos que mexer em comportamentos arraigados dos brasileiros. Em nossa opinião, há um tripé de atitudes na raiz dos problemas que o país enfrenta: (1) o conformismo; (2) a omissão; e (3) o baixo senso comunitário. Esse tripé ajuda a explicar por que andamos tão devagar na política, por que a corrupção chegou ao ponto em que chegou, por que as relações são baseadas em trocas nem sempre legítimas, e por que nada disso muda. Na verdade, não temos certeza do que originou esses comportamentos nem estamos preocupados com isso. Queremos, sim, é que seja diferente daqui para a frente. Para isso, basta consciência, vontade e atitude.

1. O conformismo

Somos um povo altamente conformista. Temos uma capacidade muito além do saudável de aceitar tudo como é, de tolerar o *status quo* sem questionar. É possível identificar esse conformismo nas mais diversas situações. Por exemplo, uma pessoa que não tem condições de pagar um convênio médico leva o filho com uma doença grave a um hospital público. Chega lá e é mal atendida, entra em uma fila imensa do pronto-socorro e aceita tudo isso como se não houvesse outra forma de ser. Pensa: "É assim mesmo". Muitas crianças têm uma qualidade de ensino péssima nas escolas públicas, mas os pais se consolam dizendo: "Pelo menos, meus filhos têm merenda, livro e uniforme, o que é melhor do que eu tive".

Não sabemos bater o pé, bater na mesa, bater panela. Não sabemos nos revoltar quando é preciso. Essa postura tem origem, em grande parte, na crença de que cada um é um só e não consegue, sozinho, mudar o sistema. E essa crença nos leva à omissão.

2. A omissão

De modo geral, nós, brasileiros, somos extremamente omissos. As pessoas da iniciativa privada, em especial, são omissas. O que significa isso? Se estamos bem, felizes, ganhando dinheiro e educando nossos filhos, não nos importamos de viver em uma redoma de vidro enquanto convivemos com a corrupção e a desordem. Não importa se precisamos usar carros blindados para sentir segurança vendo pessoas passando fome do outro lado da rua. Não nos sentimos mal com isso porque nos acostumamos, e não queremos sair desse mundo de conforto para correr riscos e tentar resolver os problemas do país.

Uma vez, em um anfiteatro de uma das melhores universidades do Brasil, lotado com 250 jovens, aqueles considerados as "melhores cabeças" do país, Colin perguntou:

– Quantos de vocês querem se engajar em vida pública?

Duas pessoas levantaram as mãos. E até essas demonstraram certa vergonha pelo desejo de trabalhar na gestão pública. Esse é o nosso grande problema. Enquanto 37% das riquezas brasileiras vão para o governo por meio de impostos, menos de 1% das melhores cabeças do Brasil quer ir para a política. Quem tem essa vontade geralmente tem medo de encerrar a própria carreira. "E se eu não jogar o jogo, será que não conseguirei nunca ir para o lado de lá?", perguntam-se. Às vezes, essas pessoas se esquecem de que trabalhar na gestão pública não requer candidatar-se a algum cargo eletivo. Também é possível exercer funções executivas não eletivas.

Essa omissão vem piorando década após década, porque os próprios políticos criaram uma cortina que inibe a entrada de novos integrantes. Através de um sistema político-eleitoral falido – mas que os protege –, não abrem espaço para as pessoas que não jogam o jogo sujo atravessarem para o lado deles. A qualidade dos parlamentares brasileiros hoje é fruto da nossa omissão.

3. O baixo senso comunitário

Vivemos um paradoxo: por um lado, somos o país mais caloroso do mundo, nos abraçamos, nos beijamos, falamos "eu amo você", tomamos chope juntos. Por outro lado, temos um senso baixíssimo de comunidade. Ou seja, as pessoas vão para os bares, festas e praia juntas, adoram os amigos, até o dia em que um precisa do outro de verdade. Nessa hora, infelizmente, na maioria das vezes, é cada um por si.

A realidade é que nos preocupamos muito pouco com o outro. Temos preocupação mesmo com a nossa família e com os amigos mais próximos.

Esse comportamento individualista é ruim para nós mesmos. Porque nos faz uma sociedade fragmentada. Todo país de Primeiro Mundo, desenvolvido, tem em sua sociedade pessoas com senso de comunidade muito maior. Elas sabem que, para melhorar o todo, é preciso participar do coletivo. Não adianta se preocupar apenas consigo próprio. É necessário olhar, se importar e compartilhar com as outras pessoas, conhecidas ou não.

Para nós, esse tripé – conformismo, omissão e baixo senso comunitário – é um retrato da sociedade, que se reflete nos personagens e na dinâmica da política atual. Basta dizer que passamos por um escândalo como o do Mensalão (2005), chamado às claras pelos ministros do Supremo Tribunal Federal de "quadrilha" e de "organização criminosa", explicitamente descrito no julgamento do STF como uma ação que visava a subordinação de nossa democracia aos interesses criminosos de um grupo no poder, e não fomos às ruas, não nos mobilizamos como sociedade. Nossa omissão e nosso conformismo eram tais que o mesmo grupo político, a despeito do Mensalão e de inúmeros outros casos de menor escala, mas de mesma natureza, continuou no poder, venceu três eleições consecutivas (2006, 2010 e 2014) e, após o Mensalão, só aumentou as práticas criminosas.

Para mudar a realidade, é preciso primeiro repensar esses três pilares que sustentam o nosso modo de ser, muitas vezes de forma não intencional. São atitudes que se reproduzem. Mas é possível modificá-las a partir do momento que tomamos consciência delas e do quão nocivas são para as nossas vidas. Uma mudança de postura basicamente se resume a olhar menos para o nosso próprio umbigo, a olhar mais para o todo e a não ter medo de agir para transformar aquilo que tanto nos incomoda.

A teoria precisa de prática

No dia 7 de julho de 2011, o jornalista e escritor espanhol Juan Arias publicou, no jornal *El País*, um artigo que, lido nos dias atuais, soa como um chamado. A começar pelo título: "¿Por qué los brasileños no reaccionan ante la corrupción de sus políticos?" (Por que os brasileiros não reagem diante da corrupção de seus políticos?). Ele começa citando o fato de que, em seis meses no cargo de presidente da República, Dilma Rousseff teve que enfrentar a perda de dois ministros fundamentais para o seu governo: Antonio Palocci, da Casa Civil, e Alfredo Nascimento, dos Transportes. Ambos pelo mesmo motivo: suspeitas de corrupção. Diante dos fatos, Arias afirmava que os sociólogos se perguntavam por que nesse país, onde a impunidade de seus políticos corruptos chegou a criar uma verdadeira cultura de que "todos são ladrões" e de que "ninguém vai para a cadeia", não existia um fenômeno, em voga no mundo todo, que é o movimento dos indignados. Em 2016, após tomar posse interinamente, Michel Temer passou por processo semelhante, perdendo três ministros por posicionamento contra o combate à corrupção.

Ele segue o texto com perguntas como: "Os brasileiros não sabem reagir à hipocrisia e falta de ética de muitos dos que os governam? Não se importam de que tantos políticos que os representam no governo, no Congresso, nos estados ou municípios, sejam sabotadores imperturbáveis do dinheiro público?". E, ao final, toca no ponto crucial: "Este Brasil que os honestos sonham deixar como herança a seus filhos e que – também é verdade – é ainda um país onde sua gente não perdeu o gosto de desfrutar do que tem, seria um lugar ainda melhor se houvesse um movimento de indignados capaz de limpar as escórias da corrupção que abrange hoje todas as esferas do poder".

O Vem Pra Rua nasceu na esperança de preencher esse buraco.

A mudança já começou

É injusto, contudo, não reconhecer as mudanças de comportamento que a sociedade brasileira já vem sinalizando desde outubro de 2014, quando fundamos o Vem Pra Rua. Não só esse movimento, mas os outros que hoje existem só ganharam força porque mais e mais pessoas se engajaram nas causas em favor do Brasil.

Quando seria possível imaginar que a população que a tudo parecia assistir passivamente estaria se mobilizando nas redes sociais e nas ruas pouco mais de duas semanas após um segundo turno de eleição presidencial? Quando teríamos imaginado que a sociedade que assistiu ao Mensalão e às três eleições petistas que se seguiram agora seria capaz de manter um sincero interesse no nosso destino político, vigiar os desmandos e desvios dos políticos e, sobretudo, efetivamente fazer alguma coisa? Pois bem, foi o que aconteceu.

Ao longo desses quase dois anos, o país passou por mudanças tão impactantes que nossas opiniões e impressões anteriores acerca da sociedade em que vivemos ficaram obsoletas. Em grande medida, pensamos que isso se deve justamente ao fato de que essas mudanças partiram das pessoas e de algumas poucas e corajosas instituições prestigiadas e apoiadas por elas.

Essa crescente participação política da população somente foi possível graças a diversos fatores: os avanços da sociedade brasileira com as condenações dos culpados no julgamento do Mensalão; os desdobramentos das investigações da Lava Jato; a cobrança de políticos, que não estavam acostumados a ser pressionados pela população como um todo, sem interesses setoriais. Diante desses fatores, e à medida que começamos a desenvolver ferramentas para que as pessoas os cobrassem constantemente (como as manifestações e o Mapa do Impeachment), surgiu uma nova possibilidade para o Brasil.

As mudanças, porém, só começaram. E, se por um lado devemos celebrá-las, por outro é importante termos o compromisso de incorporá-las ao nosso dia a dia. Não queremos que as pessoas esperem o convite para uma manifestação para, então, despertarem sua capacidade de ação. Sem dúvida, um primeiro impulso partiu dos movimentos, que convocaram todos a se levantarem do sofá e ajudarem a fazer a diferença no país. Agora é a hora de cada um assumir esse compromisso consigo mesmo. O compromisso de fazer sua parte como cidadão, o que significa responsabilizar-se pelo que acontece em sua casa, em seu bairro, em sua cidade, no Congresso Nacional e no Palácio do Planalto.

Falamos disso com conhecimento de causa, pois só chegamos até aqui porque também mudamos a nossa atitude. Até 2014, nós nunca havíamos nos engajado efetivamente em nenhuma causa cívica. Estávamos, como a maioria, descontentes, mas inertes diante dos problemas políticos. Havia ainda um agravante: o risco de expor as nossas carreiras e as nossas famílias ao comprar uma briga nacional. Mas percebemos que, ao não fazer nada, estaríamos ajudando a perpetuar o problema. E perderíamos, inclusive, o direito de reclamar. Tínhamos que fazer nossa parte.

Novos tempos, novos conceitos

Nesse caminho, descobrimos um sentimento novo: a alegria cívica. Ela se traduz na alegria de manifestar a nossa raiva e indignação de uma forma construtiva. É uma sensação de felicidade pelo dever cumprido, por ter feito sua parte.

A alegria cívica é um bem-estar parecido com aquele que você sente depois de fazer ginástica e perceber que ficou mais saudável. As ações que organizamos, seja nas ruas ou não, tornam a sociedade mais saudável, e quem participa fica mais tranquilo.

Desde que começamos o Vem Pra Rua, notamos que nosso nível de revolta com os problemas brasileiros passou a ser muito menor. Quando nos deparamos com uma realidade absurda, inadmissível, injusta, simplesmente nos perguntamos: "Podemos fazer alguma coisa para mudar isso, mesmo que aos poucos?". Se a resposta é sim, fazemos. Se a resposta é não, voltamos nossa atenção para onde podemos agir. E assim trocamos reclamação por ação, indignação por consciência tranquila.

Assim como nós, qualquer um pode fazer o que está ao seu alcance. Independentemente da idade, da classe social, da profissão, do tempo livre que tem. Faz parte da missão do Vem Pra Rua inspirar as pessoas para que deixem sua zona de conforto e experimentem o prazer de contribuir com a construção de um país melhor. Chega de esperar que alguém faça isso por você.

Não vamos dizer que exercer seu papel de cidadão não dá trabalho.

Dá, sim. Tem seus custos, que não são baixos. Mas é um preço muito mais baixo do que o de ter no governo políticos que não representem os nossos interesses, comprometendo não apenas a nossa, mas as gerações futuras. Nós todos, que fizemos o Vem Pra Rua acontecer, dentro e fora das ruas, nos sacrificamos pelo movimento. Financeiramente, investindo dinheiro do nosso bolso quando necessário para pagar os eventos. Sacrificamos as nossas famílias, por exemplo, por estarmos ausentes de casa em diversos momentos. Tivemos menos tempo para amigos e descanso. Tivemos que administrar nosso tempo para dar conta do nosso trabalho e de nossas atribuições dentro do movimento. Arriscamos expor nossas empresas por causa da atenção que passamos a chamar como pessoas físicas. Enfim, corremos riscos. Mas valeu a pena. Chegamos aqui mais fortes do que quando começamos. Ganhamos suporte e inspiração do próprio grupo, formado por pessoas na mesma situação, com os mesmos desafios, mas abraçadas à mesma causa.

Hoje sentimos orgulho de tudo que fizemos, mas também de cada brasileiro que, à sua maneira, também mudou de atitude. Sentimos orgulho quando vemos que as pessoas falam muito mais de política do que falavam antes. Para nós, o simples fato de estarmos em um círculo de amigos e vermos que todos debatem política com mais afinco demonstra que uma parte da nossa missão está acabando. As pessoas aprenderam que devem trazer os temas de Brasília para o centro da conversa e transformar essas conversas em ação. Caso contrário, não mudaremos o Brasil.

Agora é seguir em frente e influenciar cada vez mais pessoas para o mesmo propósito. Se não nos engajarmos politicamente, se não houver uma renovação de candidatos, com pessoas do bem fazendo carreira pública, não conseguiremos transformar este país. A cidadania renasceu nos últimos dois anos. Está viva. Precisamos manter essa chama acesa para realmente construirmos um país novo.

Cartas aos presidentes

Para reforçar nossos compromissos como cidadãos, em dezembro de 2015 o Vem Pra Rua publicou um artigo na *Folha de S.Paulo*, redigido e assinado por Chequer, intitulado "Carta aberta à presidente Dilma". O objetivo era enfatizar a mudança de comportamento dos brasileiros e responsabilizar a então presidente por seus atos ilícitos. O texto dizia:

"Escrevo esta carta para lembrá-la de que cidadãos brasileiros não mais ficam calados diante de atitudes que os desrespeitem.

(...)

A senhora critica o fato de Eduardo Cunha ter encaminhado o pedido de impeachment e questiona a credibilidade do ato. Presidente, o pedido de impeachment não é de Cunha. É da sociedade brasileira.

Ele foi redigido por três advogados que apontam claramente todos os crimes de responsabilidade pelos quais a senhora será julgada. O pedido também foi assinado por representantes de movimentos sociais que levaram e continuam levando milhões de brasileiros às ruas."

Cinco meses depois, em maio de 2016, foi a vez de Temer receber a nossa carta, publicada pelo mesmo jornal. A mensagem era a de que os brasileiros não desistiriam de lutar por um novo país. Não se tratava de fogo de palha. Portanto, suas atitudes como governante seriam monitoradas de perto pelos cidadãos agora engajados, como mostram os trechos a seguir:

"O Brasil está prestes a assistir a um momento histórico: o afastamento da presidente da República. Mais importante ainda, um afastamento originado e motivado pela sociedade civil brasileira.

Há 24 anos, a ideia do impeachment de Fernando Collor nasceu numa reunião de políticos e foi depois encampada com euforia pelos "caras pintadas", cheios de esperança.

De lá para cá, pouco mudou. Dez anos depois, a República foi tomada por um grupo com um plano maquiavélico, ilegal e egoísta.

Após a revelação do Mensalão, mesmo com o esforço corajoso de alguns juízes e de provas inequívocas de como o poder era tratado por Lula, pouco aconteceu além de alguns empresários e políticos presos.

A sociedade comemorou em casa. O impeachment de Collor e o Mensalão não foram capazes de mudar o Brasil.

Agora, senhor presidente, na iminência de sua posse, temos uma nova chance. E essa chance vem de um processo bem diverso do de 1992.

Um relatório técnico, elaborado pelo TCU (Tribunal de Contas da

União), escancarou uma tenebrosa face da prática política do governo Dilma. Entretanto, desta vez, indignado pelas descobertas da Operação Lava Jato, o povo decidiu tomar o destino em suas mãos e exigir justiça.

Milhões de pessoas foram às ruas de forma pacífica, ordeira e constitucional, no que se configurou uma das maiores manifestações sociais da história do Brasil.

Aos poucos, um pequeno grupo de parlamentares, que se alinhara com a população desde o início, ganhou corpo e cresceu até atingir a significativa maioria do Congresso. Essa maioria, por fim, implementou a vontade das ruas no Parlamento.

(...)

O movimento Vem Pra Rua teve o privilégio de atuar com protagonismo neste processo. Nasceu com objetivos de médio e longo prazo, dentre os quais o afastamento da presidente e do estilo lulopetista de governar. Diante da iminência desse fato histórico, é crucial que tanto o senhor como a população saibam o que esperamos de sua administração e pelo que lutaremos.

(...)

Senhor presidente, o povo foi às ruas por mudanças e conta com seu comprometimento e sua coragem para implementá-las. A reconstrução da nação terá de considerar necessariamente o que se ouviu em uníssono nas ruas do Brasil."

Corrupção e Petrobras... hein?!

Enquanto lutávamos pelo fim da corrupção e da impunidade, levantando a bandeira da Lava Jato, descobrimos que o nosso discurso não tinha muita força para alguns brasileiros. Nunca vamos esquecer quando, em um sábado à tarde, a Janaína, integrante do Vem Pra Rua, marcou uma feijoada em um restaurante no Capão Redondo, distrito de periferia na região sudoeste de São Paulo. Nós dois, a Renata, o Chade e a Adriana Franco fomos recebidos por cerca de cinco líderes comunitários. Aquela foi uma das tardes em que mais aprendemos na vida sobre a realidade da periferia.

Um dos líderes comunitários começou a conversa dizendo:

– Por que vocês ficam aí falando esse negócio de corrupção, corrupção, corrupção? O problema do Brasil não tem nada a ver com corrupção. O problema do Brasil é falta de segurança, falta de escola, falta de saneamento básico. Esse negócio de corrupção é coisa de coxinha.

Ficamos perplexos ao nos dar conta de que não estava claro que a corrupção é um dos principais empecilhos para o país se desenvolver nas áreas de segurança, educação, saneamento básico, entre outras. É a corrupção que corrói o sistema e o desvia de seu caminho originalmente traçado. É a corrupção que desalinha interesses de representatividade. É o caixa dois que impede que tenhamos investimentos mais robustos e que gerem resultados melhores nessas frentes.

Perguntamos a ele:

– Você tem ideia do impacto que tem a corrupção no Brasil sobre a segurança, a educação e o saneamento básico?

Ele não tinha ideia. Não sabia o que era realmente corrupção ou o seu impacto. Porque ele não sentia diretamente esse impacto em seu bolso. Mas sentia, indiretamente e sem saber, nas reclamações que acabara de fazer. Para ele, corrupção era algo etéreo, longe, intangível. Brasília era como uma ilha da fantasia. Existe um hiato imenso entre a realidade da maioria da população e a realidade do Distrito Federal. E esse desconhecimento promove a continuação do problema.

Falamos bastante sobre o tema. Aquela visita nos abriu os olhos para novas realidades. O nosso grande aprendizado foi reconhecer o abismo que existe entre as nossas referências e as deles. Ficou claro que precisamos estabelecer um diálogo esclarecedor com as periferias brasileiras, para que os problemas do Congresso Nacional não pareçam distantes delas. Uma de nossas grandes reflexões daquele dia em diante passou a ser: como mostrar à periferia o porquê de o Brasil estar onde está?

Uma situação parecida foi vivida por outra integrante do Vem Pra Rua. Ela conversava frequentemente com a funcionária que trabalha em sua casa sobre o movimento do qual participava, que visava combater a corrupção. Era comum falar sobre a Petrobras e os absurdos que dirigentes e políticos haviam feito com a empresa. Pouco antes do segundo turno, a moça passou a ver panfletos do movimento e outros materiais de divulgação na casa da nossa colega. Até que, passadas as eleições, ela perguntou:

– Mas, afinal, o que é a Petrobras?

Esse episódio também nos deu um choque de realidade parecido com o vivido na feijoada no Capão Redondo. Reforçou nosso entendimento de que é preciso haver uma conscientização. Ela tem que acontecer em várias frentes. Uma delas é conhecida de todos, a educação básica e suprapartidária. Outra, de conscientização política e atuação cívica, nós encamparemos como movimento. E para isso precisamos de ajuda.

Políticos fora da zona de conforto

O Vem Pra Rua já provou que sabe agitar milhões de pessoas para pressionar os políticos nas ruas. Mas nossa intenção é desenvolver mais ferramentas que permitam que as pessoas se manifestem também individualmente, de onde estiverem. O Mapa do Impeachment foi a primeira experiência nesse sentido. Convocou todo cidadão que, assim como nós, queria o impeachment de Dilma, a trabalhar de onde estivesse, no tempo que conseguisse, enviando e-mails, mensagens nas redes sociais e telefonando para pressionar os parlamentares indecisos ou contrários ao afastamento da presidente.

A nossa primeira experiência foi bem-sucedida. Usamos a base de milhares de pessoas que hoje fazem parte dos nossos grupos nos aplicativos de smartphones, os milhões de brasileiros que passam pela nossa comunidade no Facebook, e transformamos essa equipe espalhada pelo Brasil em um exército lutando pelo país. Fizemos uma pressão monumental sobre os parlamentares. E isso nos orgulha muito.

Foi a primeira vez que vimos o povo brasileiro cobrando seus representantes em relação ao trabalho que é obrigação deles realizar. É isso que desejamos perenizar com o Vem Pra Rua: a política no centro da cidadania.

O nosso maior indicador de sucesso é ver, pela primeira vez, os políticos com medo de tomar uma decisão, com medo de que um voto possa afetá-los nas próximas eleições. Porque nós prometemos e vamos cumprir: reclamaremos os nomes daqueles que votaram contra o impeachment nas próximas eleições. Relembraremos a toda a população quem foram os deputados e senadores contra o rompimento com uma situação tão árdua quanto aquela em que o Brasil se encontrava no momento do afastamento de Dilma. Mais ainda: nas próximas eleições, divulgaremos listas de todos os parlamentares que, até a última hora (até duas semanas antes da votação) esconderam seu voto dos eleitores que os elegeram representantes. Ele ou ela não merecem mais esse cargo nem qualquer outro cargo eletivo.

O senador Ronaldo Caiado lembra a irritação dos colegas com tamanha pressão popular. "Como o Mapa do Impeachment foi muito bem montado, com uma análise detalhada de cada parlamentar e o acompanhamento diário, é lógico que o político passou a ficar incomodado", diz ele. "Eles chegavam em suas bases políticas e os líderes falavam: 'Não dá mais para fazer política para você porque agora você está contra o impeachment'. Aqueles que ainda estavam tentando segurar os ministérios, manter os benefícios concedidos pelo governo, negociar, chantagear até o último momento ficaram incomodados. E começaram a sofrer as consequências junto à base eleitoral, o que trouxe uma irritação ímpar àqueles que realmente queriam jogar o jogo duplo."

O deputado federal Nelson Marchezan Junior (PSDB-RS) também presenciou o incômodo dos colegas. "Era como se eles se perguntassem: 'Como esse bando de eleitores para os quais eu nunca dei satisfação está nas ruas e nas redes sociais pedindo satisfação? '. O Mapa (do Impeachment) foi a ponta do iceberg, mas foi a forma mais explícita e direta de fazer a cobrança, e incomodou. Porque não era um sindicato pedindo aumento. Com isso é fácil lidar. Ele vota o aumento e pronto. Agora, quando é a população se posicionando contra a corrupção, querendo mudar o Brasil, pedindo mais serviços públicos, perguntando por que não foi feito até agora, começando a cobrar por apoios e amizades políticas, isso realmente incomodou e abalou o Congresso, que ficou com muito mais dúvidas do que certezas."

Se não fosse a voz das ruas...

Quando começamos a fazer manifestações, em 2014, os políticos inicialmente resistiram a nos levar a sério. Não entenderam, no início, que aquele era um movimento diferente de todos os outros que o Brasil conhecera. O senador Ronaldo Caiado conta que, no começo dos protestos, os parlamentares faziam comentários como: "Isso aí vai acontecer, mas depois se desidrata, depois as coisas não vão ter continuidade". O deputado Nelson Marchezan Junior diz que as mobilizações foram recebidas pelos seus colegas sem uma compreensão do que representavam. "Na primeira e na segunda manifestação, ninguém sabia direito o que significavam. Alguns partidos tentaram se beneficiar. Outros tentaram interpretar se era de oposição ou de governo. As pessoas irem às ruas sem serem incentivadas pelo dinheiro público foi uma coisa diferente, nova no Brasil." É compreensível que os nossos protestos tenham gerado pontos de interrogação nos parlamentares. Afinal, todos os atos similares que aconteceram no país não tiveram a mesma perenidade que o Vem Pra Rua já demonstrou ter.

É verdade que as Diretas Já, em 1984, levaram mais de 1 milhão de pessoas às ruas. Mas, segundo o historiador Marco Antonio Villa, fizeram isso com o "apoio público do governo do estado, que abriu inclusive o metrô para a manifestação". Entre outros livros, Villa é autor de *Ditadura à brasileira*, *História das Constituições Brasileiras* e, o mais recente, *Collor Presidente*, que remonta a rápida passagem de Fernando Collor de Mello pelo mais alto cargo público do país até sofrer impeachment em 1992.

Villa reforça também que o processo de impeachment de Collor difere do de Dilma em pontos fundamentais. De acordo com o historiador, uma das divergências entre os dois acontecimentos é que a mobilização pelo impeachment de Collor "nasceu nos partidos políticos e teve a forte presença de alguns governadores na organização dos grandes atos públicos. Isso foi radicalmente distinto do processo que nós vimos em 2015 e 2016". Por quê? "Pela primeira vez, a sociedade civil se auto-organizou contra o Estado brasileiro. E venceu", afirma ele. "Essa vitória em um país de tradição autoritária como o nosso é algo que nunca havia ocorrido aqui. E mais: eu realmente desconheço um processo como esse na história da América Latina."

O ex-ministro-chefe da Secretaria de Aviação Civil Moreira Franco (PMDB-RJ), um dos principais aliados de Michel Temer, já defendia, em

2 de março de 2016, em entrevista concedida à *Folha de S.Paulo*, que o impeachment seria "resolvido na rua". *[Na ocasião]* "Todas as pesquisas dão 60% a favor do impeachment, 40% contra. É muito pouco para a realização de um mecanismo institucional tão forte. Enquanto for assim, ocorrerá o que estamos vivendo hoje: a maioria é favorável, só que não tem força para realizar o seu desejo." Em outro trecho, chama a atenção para a negligência do Estado: "O governo, que fica tão preocupado, deve cuidar melhor da rua", referindo-se à estratégia do Planalto de focar seu combate ao afastamento de Dilma associando o movimento à figura do presidente da Câmara, Eduardo Cunha (PMDB-RJ).

Semelhanças e diferenças com 2013

O Vem Pra Rua nasceu em um contexto em que convergiram uma crise moral, uma crise econômica e uma crise política. A moral sustentava a causa maior do movimento, aquela que nos manterá vivos e atuantes daqui para a frente: uma renovação política, o fim da corrupção e da impunidade. O povo já dava sinais, inclusive com os protestos de 2013, de que estava cansado o bastante para começar a agir. A crise econômica mexeu no bolso dos brasileiros, tornando cada vez mais tangíveis os efeitos de um governo sem escrúpulos. A crise política tomou forma, principalmente na figura da presidente Dilma Rousseff, que ficou isolada do Congresso Nacional e acabou afastada de seu cargo por força da população. Essa mistura criou uma "situação explosiva", nas palavras do senador Ronaldo Caiado. "Uma equação dessa não tem como fechar em coisa boa", diz o político. Essa percepção, segundo ele, é que levou o Parlamento, já sob pressão das ruas, a considerar o impeachment da presidente. "O Congresso foi sentindo que a água chegou ao pescoço; ou seja, ou começava a mostrar uma iniciativa de analisar o processo de afastamento da presidente, diante de todos os fatos ocorridos e denúncias existentes, ou ficaria claro para as pessoas que aquela não era uma casa de representatividade da sociedade, mas, sim, de representatividade do governo. Foi um processo gradual."

Nas primeiras manifestações de 2014, muitas pessoas confundiram o Vem Pra Rua e outros movimentos com a onda de protestos que ocorreu em 2013. Há uma semelhança: em ambos os casos, era a sociedade civil indo para as ruas manifestar sua insatisfação com a conduta dos governos. No entanto, o discurso, e consequentemente a semelhança entre os dois, parava por aí. "Elas [as de 2013] só sabiam dizer que estava ruim, que não confiavam mais em partidos", afirma o deputado Marchezan, "e isso angustiou Brasília". O que assustava, segundo Marchezan, era a espontaneidade das manifestações. "Era tão sem liderança que os políticos não tinham como comprá-la, não tinham como ameaçá-la nem denegri-la. Foi pânico total."

O Vem Pra Rua e outros movimentos que nasceram entre 2014 e 2015 surgiram com a pauta mais objetiva. O deputado federal Marcus Pestana (PSDB-MG) define essa mudança como um "amadurecimento" impulsionado pela eclosão da Lava Jato. "Aquela energia, que já havia aparecido em 2013, começou a tomar forma de conteúdo mais definido no início de 2015. Percebo que o Vem Pra Rua e outros movimentos tiveram um refinamento da agenda. Mas foi surpreendente a dimensão que tomou. Ninguém esperava." Pestana participou da leitura do manifesto em Brasília em abril de 2015 e considera esse diálogo entre o povo e o parlamento importante para conquistas de longo prazo. "Foi a primeira vez que movimentos populares se dirigiram às instituições e aos partidos. Porque notaram que a mobilização ia se esvaziar caso não tivesse objetivo claro e uma sequência, e isso dependia do Congresso."

Muitos nos questionam sobre nossa interlocução com políticos. A nossa posição é simples. Estamos abertos a conversar com qualquer governante e parlamentar de qualquer partido se acharmos que eles podem nos ajudar com as nossas causas. Nós, como movimento social, não temos nenhuma autoridade para criar ou alterar leis. Esta é uma prerrogativa dos parlamentares. Só podemos pressioná-los a fazer o que consideramos justo e o que é desejo da sociedade. Dependemos deles para as mudanças e precisamos deles. Nossa posição suprapartidária não significa que somos apolíticos, contra a política ou contra todos os políticos. Não cruzaremos nossa linha ideológica ou ética em troca de quaisquer benefícios. Mas o diálogo está sempre aberto.

Entre os políticos que nos ajudaram no processo – alguns já mencionados neste livro – estavam Ronaldo Caiado (DEM), Mendonça

Filho (DEM), Raul Jungmann (PPS), Rubens Bueno (PPS), André Moura (PSC), Carlos Sampaio (PSDB), Gilberto Natalini (PV), entre outros.

O que a dona Maria tem a ver com isso

O vereador Gilberto Natalini (PV-SP) define a política brasileira pré-impeachment como "uma casa de aposta de quinta categoria". "Nesse contexto, o Vem Pra Rua teve o papel fundamental de dizer: 'Espera aí, isso não é o que nós queremos para a nossa República. Nós queremos outra prática'. E isso gerou um impacto enorme dentro da Câmara dos Vereadores também. Aqui, poucos amam, muitos temem e outros poucos odeiam o Vem Pra Rua", afirma.

Para ele, o nosso papel foi principalmente o de catalisador de um sentimento da população. "O Vem Pra Rua juntou o que as pessoas sentiam, colocou o impeachment na pauta do país, fez uma costura política enorme e transformou o Brasil em um laboratório de debate."

A palavra usada por Natalini para definir o papel do Vem Pra Rua – "catalisador" – traduz de fato a nossa vocação: ser um palco para a manifestação da indignação das pessoas, nas ruas ou fora dela. Não somos uma instituição, não somos ligados a partidos nem a entidades públicas ou privadas e, portanto, não temos agendas ocultas. Nascemos e estamos crescendo para representar o povo brasileiro em toda a sua heterogeneidade. Para representar a dona Maria e o seu João, como define o deputado Marchezan, que nunca tiveram voz ativa. "É preciso que exista esse movimento que organiza o discurso da dona Maria e do seu João, independentemente de setores. O que tínhamos, até então, era o grupo dos médicos lutando por melhorias para o setor deles; outros, defendendo o baixo preço do transporte público; ou os servidores, indo atrás de seus interesses. O Vem Pra Rua conseguiu criar uma comunicação acessível e organizada para falar em nome da sociedade civil toda, acima de interesses setoriais, de interesses partidários e, o que é importante, sem rejeitar a política nem qualquer outro movimento."

Nosso convite é para que a dona Maria, o seu João e todos os outros brasileiros encontrem no Vem Pra Rua um canal para se manifestar, fazer suas reivindicações, buscar esclarecimento sobre seus candidatos, monitorar aqueles que elegerem e participar desse grande debate político que está só no começo.

CAPÍTULO 11

Crise de representatividade

Para que me levantar do sofá e me engajar em uma causa tão improvável quanto o fim da corrupção e da impunidade no Brasil? Qual a chance concreta de mudar essa realidade no médio e longo prazo, mesmo que eu me empenhe com toda a minha força de vontade?

Essas podem ser perguntas que você, leitor, esteja se fazendo enquanto lê este livro. É compreensível que seja assim. Nós, brasileiros, temos a sensação de que tudo acaba em pizza. De que crimes acontecem, de que a corrupção existe, mas que os escândalos passam sem que os envolvidos sejam punidos. Não se trata apenas de sensação. Temos uma história que a justifica. A trajetória política do país, como estamos cansados de saber, é marcada pela falta de representatividade dos parlamentares em relação a seus eleitores, por conchavos, acordos na base do toma lá, dá cá e impunidade. Parece que o fim é sempre o mesmo, como um filme antigo repetido à exaustão.

Uma breve retrospectiva prova que exemplos envolvendo os maiores partidos do país não faltam. O mais famoso da história recente é o Mensalão, o principal escândalo do primeiro mandato de Lula (2003-2006). Tratava-se de um esquema de pagamento de propina a parlamentares para que votassem a favor de projetos do governo. Tornou-se público no dia 6 de junho de 2005, quando o jornal *Folha de S.Paulo* publicou uma entrevista com o deputado federal Roberto Jefferson (PTB-RJ). Na ocasião, o político revelou a prática de pagamentos mensais no valor de R$ 30 mil, por meio do então tesoureiro do PT, Delúbio Soares, a parlamentares aliados. Ele afirmou ter falado do esquema para Lula.

O esquema ocorreu entre 2003 e 2005 e era organizado por um núcleo político chefiado por José Dirceu (PT), então ministro da Casa Civil, e integrantes da alta cúpula do PT. O publicitário Marcos Valério foi apontado como operador do Mensalão. Com o auxílio de seus sócios e funcionários, foi condenado pelo Supremo Tribunal Federal por utilizar suas empresas para desviar dinheiro público e repassá-lo a políticos. Kátia Rabello, dona do Banco Rural, e diretores da instituição financeira foram denunciados por formação de quadrilha, gestão fraudulenta e lavagem de dinheiro. O STF condenou, no total, 25 dos 38 réus do processo. Entre os parlamentares condenados havia integrantes do PL, PMDB, PP, PT e PTB. Mesmo diante do julgamento sem precedentes na história da Justiça brasileira, em 2016 já não havia sequer um político preso em regime fechado pela prática do Mensalão.

Outro episódio que ficou famoso em 2012, envolvendo parlamentares de diversos partidos, foi o Caso Cachoeira. Revelado durante a Operação Monte Carlo, da Polícia Federal, consistia nas relações próximas entre o bicheiro Carlos Cachoeira e influentes políticos do Centro-Oeste, da oposição e da base aliada, como o senador goiano Demóstenes Torres (ex-DEM). Também estavam envolvidos no episódio parlamentares do PT, PSDB, PP, PTB, PPS e PCdoB; três governadores – Agnelo Queiroz (PT-DF), Marconi Perillo (PSDB-GO) e Sérgio Cabral (PMDB-RJ); e a empreiteira Delta, de Fernando Cavendish, que tinha o maior número de obras no Programa de Aceleração do Crescimento (PAC) do governo, responsável por promover grandes obras de infraestrutura social, urbana, logística e energética no país. As denúncias levaram à abertura de diversos inquéritos no STF, STJ e na Justiça Federal de Goiás e à criação de uma CPI no Congresso. Carlos Cachoeira foi preso, mas solto nove meses depois. Em junho de 2016, a Polícia Federal o pegou novamente, dessa vez pela Operação Saqueador, que apurava desvios de contrato da construtora Delta em obras públicas. Um mês depois foi transferido para prisão domiciliar.

Houve ainda a Operação Sanguessuga, que revelou fraude em licitações para a compra de ambulâncias com recursos de emendas parlamentares;

a Operação Satiagraha, que investigou os negócios do banqueiro Daniel Dantas, presidente do grupo Opportunity; o Mensalão do DEM, em 2009; o esquema no Ministério do Esporte para desviar dinheiro público usando ONGs como fachada, em 2011; no mesmo ano, a Operação Voucher, da Polícia Federal, que desmontou um esquema de desvio de verbas do Ministério do Turismo; o Mensalão tucano, em 1998... E a lista poderia continuar por páginas e páginas.

O importante (e triste), para nós, é constatar o que há em comum entre todos esses escândalos de corrupção: o desfecho impune.

Um levantamento feito pela revista *Congresso em Foco* mostrou que, desde 1988, ano em que a atual Constituição entrou em vigor, mais de 500 parlamentares foram investigados no Supremo Tribunal Federal. A primeira condenação ocorreu apenas em 2010. De lá até 2015, 16 congressistas que estavam no exercício do mandato foram condenados por crimes de corrupção, lavagem de dinheiro e desvio de verba pública. Nada mais que isso. Entre os considerados culpados, somente o ex-deputado Natan Donadon (PMDB-RO) estava preso na época do levantamento, divulgado em agosto de 2015. Quatro ex-parlamentares estavam em prisão domiciliar. Outros dois já haviam cumprido a punição. A pesquisa também mostra que o Supremo arquivou pelo menos 290 inquéritos (procedimentos preliminares de investigação) e ações penais contra 167 parlamentares apenas entre julho de 2013 e julho de 2015. Do total, 63 processos (22%) foram para o arquivo por prescrição (cancelamento em decorrência do tempo). Constatou-se ainda que os processos prescritos somente em 2010 e 2011 representavam mais de 10% de todas as ações (25.799) em tramitação à época envolvendo pessoas denunciadas por essas ilegalidades.

Há diversas causas para explicar esses números. Uma das principais é a prescrição criminal, isto é, a expiração do processo porque já se passou tempo demais. O coordenador da Lava Jato, Deltan Dallagnol, escreveu sobre o tema em um artigo publicado no portal UOL, em outubro de 2015. Segundo ele, "a prescrição criminal foi criada para estabilizar relações sociais diante da inércia do autor da ação penal, mas hoje ela funciona como uma punição do autor e, consequentemente, da vítima e da sociedade, por uma demora do Judiciário na qual eles não têm qualquer culpa". Ele compara a situação jurídica ao planejamento de uma viagem de São Paulo ao Rio de Janeiro, com previsão de seis horas de percurso. "No trajeto, entretanto, enfrenta-se congestionamento decorrente do excesso de veículos, o que permite que a viagem só seja concluída após oito horas. Então, uma bruxa má, chamada prescrição, determina o cancelamento da viagem num passe de mágica, devolve-o a São Paulo e o condena a nunca mais sair de lá."

Ele exemplifica quanto a prescrição pode ser nociva para o país com o Caso Propinoduto, que apurou corrupção de fiscais estaduais do Rio de Janeiro. "A acusação aconteceu em 2003, mesmo ano em que a sentença foi proferida, condenando os auditores. Mas, lembrem-se, no Brasil réus ricos alcançam quatro julgamentos*, e esse foi só o primeiro." O segundo se deu em 2007. O terceiro, em 2014. "Se o quarto julgamento demorar o mesmo tempo que o terceiro, esse caso será concluído em 2021, quase 20 anos após a acusação e mais de 20 anos após os fatos, que ocorreram desde 1999". Dallagnol, então, dá a pior notícia dessa história: os crimes de corrupção desse caso já prescreveram. "É como se a corrupção jamais tivesse existido, embora tenha sido amplamente provada e os réus tenham sido condenados."

O coordenador da Lava Jato lembra ainda que o caso do deputado federal Paulo Maluf (PP-SP) prescreveu no tocante ao político, "embora tenham sido encontradas centenas de milhões de dólares no exterior. O caso do ex-senador Luiz Estevão (PMDB), relacionado a desvios de dinheiro público na construção do Tribunal Regional do Trabalho de São Paulo, prescreverá em 2016, se não se encerrar até lá" – enquanto este livro estava sendo escrito, não havia notícias que apontassem o contrário.

Uma decisão do STF pode mudar o entendimento a respeito de prisões antes da decisão da última instância. Em fevereiro de 2016, o tribunal autorizou, no julgamento de um *habeas corpus*, a execução da pena de um condenado após julgamento em segunda instância. Um julgamento sobre esse assunto estava previsto para o segundo semestre de 2016 e não aconteceu antes de terminarmos este livro. Se o STF confirmar o entendimento de que

---

* Os quatro julgamentos referem-se às quatro instâncias da Justiça, às quais os réus podem recorrer antes da condenação final: 1ª instância, 2ª instância, Superior Tribunal de Justiça (STJ) e Supremo Tribunal Federal (STF).

a prisão pode ocorrer após a decisão de segunda instância, teremos uma boa notícia na luta contra a impunidade.

Um caso que também ilustra a prescrição é o do senador Fernando Collor, que, até 2014, respondia por acusações que o levaram a deixar a presidência do país em 1992. Quando sofreu o impeachment, ele respondia por três crimes – dos quais dois prescreveram antes do julgamento: falsidade ideológica e corrupção passiva. Quanto ao terceiro, de peculato (desvio de verba), os ministros do STF concluíram que as provas reunidas contra ele eram insuficientes para demonstrar sua culpa e o absolveram.

O caso de Collor ilustra não apenas a força negativa que pode ter a prescrição criminal, mas também a de outra prática, que nos anos recentes colaborou com a impunidade no Brasil em função de seu uso deturpado: o foro privilegiado. Trata-se de uma forma especial e particular para o julgamento de determinadas autoridades. Em outras palavras, se um político é acusado de um crime no país, ele não será julgado por um juiz de primeira instância. O ex-presidente do Supremo Tribunal Federal, ministro Joaquim Barbosa, afirmou, em entrevista publicada no jornal *Valor Econômico*, de 3 de maio de 2013, que o foro privilegiado leva à impunidade no Brasil. "O Brasil é um país que pune muito as pessoas pobres, negros e sem boas conexões", disse ele, referindo-se às pessoas que não têm condições de pagar bons advogados. "Mas, se a pessoa é ministro de Estado ou membro do Congresso, será julgada pelo STF."

Muitos acham que a impunidade é uma questão cultural. Nós discordamos. Conhecendo os Estados Unidos, observamos que, diante de placas de "Pare", os motoristas realmente param! Por que será? Cultura? Não, é mais simples: se não o fizerem, serão multados. E o fazem mesmo de madrugada, quando não há qualquer movimento. No Brasil, muitos motoristas não conseguem sequer lembrar quais são as placas de "Pare" no caminho para seu trabalho, já que o desrespeito não é punido. Agora, o mais curioso: o *mesmo* motorista que no Brasil ignora a placa de "Pare", passa a respeitá-la quando dirige nos Estados Unidos, porque sabe que lá será punido. Não é uma questão cultural, é uma questão de punição. A impunidade retroalimenta o crime. A ausência de penalização é uma autorização, quase um estímulo para a sua prática.

Diante da extensa lista de exemplos revoltantes, fica claro que cargos públicos no Brasil oferecem, para qualquer mal-intencionado, uma excelente oportunidade de enriquecimento, acompanhada de impunidade. Um negócio – ou roubo – perfeito. Desde que tenha "bons" advogados – o que se configura também como injustiça social –, raramente algum político vai ficar na cadeia, ao contrário do ladrão de galinha que rouba por fome.

Falta de representatividade – cada um por si e ninguém por todos

Com tantas máculas em sua trajetória, a democracia brasileira está frágil e superficial. É preciso mudar nossos representantes. Mais do que isso, é preciso mudar a forma como escolhemos nossos representantes; para isso, tanto eles quanto nós precisamos nos comprometer mais seriamente com essas escolhas.

Depois de 30 anos de eleições diretas no país, nós acreditamos que chegou a hora de não mais nos contentarmos apenas com o voto direto. Precisamos e merecemos mais. Precisamos de políticos e governantes que realmente representem o povo que os elege. Não poderíamos estar mais distantes da realidade. A crise de representatividade é patente. Políticos conseguem se reeleger independentemente do que fizeram no mandato anterior ou do que fizeram até então em suas vidas. A única munição de que precisam, para isso, é dinheiro. A estrutura eleitoral brasileira, com redutos eleitorais municipais, coligações de partidos e negociatas com o tempo de propaganda política na TV, permite a praticamente qualquer pessoa ser eleita ou reeleita, não importando o alinhamento que teve até então com seu futuro eleitorado, desde que tenha dinheiro suficiente. Isso não faz o menor sentido.

O maior problema desse cenário é que políticos não precisam exercer mandatos exemplares para continuar no poder – como os fatos relacionados anteriormente relembram. Basta agradarem a alguns donos de dinheiro e serão reeleitos. Com isso em mente, como se comportam? Ora, como nós já sabemos de cor e salteado: assim que eleitos, passam a se preocupar apenas consigo mesmos, agradando minimamente ao partido e conectando-se a quem vai ajudá-los com os recursos financeiros necessários dali a quatro ou oito anos. Nesse meio-tempo, tudo vale. Inclusive o ilícito. O alinhamento com quem o elegeu e o cumprimento de suas promessas de campanha não são necessários. E, com isso, a democracia escorre ralo abaixo.

Para não sermos levianos, reconhecemos que há, sim, raras e honrosas exceções no meio político e governamental. Como são exceções, elas não são, infelizmente, capazes de transformar o sistema.

Democracia? Não, presidencialismo de corrupção

Um dos principais empecilhos à democracia é o "presidencialismo de coalizão", sistema vigente hoje no Brasil. Como há uma grande diversidade de partidos representados no Congresso, o presidente se vê obrigado a costurar relações para conseguir uma base com ampla maioria de aliados. Isso porque os poderes Executivo e Legislativo são excessivamente interdependentes. Só com a maioria no Congresso ele fará valer as decisões de seu governo. Essas relações, no entanto, nem sempre são baseadas em acordos legítimos. Vale prometer cargos de confiança, pagar propina, negociar a votação de um projeto de lei em detrimento de outro, entre muitas outras traquinagens.

O PMDB, por exemplo, ficou conhecido por usar a seu favor essa necessidade de haver uma rede de aliados, e acabou carimbado pelo fisiologismo, isto é, pela prática na qual as ações e decisões políticas se dão por meio de troca de favores. Em reportagem de capa publicada em junho de 2010 pela revista *Piauí,* a jornalista Consuelo Dieguez escreveu: "Em 2007, numa reunião de 50 minutos entre Michel Temer e Lula, o partido passou a integrar oficialmente o governo. Em troca, levou mais dois ministérios e dezenas de cargos de direção em empresas estatais. O PMDB é isso: fisiologismo".

Em março de 2016, o site Huffpost Brasil publicou uma reportagem cujo título era "O que o 'presidencialismo da corrupção' nos diz sobre coalizão e fracassos na democracia brasileira". O texto lembra que, ainda nos anos 1980, o cientista político Sérgio Abranches (a quem a definição "presidencialismo de coalizão" é atribuída) dizia que "no presidencialismo de coalizão brasileiro, as crises podem ser longas e ameaçar as instituições".

Em seguida, o veículo dá voz a Bruno Brandão, representante no

Brasil da Transparência Internacional (TI), principal entidade global de combate à corrupção: "O presidencialismo de coalizão, cuja moeda de troca é o loteamento do Estado, é sem dúvida um grande símbolo da falência do nosso sistema. (...) O desafio maior é refundar nosso sistema representativo e fechar o abismo que existe hoje entre a atuação parlamentar e os interesses da população".

Ainda na reportagem do Huffpost, Gil Castelo Branco, secretário-geral da ONG Contas Abertas, afirma que o grande legado da Lava Jato foi ter exposto o modelo de coalizão brasileiro calcado na corrupção, que, segundo ele, estava institucionalizada no governo federal. "Temos que pensar em uma nova forma de fazer política, já que foi essa barganha por cargos e emendas parlamentares que nos levou ao que temos hoje. (...) Precisamos primeiro de uma depuração, de uma limpeza política, para que novos nomes surjam e nos deem uma coalizão não mais baseada na promiscuidade, de favores e de corrupção. A mudança precisa ser radical, porque ninguém mais aguenta engodo", diz ele, em depoimento ao site.

As revelações da Lava Jato e a derrocada de Dilma – também em função de não ter conseguido se articular com o Congresso Nacional – chamaram ainda mais a atenção ao tema do "presidencialismo de coalizão". Em dezembro de 2015, o cientista político Sérgio Praça escreveu um artigo sobre o assunto em seu blog, no site da *Veja*, com o título: "As lições de 2015 sobre presidencialismo de coalizão". Ele cita a cientista política Barbara Geddes, da Universidade da Califórnia, que escreveu em seu livro *Politician's Dilemma* sobre o período democrático no Brasil de 1945 a 1964. "Para Geddes, qualquer presidente teria que se preocupar com três coisas: sua sobrevivência política imediata, a formação de uma coalizão estável para aprovar sua agenda legislativa e a capacidade estatal para implementar as políticas públicas aprovadas. Quanto mais filiados a partidos em cargos de confiança, maior será a corrupção e menor a qualidade da implementação de políticas públicas." Qualquer semelhança com a realidade atual não é mera coincidência.

A crise de representatividade se reflete no desinteresse político da sociedade. Uma pesquisa realizada pela consultoria brasileira Expertise, divulgada em setembro de 2014, mostrou que quase metade (44%) dos eleitores não se lembravam em quem haviam votado para deputado federal; 43% não se recordavam quem escolheram para deputado estadual; e 38% se esqueceram de como foi o seu voto para senador.

Se o mesmo levantamento fosse feito depois das eleições de 2016, quando já tínhamos levado milhões de pessoas às ruas e conseguido o impeachment de Dilma, provavelmente o resultado, acreditamos, seria mais animador.

O loteamento do poder

Da mesma forma que a população não se lembra de seus eleitos, os eleitos não estão nem aí para a população. Uma atitude alimenta a outra, criando uma desconexão cíclica, perversa e mesquinha. Os políticos estão ocupados em fazer valer seus interesses particulares. A distância entre o político eleito e o seu eleitor é abismal. Como depende apenas de dinheiro para ser (re)eleito e não pode ser responsabilizado por deixar de cumprir o que prometeu durante o mandato, ele nem ao menos se preocupa com o que seu eleitorado pensa sobre o que faz.

Não precisando agradar a seus eleitores, gestores públicos não governam para eles, mas sim para a sua própria perpetuação no poder. A intensidade da irresponsabilidade varia. Pouquíssimos tratam o bem público com o zelo que a função exige. A maioria tenta encontrar um meio-termo entre os interesses pessoais e os públicos, chegando a equilíbrios em níveis diversos. E uma quantidade vergonhosa usa o poder da forma mais populista possível, explorando uma população que, em função de uma educação precária, é ainda manipulável.

O governo federal petista aplicou tal estratégia com clareza absoluta. Abandonou o tripé macroeconômico (metas de inflação, superávit primário e livre flutuação cambial), assim como aparelhou o Estado e as empresas estatais em níveis nunca antes vistos na história do Brasil. Aparelhou veículos de comunicação pequenos, mas capilarizados, para trabalhar sua imagem e destruir a imagem de adversários. A escolha de ministros, dirigentes de empresas estatais e quaisquer cargos que envolvam o poder de controlar orçamentos não seguiu critérios técnicos, mas políticos. Por quê? Porque isso não interfere nas próximas eleições. Muito pelo contrário, os fortalece diante delas. O poder oferecido e loteado se reverte em ajuda financeira para a manutenção do próprio poder.

A corrupção continua fortemente associada à imagem do país. Em 2005, o Brasil ocupava a 63ª posição, em um total de 159 países, no *ranking* sobre a percepção de corrupção no mundo realizado pela ONG Transparência Internacional. Em 2015 (último disponível), estava em 76º dentre 168 países – o pior resultado de uma nação no relatório de 2015 comparado com o ano anterior, quando o Brasil havia ocupado o 69º lugar, de um total de 175 países.

Sem arrancar pela raiz esses quatro males fortes – crise de representatividade, gestão contaminada, impunidade e interdependência entre poderes – não chegaremos, como país, a lugar nenhum. Mesmo que melhoremos marginalmente, terá sido tarde, pois o resto do mundo já estará mais à frente. Num jogo relativo, jogado em tabuleiro global, continuaremos a perder de goleada. E quem mais vai sofrer são as classes mais baixas, por não terem instrumentos de proteção contra a inflação, contra a insegurança e, acima de tudo, de proteção diante de uma educação precária. Programas sociais ajudam, mas não são suficientes. Tampouco são autossuficientes, por não atingirem o objetivo maior de libertar seus beneficiários da sua necessidade.

Eles não nos representam

Por Colin Butterfield

Meu envolvimento com o Vem Pra Rua fez com que eu passasse a ter um contato mais próximo com pessoas que conhecem a fundo o sistema político brasileiro. As discussões que tive nos últimos dois anos, aliadas à minha experiência no mundo empresarial e ao que sei sobre outros países, me fizeram enxergar com muito mais clareza algumas questões crônicas no Brasil que precisam ser resolvidas para melhorar a nossa democracia. A falta de representatividade é evidente e enxergo nela alguns pontos críticos.

O primeiro deles é o fato de tantos políticos pertencerem a oligopólios, que criam redes de amigos e parentes que permeiam tudo sobre o que eles podem ter alguma influência. Segundo um levantamento da ONG Transparência

Brasil feito em 2014, 44% dos deputados federais eleitos em 2010 (228 dos 513) tinham algum parente na política. Desses 228, mais da metade eram herdeiros: filhos, sobrinhos ou netos de políticos já estabelecidos. No Senado, a porcentagem era ainda maior: 64% de todos os representantes eleitos em 2010 tinham parentes políticos. É como se o poder passasse de geração a geração, e as famílias usassem o capital político já acumulado para eleger seus próprios representantes, perpetuando-se no poder.

Em segundo lugar, deputados federais, estaduais e vereadores não são eleitos por voto majoritário. Ou seja, não são os mais votados que vão para esses cargos. É bem mais complexo do que isso. Um levantamento do Departamento Intersindical de Assessoria Parlamentar (Diap) indicou que apenas 35 deputados de 513 foram eleitos em 2014 com seus próprios votos, sem necessidade de somar os votos dados à legenda ou de outros candidatos de seu partido ou coligação. Os demais foram ajudados pelo sistema proporcional. Funciona assim: depois das eleições, o número de votos válidos é dividido pelo número de cadeiras em disputa. Os partidos e coligações que atingirem esse quociente eleitoral têm direito a alguma vaga. Depois há uma outra conta que define o quociente partidário e chega-se ao número de cadeiras que cada partido ou coligação pode ocupar. Além de ser difícil de entender, cria-se um sistema totalmente distorcido e onde a representatividade praticamente deixa de existir.

O terceiro ponto é que praticamente nunca é a competência que elege alguém no nosso país, mas sim a capacidade que os candidatos têm para financiar campanhas milionárias. Quem conseguir fazer mais propaganda e alcançar mais gente, ganha. E marketing se faz com dinheiro.

Em quarto lugar, acredito que o pacto federalista precisa ser rompido no Brasil. O pacto federalista é a maneira como são distribuídos os recursos tributários entre União, estados e municípios. Hoje, cerca de 70% do que se arrecada é concentrado em Brasília – que depois repassa uma parte para estados e municípios. Existem distorções malucas entre a arrecadação e a receita entre os diferentes estados e municípios no nosso país. Em outras palavras, quem gera mais impostos distribui muito. Quem não arrecada, recebe muito dos demais. Isso destrói a competitividade e meritocracia entre estados e municípios. De qualquer maneira, há uma concentração de poder e uma forte dependência do governo federal. Nos Estados Unidos, por exemplo, o governo federal concentra bem menos recursos: fica com menos de 20% do que é arrecadado. A grande maioria fica nos estados e municípios que geram o imposto. Isso cria competitividade e uma meritocracia saudável.

Minha quinta colocação é que todos acham e defendem que o Brasil precisa de mais leis para se organizar e prosperar. Mas a verdade é que hoje são tantas leis que é quase impossível estar de acordo com todas elas a qualquer momento – elas são tantas que se sobrepõem! O que precisamos é discutir como enxugar essa legislação, aplicá-la melhor e dar mais eficiência e velocidade ao julgamento dos casos.

Finalmente, o problema que considero mais crônico: a falta de transparência em tudo que é feito no Brasil. O cidadão não consegue saber exatamente para onde o dinheiro vai, como é gasto, que indicadores podem atestar a qualidade dos serviços prestados e quais os parâmetros para as tomadas de decisão.

Turma, temos trabalho pela frente!

As duas soluções

A responsabilização de políticos e governantes mudaria radicalmente a dinâmica desse jogo. Como eles agiriam se não tivessem seu próximo mandato assegurado? O que diriam em campanhas se soubessem que poderiam ser punidos por mentiras eleitorais a ponto de perder o mandato? E como você agiria se soubesse que pode influenciar esse processo a qualquer momento, e não apenas a cada dois ou quatro anos?

Nesse sentido, a nossa primeira proposta é um novo sistema eleitoral.

Para isso, não é necessário conduzir uma reforma política ampla. Duas alterações já são suficientes para abrir a porta de uma nova realidade: (1) o voto distrital e (2) o plebiscito de destituição.

O voto distrital

O voto distrital tem potencial para transformar completamente a distância entre eleitores e eleitos. Porque, nesse sistema, o estado será dividido em distritos eleitorais, ou seja, pequenas regiões do mesmo tamanho. Cada partido poderá indicar um candidato dentro de cada distrito. Assim, saberemos exatamente quem foi o deputado eleito em cada região. Será possível fiscalizar sua ação no Parlamento. Esse sistema melhora a capacidade de avaliar o desempenho do representante e deve substituir o sistema de voto proporcional.

Se nós, como eleitores, não aumentarmos nosso poder e responsabilidade sobre a escolha dos políticos que nos representam, vamos continuar tendo um Estado distante da vida da sociedade, um governo que não presta atenção nos cidadãos, mas, sim, em seus interesses.

O voto distrital aproxima o eleitor do eleito em cargos legislativos. Ao ser escolhido por um eleitorado bem determinado geograficamente, o político tem de prestar contas para um grupo bastante específico, que, por sua vez, vai monitorá-lo para verificar se seu mandato atende aos anseios reais do grupo que o elegeu. O princípio é simples e eficiente. Se o político não agrada a seu eleitorado, ele perde a possibilidade de se reeleger. Além disso, sua imagem será estigmatizada, e sua incompetência escancarada diante de um monitoramento estreito que será praticado por um grupo específico, com demandas específicas.

Como efeito colateral altamente desejável, as campanhas de voto distrital são significativamente mais baratas que as de voto proporcional (o sistema atual). Como a base eleitoral é apenas uma fração da cidade ou do estado, o custo para fazer campanha é muito inferior – estima-se que de cinco a dez vezes menor. Com custos menores, a dinâmica nefasta da compra de apoio se desfaz, pois mais candidatos têm acesso a uma campanha viável. Com menor necessidade financeira, a gestão também pode ser menos distorcida e mais independente de "favores", pois dinheiro deixa de ser o maior determinante da próxima eleição.

Há nomes de peso que também defendem o voto distrital como um caminho para o aumento da representatividade da sociedade civil no Parlamento. Um deles é o cientista político Luiz Felipe d'Ávila. Em um vídeo do Instituto Millenium, publicado em maio de 2016, ele afirmou: "Precisamos ter um sistema eleitoral que aproxime o eleitor de seu representante, para que possa cobrá-lo e fiscalizá-lo melhor. (...) Se nós não melhorarmos essa relação do empoderamento do eleitor, nós vamos continuar tendo um Estado distante da vida da sociedade, um governo que não presta atenção no cidadão, mas nos seus próprios interesses".

Outro cientista político, Valeriano Mendes Ferreira Costa, da Universidade Estadual de Campinas (Unicamp), também é a favor de uma reforma política como meio de aumentar os instrumentos de controle da população, de acordo com o que afirmou ao site Huffpost Brasil, em março de 2016. "Temos um sistema eleitoral que facilita tudo isso que está aí. Hoje em dia o eleitor desconhece quem é o seu eleito, por isso não sabe quem deve punir: se o partido ou o deputado. Não por acaso, figuras punidas no passado voltam ao Congresso por eleição proporcional". Esse é o caso de Eduardo Cunha (PMDB), que presidia a Câmara quando Dilma sofreu o impeachment e acabou renunciando sob a pressão de acusações de receber propinas milionárias, omitir bens e falso testemunho. "Sem o sistema proporcional, o Cunha, por exemplo, jamais seria reeleito. Ele precisa de mais do que aqueles 50 mil, 100 mil votos, e acaba conseguindo-os por meio dos votos na legenda. Falta esse tipo de informação para o eleitor votar melhor. Sem isso, não há instrumento para que o eleitor puna o seu político nas urnas."

André Franco Montoro Filho, ex-secretário de Economia e Planejamento do Estado de São Paulo no governo Mário Covas, publicou um artigo na *Folha de S.Paulo* em 2009, em que abordava a crise de representatividade e o voto distrital como uma das possibilidades de mudança para o país. "Via de regra, não existe, para a maioria da população, a sensação de que o parlamentar federal, estadual ou mesmo municipal seja seu representante político, ou seja, aquele que exerce o poder em seu nome e deveria ter sua atividade acompanhada e ser cobrado, punido ou recompensado pelo voto. A maioria dos eleitores nem se lembra em quem votou. A relação de representação política é quase inexistente. (...) Enquanto essa realidade perdurar, será muito difícil reduzir a impunidade que grassa no Brasil. Para mudar, são necessárias alterações no sistema de votação das eleições proporcionais que estimulem uma relação de representatividade política entre o eleitor e o eleito, como a adoção do voto distrital, pois esse mecanismo promove uma aproximação do candidato com a população."

Recall ou plebiscito de destituição

Para reforçar a necessidade de uma campanha ética e uma gestão congruente com o que foi prometido, existe um instrumento conhecido internacionalmente como *recall*, que no Brasil vem sendo chamado de plebiscito de destituição. Ele é utilizado por 19 entre as 21 democracias mais estáveis do mundo e traz mecanismos para destituir governantes simplesmente por terem perdido a confiança do povo. Esses países permitem, inclusive, a destituição do presidente. A possibilidade de destituir um governante deve mudar completamente a forma como ele monta suas estratégias de campanha e eleição. Ele passa a ser obrigado a falar a verdade tanto em relação ao estado das coisas durante a campanha quanto em relação às promessas que faz. Se sucumbir à tentação de esconder a realidade ou sua intenção de governo, corre o risco de perder seu mandato em pleno curso. Essa possibilidade também cumpre o papel de aproximá-lo da sociedade a que serve, pois não pode se dar ao luxo de perder a sua confiança. E será obrigado a se explicar mais frequentemente, mantendo um desejável – e hoje inexistente – alinhamento de entendimento entre o governo e a sociedade.

Por outro lado, preocupações relevantes com relação à destituição de políticos incluem a percepção de instabilidade, a possibilidade de manipulação e a dificuldade de implantação de medidas impopulares. Por exemplo, a possibilidade de destituição poderia inibir políticos propensos a adotar medidas impopulares por medo de serem tirados do cargo, ou grupos de interesse poderiam pressionar esse mesmo político para conseguir vantagens sob a ameaça de realizar o plebiscito para destituí-lo. No entanto, a análise da longa existência e da vasta aplicação desses instrumentos revela que há dispositivos que amenizam seus potenciais malefícios e preservam seus benefícios.

O alinhamento de interesses e expectativas, sustentado pela ineficiência do sistema atual, faz do plebiscito de destituição um instrumento viável para aproximar políticos e governantes de seus eleitores. Um importante trabalho sobre o conceito vem sendo desenvolvido por Luciano de Castro, professor de economia no Tippie College of Business, Universidade de

Iowa, nos Estados Unidos. Em seu site www.plebiscitod.net, ele explica o projeto de lei e reúne um vasto material sobre o tema, incluindo "vantagens", "desvantagens" e "experiência internacional". "Esse instituto existe há mais de um século nos Estados Unidos e o plebiscito de destituição já foi usado em várias cidades e estados americanos inúmeras vezes, sem grandes problemas", afirma um dos textos explicativos do portal. Esse projeto de emenda constitucional já se encontra em tramitação no Senado Federal, um fato animador.

A mudança vem do povo

Nosso ineficiente e insustentável sistema eleitoral, ao gerar baixa representatividade, clama por mudanças. Mas como podemos almejá-las se elas dependem dos próprios políticos que se beneficiam do sistema atual?

É aqui que entra a parte mais importante da mudança do país: uma nova consciência para nós, brasileiros. Será que só podemos exercer democracia quando votamos? Devemos escolher representantes a cada dois anos e, em seguida, nos sentarmos inertes nos longos intervalos entre as eleições? Ou ainda, só nos levantarmos para ir às ruas reclamar quando a situação estiver catastrófica, como aconteceu entre 2013 e 2016?

É verdade que sempre pudemos fazer algo e nos mobilizarmos entre as eleições, e as novas mídias sociais facilitam ações e conexões rápidas e permitem exercer a democracia de formas novas e inusitadas. Essa é uma realidade que se desenvolveu nos últimos dez anos.

Por trás dessa nova forma de agir da sociedade está uma nova crença: a descoberta de um poder que antes não existia. Ou, se existia, era de difícil utilização. A sociedade está descobrindo que não apenas é possível interferir nas diversas camadas de governo, mas também que sua atuação constante é vital para o bom andamento das instituições, principalmente numa democracia de baixa representatividade como a brasileira.

Esse novo poder da sociedade parece intangível, mas é algo que já começou, tem forma e aos poucos ganha vida própria. Como de costume, da crise nascem as melhores soluções. Desta vez não foi diferente.

A sociedade passa a atuar diretamente sobre os três poderes, participando, monitorando, demandando e protestando com frequência muito diferente da eleitoral. Ela passa, pouco a pouco, a se constituir em um quarto poder, que atua de forma legítima, transparente, na essência do processo democrático. E nós, do Vem Pra Rua, nos orgulhamos de ser protagonistas dessa nova atitude.

A grande beleza que acompanha a realidade atual é que o processo permite, finalmente, a responsabilização – palavra que nós valorizamos muito. A atuação da sociedade, consolidando os desejos e necessidades de suas várias classes sociais, principalmente as de menor poder econômico, denuncia a distância entre governantes e governados, amplifica a necessidade de aproximação entre os dois, melhorando a questão da representatividade.

O papel dessa sociedade mobilizada vai além de manifestações. Ela passa a se organizar para melhor educar e orientar os eleitores em quem devem votar e quem devem evitar, apesar da maciça propaganda eleitoral tradicional.

Novos protestos acontecerão. Alguns em massa, alguns pontuais. Alguns nas ruas, outros na internet. Cada um com sua mensagem, sua demanda e seu objetivo. Para isso, precisamos continuar decididos a usar a energia da indignação e da injustiça social para fins construtivos. Quanto mais se reclama sem agir, mais energia é desperdiçada. Precisamos reequilibrar a dinâmica do nosso sistema de representatividade e da nossa democracia. A decisão e a atitude de cada um de nós, brasileiros, são fundamentais nessa jornada.

CAPÍTULO 12

Liderança voluntária x corporativa

Em um país que vive tamanha crise de representatividade como o Brasil, nós, à frente do Vem Pra Rua, passamos a nos fazer frequentemente a seguinte pergunta: como despertar o engajamento de uma sociedade que nunca teve a política em sua agenda cotidiana? Como ajudá-la a se comprometer com causas pelo país e, o mais difícil, manter-se comprometida por meses seguidos – e até por anos – como desejamos fazer?

Logo outro desafio somou-se a esse. Um desafio, no mínimo, tão complexo quanto o primeiro: como organizar e liderar um grupo de voluntários dando voz aos mesmos, com capilaridade, mas sem perder o controle da pauta? Como reunir, organizar, motivar, repreender quando necessário e direcionar equipes que estão ali simplesmente porque querem ajudar, e não porque contam com remuneração para pagar as contas no fim do mês?

A liderança tradicional

Estamos acostumados a liderar pessoas no mundo corporativo. Nos papéis de dono e de presidente de empresas privadas, estudamos o tema "liderança" na teoria e na prática ao longo dos anos e desenvolvemos estilos e técnicas de gestão bem-sucedidos, tanto para as companhias que representamos quanto para nossas carreiras. Nós dois já trabalhamos também em empresas grandes e pequenas. Mas sempre em empresas. No entanto, liderar um grupo formado por centenas de voluntários que, por sua vez, nos ajudarão a mobilizar milhões de outras pessoas, se revelou uma tarefa bem mais complexa.

Os objetivos dessa liderança são semelhantes aos do ambiente corporativo: não só que todos aceitem, mas também que acreditem nos objetivos propostos. Que se sintam no mesmo barco, priorizando o que é melhor para o todo em detrimento de seus interesses e opiniões pessoais. Que se empenhem por meio do difícil equilíbrio entre a disciplina, a autonomia e a responsabilidade para buscar os melhores resultados para a entidade da qual fazem parte. Conseguir tudo isso de um grupo remunerado é o desafio de todo executivo e empreendedor. Conseguir tudo isso de um grupo não remunerado, sem orçamento, é uma tarefa consideravelmente mais árdua do que a que conhecíamos até então.

Nesse novo contexto, uma característica nata da nossa relação ajudou bastante. Desde que nos conhecemos, a afinidade que encontramos de ideias e de formas de conduzi-las foi impressionante. "Eles têm uma conexão fora de série", diz Renata, esposa de Colin, que presenciou diversas conversas, reuniões e debates. "Dá para ver que um olha para o outro e sabe no que ele está pensando. As falas se complementam em uma velocidade difícil para quem está de fora alcançar."

Alinhamento, cumplicidade e muito respeito são algumas das palavras que explicam a conexão entre nós dois. Fundamentais para dar conta do ritmo imposto pelo movimento. A frequência com que tomamos decisões juntos é, em geral, muito maior do que a frequência com que tomamos decisões com as nossas famílias, sócios e colegas de trabalho. A natureza do Vem Pra Rua exige enorme agilidade. Trata-se de um ambiente comparável ao de bolsas de valores, no qual é preciso estar atento ao contexto para reagir rapidamente ao mercado. Mas, enquanto em operadoras financeiras a reação é à variação de preço, comprando ou vendendo, no movimento respondemos aos altos e baixos da política, escolhendo entre inúmeras frentes a atuar, com enorme limitação de dinheiro. É, portanto, um contexto complexo que impõe organização, agilidade de gerenciamento, capacidade de adaptação a novos cenários e, principalmente, motivação e engajamento do grupo como um todo.

Tudo isso passa por liderança e se desdobra em outras duas palavras:

confiança mútua. Em função da imprevisibilidade dos fatos, muitas vezes não temos o tempo de que gostaríamos para tomar uma decisão conjunta. Seja aceitar uma reunião com um grupo de políticos, por exemplo, seja orientar um líder regional que teve um contratempo ao montar sua manifestação. Na maior parte das vezes é preciso agir rápido. Por isso, nós já tomamos várias decisões grandes sozinhos, sem consultar o outro. Assim, não perdemos o *timing* nem empacamos o movimento.

O que permite que façamos isso sem efeitos colaterais negativos é, em primeiro lugar, o fato de termos objetivos comuns. Sabemos aonde queremos chegar – e é no mesmo lugar. Somos flexíveis em relação a *como* faremos isso. Muitas vezes, o critério é o nosso bom senso, que carrega em si toda a experiência do mundo corporativo, mas sabemos que "bom senso" é um conceito subjetivo e sujeito a discordâncias. Depois de resolvido o assunto, argumentamos entre nós por que escolhemos agir de uma ou outra forma. E mesmo diante de decisões que se revelaram erradas, esse método funcionou. Não ficamos apegados a *quem* decidiu por esse ou aquele caminho, mas focamos em *como* poderíamos fazer para minimizar os riscos dali em diante. Sabemos receber com disponibilidade e sem vaidades os *feedbacks* um do outro e seguir em frente.

Atrelada ao bom senso que usamos para tomar as decisões está a busca pela coerência. Nós nos esforçamos para sempre agir de acordo com os anseios dos milhões de participantes do movimento, sejam aqueles do "núcleo duro" do movimento, sejam os membros engajados, sejam os brasileiros que vão conosco às ruas. Nem sempre conseguimos, mas sempre colocamos os anseios dos outros em primeiro lugar. Mesmo quando não escolhemos o ponto de vista exato de algumas pessoas, tentamos fazer com que a mensagem principal seja uma que agrade à maioria. Por exemplo, na manifestação de 13 de março de 2016, parte do grupo queria que o mote da nossa saída fosse o impeachment. Mas definimos que o recado seria "Fora PT". Não agradamos a todos, mas o significado das bandeiras era o mesmo. Expusemos os nossos argumentos aos que não concordavam. Na época, baseamos nossa escolha em uma pesquisa de mercado, que trouxe ao nosso conhecimento as exigências de uma parcela mais diversificada da população. Nosso objetivo era representar o maior número possível de pessoas, mesmo que isso desagradasse a alguns dos membros mais ativos do movimento.

Há um ditado que usamos como lema para decisões: "Não há fórmula para o sucesso. Para o fracasso existem várias, e a primeira delas é tentar agradar a todo mundo". Mesmo assim, tentamos escolher caminhos centrais.

Tudo isso tem paralelo direto no mundo corporativo.

Olhar empreendedor

A rapidez com que avaliamos as decisões e aprendemos com os erros que cometemos traz à tona uma abordagem intimamente ligada à capacidade de liderança: o olhar empreendedor. Esse olhar, por sua vez, leva a outros elementos essenciais na condução do Vem Pra Rua.

A capacidade de execução é um deles. Em um movimento popular, a distância entre idealizar e agir deve ser mínima – daí, muitas vezes, a necessidade de decidir rápido. Nós estimulamos para que os outros integrantes do grupo ajam da mesma forma, fazendo o que deve ser feito sem titubear em suas respectivas áreas de atuação.

Outra habilidade decorrente do empreendedorismo é a de não ficar paralisado por causa de erros. Todo empreendedor bem-sucedido aprende rápido que os fracassos fazem parte da vitória. É preciso começar, testar, arriscar e não temer a queda. Como nós fizemos desde o começo – com o movimento Basta, que se revelou um manual do que não fazer para organizar uma manifestação –, saber errar é fundamental. Tiramos diversas lições da experiência. Fizemos diferente para o que não funcionou. Algumas ações geraram o resultado que esperávamos. Essas, mantivemos. O que nos fez chegar até aqui foi seguir em frente a cada equívoco, fazendo diferente.

Saber lidar com a recorrência de erros é, em outras palavras, preferir pedir desculpas em vez de permissão. Usamos essa frase com frequência – e a aplicamos na mesma medida. Se pedirmos permissão para tudo, acabaremos não fazendo nada. Mas, se usarmos o bom senso, a autoconfiança e a experiência de vida que carregamos, todo risco é válido e bem-vindo.

Também faz parte das habilidades de um empreendedor a aptidão para trabalhar em equipe. Quando se trata de um movimento que reúne multidões para defender causas comuns, saber jogar em time é essencial. Sozinhos, não faz sentido nem começar a tarefa. Pelo contrário. Quanto mais gente disposta a ajudar, mais chances temos de atingir nossos ambiciosos propósitos. Uma frase que usamos muito é "vamos respeitar as divergências e construir nas convergências".

No contexto do trabalho em equipe, outra característica fundamental é saber ouvir. Ouvir passa a ser um dos substitutos da remuneração. Todos nós valorizamos quem nos escuta, e isso na maioria das vezes não tem preço. Tentamos fazer isso da melhor forma possível dentro do movimento. Ouvimos com atenção as opiniões e comentários das pessoas, seus desabafos quando algo as frustra e estamos sempre atentos a ruídos na comunicação, evitando que pequenos desentendimentos se transformem em grandes questões. Também observamos como está a motivação do grupo, para saber quando é hora de dar uma motivada, celebrar e relembrar tudo que já conquistamos. Não há um manual para fazer isso: essa sensibilidade é mais arte do que ciência.

Uma liderança não tradicional

Ser líder em uma organização corporativa significa seguir regras claras de procedimento. Um dos mais básicos é o de contratação de profissionais. Como todos sabemos, existe um departamento, o de Recursos Humanos (RH), responsável por boa parte desse trabalho. Quando a empresa precisa contratar alguém, o processo acontece da seguinte forma: primeiro, identifica--se a necessidade de preencher uma vaga ou uma competência inexistente na empresa. Então, abre-se uma oportunidade na empresa para a inclusão de uma pessoa. Obviamente, precisa ser alguém com o perfil determinado para atender às exigências da tarefa. A descrição desse perfil é passada para a área de contratação, dentro do RH. Os profissionais responsáveis vão para o mercado em busca de candidatos que se encaixem naquele perfil. Podem usar ferramentas de busca nas redes sociais, contratar um *headhunter*, colocar anúncios. Até que se reúnam currículos de candidatos com o perfil desejado para aquele cargo.

Vamos simular um caso. De um total de, por exemplo, cem currículos, a empresa aplica certos critérios, ligados à formação e a experiências anteriores, para fazer um pente fino inicial. Imaginemos que se chegue, assim, a 45 currículos adequados à vaga. O RH ligará para todos os 45 candidatos e, em uma breve conversa, eliminará a maioria, ao identificar lacunas entre os currículos e a realidade ou expectativa. De 45, ficam 15 profissionais na disputa pelo emprego. Os cinco mais bem avaliados pelo RH entre esses 15 serão chamados para uma entrevista e farão avaliações, por exemplo, psicológica e de conhecimentos gerais. Esses cinco devem ser entrevistados pelo gestor contratante e, dependendo do tamanho e estilo da empresa, também pelos pares. Finalmente, semanas ou, às vezes, meses depois, será escolhida a pessoa a ocupar a nova cadeira na companhia.

Se ela aceitar a proposta do novo trabalho, começa a atuar. Passa pelo processo de integração, é supervisionada para aprender sua função. Mesmo assim, é possível que o gestor leve cerca de seis meses para descobrir quem realmente é essa pessoa. Não raro, ela se revela inadequada para o que foi contratada ou desalinhada aos valores e à cultura, ao jeito de ser da companhia. Nesse caso ela será demitida, de acordo com o contrato e a legislação trabalhista. Quem preza por seu próprio currículo tenta ao máximo evitar esse tipo de demissão, pois seu currículo pode se tornar rapidamente comprometido, desvalorizado.

Já no movimento voluntário o ingresso de novos integrantes não obedece a um procedimento formal ou estruturado. Acontece de forma espontânea. Um novo candidato chega pelos mais diversificados meios: porque viu um *post* do Vem Pra Rua nas redes sociais ou porque um amigo foi a uma manifestação organizada pelo grupo e comentou com ele, ou porque ele nos viu em um café e nos reconheceu de uma entrevista na TV, ou porque ele decidiu ajudar sem sequer ser requisitado, como tantos que se juntaram a nós.

Às pessoas que chegam e se oferecem para ajudar, para fazer algo pelo movimento, delegamos uma tarefa qualquer que precise ser desempenhada – e sempre há inúmeras delas esperando por alguém de boa vontade. Afinal, temos mais ideias do que pessoas disponíveis para realizá-las. O novo integrante faz o que lhe foi passado e, caso se interesse, começa a se engajar em outras atividades. Como é um movimento voluntário, quem ajuda vale ouro. Não existe "fazer demais". Toda colaboração é bem-vinda.

Quanto mais engajada a pessoa está, isto é, quanto mais funções alinhadas com as diretrizes ela desempenha, mais tarefas são passadas a ela. Se lhe dão trabalho e ela o faz bem, queremos que faça ainda mais.

Naturalmente, ela vai subindo na hierarquia do movimento, cujos principais critérios de "promoção" e "manutenção" no "posto" são o alto nível de engajamento e o alinhamento com seus princípios. Quanto mais presente o voluntário se mostra, mais chamado ele será para novas atividades. Com o tempo, aumenta a frequência com que ele é solicitado e o seu valor, uma vez que está familiarizado com a dinâmica do Vem Pra Rua.

Vale lembrar, no entanto, que essa pessoa não passou por nenhum tipo de teste. Nem psicológico, nem intelectual, nem de competência. Não vimos seu currículo, mal sabemos de sua vida ou de seu passado. Há infinitamente menos filtros do que no ambiente corporativo. A qualidade das pessoas que chegam ao movimento é bruta, e não lapidada. Por isso, o nível de *turnover* entre os voluntários novos é altíssimo. De cada dez que desejam se aproximar e evoluir no movimento, oito ou nove não permanecem. Às vezes por incompatibilidade de ideologia, às vezes por não respeitar as deliberações do movimento, às vezes por falta de engajamento mínimo.

Entre os que ficam e têm aderência à cultura do grupo, às vezes chega o momento em que ele faz algo com o que nós não estamos de acordo. Não em função de uma posição pessoal, mas, sim, de valores, propostas e regras que estabelecemos junto com os demais membros do Vem Pra Rua. É aí que aparece o grande problema. Como falar para alguém que não é funcionário, que está ali de graça e porque quer, muitas vezes já emprestando tempo da família e trabalho, que ele não está alinhado aos valores do grupo? Até porque, esses valores não estão escritos em lugar nenhum – ao contrário do que acontece em empresas, que geralmente têm seus valores estampados na parede do escritório e em documentos facilmente acessíveis aos colaboradores. Enquanto funcionários – em diversas empresas – assinam contratos cheios de termos sobre o que podem ou não fazer, as pessoas que formam o Vem Pra Rua não assinam nada para integrar a nossa equipe.

Em momentos delicados como os de desalinhamento de conduta entre o voluntário e o propósito do movimento, temos que falar, tomando cuidado com a forma e as palavras, algo como: "Olha, isso não é legal". Às vezes, dentro de alguns dias, a pessoa age novamente de forma incompatível com o grupo. Chamamos a atenção outra vez. "Lembra que já tínhamos falado que não podemos agir assim em nome do movimento?". Até que chega um momento em que algumas pessoas reagem de uma forma ácida a esse *feedback:*

– Olha aqui... Eu não ganho nada para trabalhar aqui, estou dando o sangue nesse negócio, deixando meus filhos em casa para trabalhar, e você não é meu chefe!

Isso já aconteceu algumas vezes. Às vezes, esse diálogo não se materializa, mas a atitude da pessoa é a mesma – ela simplesmente ignora e continua fazendo do jeito dela. Foi uma situação nova em nossas vidas. Porque, na liderança empresarial, as pessoas são pagas para trabalhar, precisam sustentar suas famílias, então não estouram com a mesma facilidade. Mas a motivação dos voluntários é completamente diferente. O contato, a empatia e a maneira de construir um consenso sobre o que faremos é completamente diferente do que acontece em um ambiente corporativo.

Sem a relação financeira implícita e sem os riscos ao currículo, a liderança voluntária e o respeito por ela só existem se for de forma natural, quase que espontânea.

As regras do movimento

Mesmo que de maneira informal, temos alguns critérios para a escolha, permanência e aumento de responsabilidade dos integrantes do Vem Pra Rua. Nós os comunicamos de maneira clara e objetiva às lideranças do movimento. São eles: engajamento, alinhamento ideológico e respeito aos valores do grupo. Se a pessoa tem esses três atributos, o céu é o limite para ela. O contrário também é verdadeiro. Se alguém não tem esse tripé de características, nós o convidamos a se retirar do Vem Pra Rua. O fato de ser um movimento voluntário não significa que sejamos obrigados a aceitar a aproximação de pessoas desconectadas de nossa essência. Não temos receio de agir dessa forma. Queremos pessoas prontas para trabalhar pelo Brasil, em harmonia com quem já está fazendo isso.

O engajamento é o sangue do movimento. Para explicar o significado dessa palavra – engajamento –, nós costumamos dizer que queremos trabalhar com "porcos" e não com "galinhas". Por que porcos e galinhas? Nós nos inspiramos no café da manhã dos americanos. Isso porque, invariavelmente, comem-se ovos com bacon pela manhã nos Estados Unidos. Dois animais se envolvem na produção desse café – porcos e galinhas. Enquanto as galinhas apenas participam, cedendo seus ovos, os porcos se engajam, morrendo para que as pessoas se alimentem de parte do seu corpo. Queremos uma equipe composta por porcos, ou seja, por quem esteja disposto a se engajar, a se sacrificar, a se entregar ao movimento. Quem só quer dar palpite e ciscar não nos interessa. Sabendo dessa nossa visão, quando alguém do grupo ouve que está "virando galinha e não mais sendo porco", geralmente fica mal. Infelizmente, nós, brasileiros, temos a tendência a ser mais galinhas do que porcos. Como queremos mudar esse comportamento, começamos dentro do próprio movimento.

Quem fala que vai fazer algo e não faz perde pontos dentro do grupo. É automaticamente deixado de lado pelos colegas, uma vez que quem está ocupado trabalhando se incomoda de ver alguém apenas levando os louros. Esse é um dos aspectos aos quais nós estamos mais atentos, porque minam a dinâmica do grupo. Da mesma forma, quem fala que vai fazer e faz crescerá cada vez mais rápido na nossa pequena hierarquia. Pura meritocracia, mas, ao contrário da corporativa, ela não é alimentada por dinheiro e sim pela importância e influência num movimento que quer mudar o Brasil. Apenas isso.

O alinhamento ideológico significa acreditar, como nós, em um Estado eficiente, transparente e enxuto, e que não negligencie as pessoas que nasceram no "CEP errado".

O respeito aos valores do Vem Pra Rua significa seguir as diretrizes do movimento, respeitar regras internas, falar a verdade e demonstrar um comportamento construtivo em grupo. Também se traduz na relação com as pessoas. É alguém que se relaciona bem? Alguém em quem se pode confiar? *Relacionamento* e *confiança* são os dois pontos fundamentais para identificar aqueles que queremos por perto.

Com essa abordagem, naturalmente se aproximou de nós um perfil de pessoas indignadas, que estavam sedentas por uma plataforma para manifestar a sua revolta. Nós temos orgulho de ser o palco para essa manifestação. Mas criamos também regras para organizá-la. No caso específico dos protestos, essas regras consistem em respeitar o alinhamento temático do movimento, o mote de saída e as linhas mestras de comunicação do grupo. Para garantir que as centenas de líderes regionais que existem hoje façam isso, mandamos o manifesto que escrevemos em cada saída para todos eles. Também enviamos aos líderes regionais o comunicado à imprensa, direcionando o que deve ser dito em caso de entrevistas, para que o discurso de todos os representantes esteja afinado. Há ainda um PowerPoint com instruções ensinando o passo a passo para a montagem de um protesto, que criamos logo que começamos a incluir outras cidades nas manifestações além de São Paulo.

As regras do Vem Pra Rua são básicas, simples e claras, portanto fáceis de disseminar. Essa é a intenção. Afinal, é a única forma em que acreditamos que elas possam sobreviver em um ambiente tão informal como o de uma organização voluntária. Não é à toa que frases frequentes usadas no movimento são: "Foco, foco, foco"; "Keep it simple" (Não complique); "Back to the basics" (De volta ao fundamental)!

Essas frases foram faladas no primeiro dia do Vem Pra Rua, são repetidas e balizam o movimento até hoje.

A estrutura e governança do Vem Pra Rua

Com o crescimento do Vem Pra Rua, começamos a sentir a necessidade de estruturar o movimento. Com cerca de 5 mil voluntários espalhados pelo país, como dar voz aos debates que surgiam, resolver os dilemas e sistematizar as decisões? Nós nos calcamos nos princípios da governança corporativa – isto é, o sistema que organiza as relações entre sócios, conselho de administração, diretoria e outros interlocutores de uma empresa – com importantes adaptações.

Não seria necessário criar muitas camadas hierárquicas. Queríamos o mínimo possível de verticalização. Uma de nossas inspirações sempre foram os ensinamentos de Gary Hamel, um guru da administração e professor da London Business School. Segundo ele, em toda organização há sempre uma "pirâmide". Isto é, um número crescente de gestores à medida que aumenta o tamanho da empresa. Hamel defende que, no futuro, as companhias terão uma estrutura totalmente horizontal. Em 2011, ele publicou um artigo sobre o tema no site da *Harvard Business Review*, sob o título *"First, let's fire all the managers"* ("Primeiro, vamos demitir todos os gestores"). No texto, ele enumera pontos negativos das enormes distâncias que se estabelecem entre o topo e a base das empresas. Entre eles, o risco de isolar os líderes em suas avaliações, o que, em algum momento, culminaria em resoluções equivocadas; a lentidão cada vez maior das decisões; e o "custo da tirania", ou seja, o abismo que se cria entre a realidade do funcionário da base e as lideranças. Em função dela, os empregados menos qualificados tenderiam a perder gradativamente a esperança de um dia crescer na carreira de maneira significativa. Perder-se-ia, assim, o engajamento.

No Vem Pra Rua, constituímos quatro níveis de organização: o Conselho, formado por sete pessoas; um "núcleo duro", que reúne os principais líderes regionais e outros participantes que se destacam; as Lideranças de Trabalho, que são grupos ou pessoas responsáveis por funções específicas; e, por fim, os grupos de participantes passivos, que se mantêm constantemente informados sobre nossas ações e nos seguem quando temos algo agendado.

O primeiro grupo a ser concebido foi esse "núcleo duro", em janeiro de 2015. Estavam nele as pessoas que demonstravam maior nível de comprometimento e engajamento com o movimento e que, portanto, haviam participado das manifestações do ano anterior. Nossa ideia era criar um ambiente em que confiássemos cegamente uns nos outros. Simultaneamente, o Vem Pra Rua começava a elaborar uma ideologia para embasar os temas práticos discutidos pelo "núcleo duro". Na prática, esse grupo funcionava como um "conselho deliberativo", o alicerce, o coração do movimento. Seus integrantes seriam os porta-vozes oficiais e também os responsáveis por adicionar e gerir as listas do WhatsApp, que eram a principal atividade na época. Por tabela, seriam pessoas que ajudariam no engajamento geral do grupo toda vez que houvesse uma ação. Em outras palavras, fariam quase tudo.

Para fazer parte desse "núcleo duro", existem, até hoje, três condições. A primeira é a porta de entrada: a demonstração de forte engajamento com o trabalho. A segunda é manter sigilo absoluto sobre quem eram os outros integrantes do grupo. E a terceira é a confidencialidade sobre tudo o que era falado dentro do grupo. As pessoas assinam um termo se comprometendo com as condições. Essa foi a forma que encontramos para cobrar as atitudes que entendíamos ser fundamentais.

Esse grupo foi ganhando mais e mais participantes até chegar a cerca de 40. Com tanta gente, as reuniões foram perdendo produtividade. Para não nos prolongarmos demais nos debates de ideias, criamos a segunda divisão do movimento, o Conselho, a quem foram delegadas as decisões mais importantes. Esse grupo nasceu durante uma reunião na casa do Colin, no dia 22 de março de 2015, uma semana depois da megamanifestação do dia 15. Era formado por sete pessoas. Nós dois temos uma vaga permanente no Conselho e só sairemos se um dia não quisermos mais participar. Os outros cinco integrantes são eleitos a cada seis meses pelo próprio "núcleo duro", a partir de uma lista de candidatos que nós preparamos. Em reuniões semanais, o Conselho toma decisões importantes, como o foco das manifestações e quem entra ou sai do "núcleo duro". Por mais que os direcionamentos não tenham 100% de aderência, os integrantes do movimento entenderam que somos mais fortes seguindo na mesma direção, unidos em torno de um tema comum.

Patrícia Bacci, uma das integrantes do Conselho, relata a responsabilidade que sente no papel. "Meu voto representa um sétimo. É uma responsabilidade grande no Brasil que vivemos atualmente decidir se vamos ou não às ruas", diz ela. "Sinto que estou escrevendo uma página da história do país."

Há ainda os líderes de trabalho. Trata-se dos gestores de áreas, responsáveis por Comunicação Externa, Comunicação Interna, Cidades, Segurança, Grupos de WhatsApp, entre outras, totalizando 16 divisões. Eles têm autonomia para tomar as decisões sobre suas áreas. Só diante de temas muito delicados recorrem ao Conselho. Constantemente, porém, recorrem ao "núcleo duro" para pedir opiniões e dividir decisões.

Uma das áreas mais importantes do Vem Pra Rua é a de Comunicação Interna. Isso porque, num grupo pouco formalizado, pouco hierarquizado, numa estrutura horizontal com milhares de participantes, nós entendemos quanto é crucial para nossos resultados falar a mesma língua "da porta para dentro". Assim como geralmente se faz em empresas, os comunicados escritos registram os principais acontecimentos e diretrizes do movimento, depois são repassados para todos os integrantes do grupo ao redor do Brasil.

Quem está disposto a trabalhar incansavelmente, certamente encontra seu espaço no Vem Pra Rua. As pessoas com mais disposição e iniciativa passam a ser recorrentemente vistas pelas lideranças nas reuniões, participam das ações que fazemos além dos protestos, contribuem com novas ideias, têm iniciativas, trabalham dentro dos valores e princípios do Vem Pra Rua. Para elas, sempre haverá um lugar próximo ao "núcleo duro". As que, ao contrário, só aparecem durante e depois de grandes manifestações ou querem mais polemizar do que encontrar soluções simplesmente não evoluem no movimento e acabam saindo.

Essa governança tem funcionado muito bem no Vem Pra Rua. Acreditamos que conseguimos criar um processo que é ao mesmo tempo meritocrático, dá espaço para aqueles que desejam crescer, e consegue criar uma estrutura de representatividade sem perder seus valores, direção ou agilidade. Em nossa opinião, é um dos grandes méritos que faz o movimento ter o sucesso que tem. Há quem se queixe da estrutura extremamente organizada. As pessoas falam: "Isso é um movimento voluntário, não uma empresa. Para que tanto organograma?". Mas nós insistimos que só chegamos até aqui com consistência porque tocamos como um negócio de verdade, com a mesma seriedade que teríamos se houvesse acionistas nos cobrando. Esses acionistas, em nossas cabeças, são as crianças de hoje e as próximas gerações, que podem ganhar um novo país para viver.

Administração de pessoas, desafio sem fim

Os integrantes mais ativos do Vem Pra Rua, em geral, desejam participar do processo decisório do movimento. Como isso não é possível pela enorme quantidade de pessoas que hoje o grupo reúne, há muitos que se sentem "atropelados" pelas nossas orientações. Queixam-se por não terem sido consultados e, em alguns casos, consideram que seguimos o modelo decisório "de cima para baixo", quando as definições partem da liderança e são apenas comunicadas para quem está embaixo. Esse é um eterno dilema. Nem sempre a velocidade dos acontecimentos permite que se consulte tanta gente para a escolha do caminho a seguir. Na medida do possível, porém, procuramos ouvir a todos. E a estrutura que criamos foi uma forma de garantir que qualquer um pudesse ter acesso a um líder, que, por sua vez, estaria a uma distância curta do Conselho do Vem Pra Rua.

Como em qualquer grupo de pessoas ou organização, é um desafio evitar que os ruídos de comunicação, as fofocas e as reclamações se espalhem entre as pessoas, criando discórdias ou alimentando ressentimentos dentro do movimento. Embora isso possa parecer inofensivo, é altamente nocivo para uma estrutura voluntária, que depende tão fortemente do engajamento, da união das pessoas e da confiança mútua. Por isso, nos mantemos atentos aos comentários nos grupos de WhatsApp e informados das conversas paralelas. Sempre que um mal-entendido chega aos nossos ouvidos, procuramos desfazê-lo o quanto antes. Às vezes, mandamos uma mensagem no grupo para acalmar a situação, às vezes ligamos para os envolvidos para escutar suas insatisfações e esclarecer os fatos, às vezes, quando necessário, pegamos um avião para resolver localmente, olho no olho. Entendemos que faz parte do papel da liderança manter atenção ao estado de ânimo de toda a equipe e saber reagir a ele de maneira transparente e construtiva. Dependendo da situação, bastam cinco minutos de conversa por telefone para resolvê-la. E esse tempo investido traz um retorno enorme em termos de motivação e alinhamento.

A agilidade da comunicação, elemento essencial da "cultura Vem Pra Rua", só foi possível porque nossos principais instrumentos de trabalho – e de liderança – foram o Facebook e o Telegram, que para nós substituiu o WhatsApp desde o início de 2015. A combinação de forças entre as redes de relacionamento pessoais e a tecnologia dos smartphones possibilitou multiplicar exponencialmente o alcance e a velocidade de nossas decisões e ações. Tudo que resolvíamos era rapidamente disseminado para uma quantidade de pessoas incalculável. Essa munição poderosíssima, sem uma organização estruturada para direcionar seu uso, poderia ter se tornado um caos e colocado a perder o engajamento de milhões de brasileiros indignados. Esse foi e é um risco que nos recusamos a correr.

O Brasil inteiro numa sala

Evidentemente que essa tecnologia nos ajuda a manter a comunicação do movimento. No entanto, nada substitui o contato presencial. Por isso, os núcleos de decisão do Vem Pra Rua fazem reuniões presenciais periódicas. Além disso, uma vez por ano reunimos todos os líderes nacionais em um encontro. Pessoas de todos os cantos do país se reúnem em um só auditório.

Nessas ocasiões, encontramos cara a cara pela primeira vez as pessoas com quem estamos trabalhando, decidindo, construindo e celebrando há meses. Pessoas que consideramos grandes amigos, mas que nunca havíamos visto. "Noooossa, você é o Paulo de Natal? Não acredito que estou te conhecendo!" – é o que mais se escuta.

Nesses encontros, alinhamos expectativas, estratégias, objetivos e propósitos. Escutamos os novos e os velhos, representantes de cidades grandes e pequenas. Compartilhamos experiências, erros e melhores práticas. Cogitamos inovações. Entendemos a realidade dos outros, de pessoas que estão a milhares de quilômetros trabalhando pela mesma causa. É um momento fundamental para a integração e evolução do Vem Pra Rua.

É incrível como depois desses encontros todo mundo sai mais motivado do que quando chegou, e volta correndo para sua cidade cheio de ideias e energia, para fazer o que nunca se pensou possível no Brasil – organizar a sociedade para reivindicar justiça, igualdade e respeito.

Das ruas para as empresas

Não foi só a organização voluntária que se beneficiou da experiência corporativa que nós e outros integrantes do movimento trazíamos na bagagem. O Vem Pra Rua também ofereceu aprendizados importantes que todos nós levamos às empresas em que trabalhamos. Kissu, um dos membros do Conselho, é presidente de sua própria empresa e teve uma experiência significativa nesse sentido. "Eu sou subordinado a várias pessoas dentro do Vem Pra Rua. Por exemplo, à Renata, em Operações, ao Coelho, na parte de conteúdo, à Mari, na Comunicação. Ou seja, tenho um monte de chefes. Tem muita gente que não está a fim de se subordinar a isso, mas eu não me importo", diz. Ele reconhece o desafio no relacionamento "profissional" em uma organização voluntária. "Às vezes, alguém pede uma coisa para uma pessoa, e ela leva três dias para fazer. Ela está fazendo um favor. Não tem a possibilidade de dizer: 'Se não fizer, eu vou te demitir'. Então, o jeito de administrar voluntário é diferente e tem me ensinado muito. Eu melhorei como gestor na empresa, principalmente na administração de pessoas. A maneira como eu dava os *feedbacks* não era legal. Eu criticava mais do que elogiava. E hoje vejo que para motivar o ser humano é necessário ter cobrança, sim, mas também muito elogio." Ele destaca o fato de ser preciso conquistar os colegas dentro do movimento. "As pessoas vão montar manifestação aos sábados e domingos. É um trabalho braçal e cansativo, mas elas vão sorrindo. Não estão ali pelo salário nem pela autoridade. Mas, sim, por fazer parte daquele ideal, daquele projeto. Sei que é superdifícil, mas é isso o que eu quero fazer na minha empresa. Não quero que as pessoas estejam ali só pelo salário."

Os verdadeiros testes de resiliência

Todas as pessoas que fazem parte dos grupos estruturados do movimento – Conselho, "núcleo duro" e Lideranças de Trabalho – tiveram sua força de vontade e crença na causa testadas no dia a dia. Elas dormem menos do que dormiam antes de entrar no Vem Pra Rua, têm menos tempo para a família e menos lazer, e já tiveram que cancelar vários compromissos pessoais e de trabalho para "apagar algum incêndio" do grupo. Relatos desse tipo se tornaram corriqueiros entre os integrantes mais ativos do movimento. É comum ouvir as pessoas contarem que amigos e familiares já chamaram sua atenção por não tirar os olhos do smartphone em vez de conversar com quem está ao seu redor. Alguns dos filhos dos líderes tiveram pior rendimento na escola ou se queixaram, às vezes aos prantos, da ausência dos pais em decorrência da intensa dedicação deles ao Vem Pra Rua.

Todos nós já entendemos que, em algum nível, o sacrifício é inevitável nesse caminho – e, claro, estamos em busca de um equilíbrio saudável. Mas quantos de nós também já não causaram os mesmos efeitos colaterais dedicando-se a causas, digamos, questionáveis? Por exemplo, trabalhando

15 horas por dia em algo em que não acreditávamos de verdade. Desta vez, uma coisa é certa. Não temos dúvida de que estamos nos entregando a um propósito realmente nobre: mudar o Brasil.

CAPÍTULO 13

A história de amanhã

A mudança já começou. O primeiro passo foi o afastamento da ex-presidente Dilma Rousseff definitivamente do cargo. Quem deu o veredicto foi o Senado Federal. Mas quem fez a pressão para valer sua vontade foi a sociedade brasileira. Até essa página ser virada, esta foi a principal bandeira abraçada pelo Vem Pra Rua.

Para nós – e para milhões de outros brasileiros – estava claro que, se não interrompêssemos aquele governo, o Brasil poderia se tornar uma Venezuela. Isso significa ter um presidente que concentra muito mais poderes do que se esperaria dele em uma democracia. Significa não haver independência entre os poderes Judiciário, Executivo e Legislativo. Significa intimidar e tentar calar a livre expressão da imprensa, ameaçando jornalistas. Perseguir e prender políticos da oposição. Ter uma economia que depende de apenas um produto (no caso da Venezuela, o petróleo), o que leva ao caos a que chegou o país comandado por Nicolás Maduro. Em 2016, foi destaque em jornais brasileiros a história de venezuelanos que cruzam a fronteira do país para conseguir alimentos em supermercados de países vizinhos. Não é essa a história que queríamos para o Brasil. E era o que enxergávamos à frente com a conduta do PT, que aparelhava o estado, colocando seus indicados em cargos de confiança do governo e de empresas estatais, como parte de um grande esquema de corrupção institucionalizada e perpetuação no poder.

Enquanto aguardávamos a decisão final do Senado sobre o destino de Dilma – e, consequentemente, o nosso –, sugestões sobre novas causas que poderíamos incluir na pauta do movimento pipocavam a toda hora no WhatsApp, em comentários em nossa página do Facebook, nas reuniões do grupo e até por amigos de amigos que mandavam recados. Nesses momentos, o nosso papel como liderança era ouvir as sugestões, filtrá-las e deixá-las guardadas na gaveta para quando o momento chegasse. Mas, acima de tudo, era não deixar as pessoas desviarem o foco. "Primeiro, o impeachment", repetíamos. "Assim que conseguirmos vencer essa etapa, aí, sim, começaremos a pensar em novas causas."

Inegociável

Tínhamos ainda outro tema importante para nos concentrarmos: a Lava Jato. Era preciso ficar atento para que nenhum político tentasse parar as investigações, como já havia acontecido. Em sua delação premiada, o então senador Delcídio do Amaral declarou que a então presidente Dilma Rousseff teria tentado interferir na Operação Lava Jato com a nomeação de Marcelo Navarro para o Superior Tribunal de Justiça (STJ). Em junho de 2016, o jornal *O Globo* revelou que o procurador-geral da República, Rodrigo Janot, havia pedido ao Supremo Tribunal Federal (STF) a prisão do presidente do Senado, Renan Calheiros (PMDB-AL), do ex-presidente da República José Sarney (PMDB-AP) e do senador Romero Jucá (PMDB-RR). Eles teriam sido flagrados tramando contra a Operação Lava Jato em conversas gravadas pelo ex-presidente da Transpetro Sérgio Machado.

Romero Jucá fora nomeado ministro do governo interino de Michel Temer em 12 de maio de 2016. Onze dias depois, o áudio gravado por Sérgio Machado se tornou público. Até então, o Vem Pra Rua havia concedido o benefício da dúvida para Temer, como deixamos claro na carta aberta que publicamos na *Folha de S.Paulo* em 12 de março, já citada aqui: "Senhor presidente, o povo foi às ruas por mudanças e conta com seu comprometimento e sua coragem para implementá-las. A reconstrução da nação terá de considerar necessariamente o que se ouviu em uníssono nas ruas do Brasil". No momento em que um político nomeado por ele se revelou contrário à operação, não tivemos dúvida. Fizemos uma intensa pressão, via Facebook, para que Jucá se afastasse do cargo. Coincidência ou não, naquele dia mesmo, 23 de maio, ele foi afastado. Nossa batalha não seria pontual. Além dele, estávamos dispostos a pedir que saísse quem quer que ameaçasse o trabalho da Lava Jato ou de investigações semelhantes.

O combate à corrupção e à impunidade é uma pauta que permanecerá na agenda do Vem Pra Rua de forma inegociável, após a conclusão do impeachment. E vamos apoiar a Operação Lava Jato pelo tempo que ela durar.

Esse assunto está na primeira página de um caderno que começou a ser preenchido em maio de 2016. Com o afastamento definitivo de Dilma, teve início oficialmente a segunda etapa do Vem Pra Rua. Depois de mais de um ano de mobilização, conseguimos tirar a cabeça para fora da água e começar a respirar novamente. Tínhamos um grande motivo para celebrar. Mas muitos outros para continuar trabalhando.

Estava claro para todos nós que um desafio nos aguardava após a votação final no Senado. A agenda pós-impeachment não seria nova nem menos importante, mas é uma agenda menos sedutora do que a primeira, que levou milhões de pessoas às ruas para clamar por um pedido comum: a saída da presidente da República. Insistir na responsabilização da presidente era um recado direto, simples e de fácil compreensão. Mesmo que nem todos entendessem no detalhe o impacto do governo dela em nosso dia a dia, sua imagem era conhecida o bastante para a população simpatizar ou não com a causa. "Qualquer outra pauta parece mais fraca se comparada ao impeachment", diz Guilherme Steagall, membro do Vem Pra Rua. "Não pela importância, mas pela capacidade de indignação das pessoas. Outra coisa é falar: 'Esse problema foi criado pelo sistema eleitoral. Portanto, nós precisamos mudar esse sistema'. Não causa o mesmo impacto."

Há ainda um segundo desafio importante nessa nova etapa. A escolha das pautas entre tantas opções. Depois de décadas distante da política, a sociedade brasileira acordou. E é capaz de fazer longas listas de falhas que precisam ser urgentemente combatidas no Congresso Nacional. Percebemos isso em nossas interações pelo Facebook. Kissu, que é um dos líderes de Comunicação Externa do Vem Pra Rua, conta que, quando fazem um post defendendo o voto distrital, por exemplo, alguém comenta "Mas e o foro privilegiado?", e outro, "E o fim das coligações?". "Demoramos umas três horas entre uma publicação e outra. Às vezes, a pessoa não viu que já falamos naquele dia mesmo do tema que ela está sugerindo", explica Kissu. "Quando estávamos combatendo um assunto só, não importava se os seguidores haviam visto o post anterior ou não. Porque era sempre o mesmo tema".

A questão agora é como abordar temas menos conhecidos e debatidos pela população geral. Entre eles, a falta de representatividade do Congresso, as diferenças entre o voto proporcional e o voto distrital e a importância de se ter eleições diretas por entidades representativas para a escolha de procuradores--gerais. "Oi? Do que você está falando?", é uma reação comum em conversas sobre assuntos aparentemente tão distantes do cotidiano. Só aparentemente. Porque, na prática, estão diretamente ligados a temas fundamentais e mais debatidos, como educação, transporte, segurança e saúde.

Agenda pós-impeachment

Daqui para a frente, mais do que ir às ruas, pretendemos agir cada vez mais na estrutura e nos momentos decisivos da política. Chegou a hora de deixar de trabalhar para desconstruir um governo e começar a construir algo novo. Mas como fazer isso? Como mexer em práticas tão arraigadas à política brasileira? Como penetrar nas entranhas do sistema sem fazer parte dele? Mais desafiador ainda – como ter nossos parlamentares agindo realmente pelo futuro do Brasil, quando isso significa perder seus privilégios e sair de sua zona de conforto atual?

A liderança do Vem Pra Rua estabeleceu contato com as pessoas que consideramos a melhor parte do Congresso Nacional, ao longo de 2015 e 2016. Após a queda de Dilma, passamos a usar esse contato para exigir que eles ajudem a tirar do papel reformas necessárias para o Brasil crescer. O nosso grupo pesquisou, debateu e se inteirou de diversas maneiras sobre como o sistema político está organizado hoje no Brasil. Quais são suas lacunas, suas armadilhas, suas oportunidades de melhoria. Familiarizamo-nos também com projetos de lei que já estão em tramitação e que corroboram nossa visão. Pressionar para que sejam aprovados é uma maneira de lutar pela transformação efetiva do Brasil, com possibilidades concretas de mudança de curto prazo, com os pés no chão. Mais do que fazer barulho, a estratégia agora é agir nos detalhes que podem fazer a diferença. Acreditamos que assim atingiremos um resultado grandioso.

Os protestos continuarão existindo, mas de maneira esporádica. Para que eles aconteçam, é necessário que exista uma pauta específica. De modo geral, no entanto, o trabalho passará a ser mais individualizado, como foi com o Mapa do Impeachment, em que cada cidadão podia fazer sua parte quando quisesse e de onde estivesse.

Trabalharemos sobre o tripé que sustenta desde o início a ideologia do Vem Pra Rua: (1) fim da corrupção (com o fim da impunidade e do "jeitinho brasileiro"); (2) eficiência e transparência na gestão pública (máquina pública desinchada e fim do "corporativismo estatal"); e (3) renovação política (como influenciador nas eleições e cobrando uma verdadeira reforma política). Dentro de cada um desses pilares, listamos uma série de ações, como aprovação de projetos de lei e criação de regras de gerenciamento. Juntas, elas poderão impactar o todo. Teremos pela frente um trabalho minucioso de pressão sobre os congressistas, para que eles façam valer a vontade da maioria. Também adotaremos uma postura ainda mais vigilante, para nos certificar de que os políticos darão continuidade às ações iniciadas, e de que votem seguindo a vontade da maioria.

Um novo comportamento político

Cabe aqui uma reflexão. Por mais que devessem, eticamente, por que políticos agiriam a favor das nossas causas que contrariam alguns de seus interesses próprios? Por exemplo, por que parlamentares aprovariam o fim do foro privilegiado sabendo que vão perder essa confortável regalia?

Na nossa opinião, por uma questão de sobrevivência política. Com o tempo, e com a difusão de nossas plataformas que conectam a sociedade aos parlamentares, eles terão um nível de vigilância que nunca conheceram. E, a partir do momento que identificarmos que eles estão agindo mais em causa própria do que pelo social, os denunciaremos. Não é difícil hoje, com capilaridade e mídias sociais, expor políticos irresponsáveis aos seus eleitores. A eficácia disso se torna particularmente relevante quando essas ações são feitas no próprio reduto eleitoral do político.

Vejamos um exemplo. Se o deputado José da Silva (nome fictício) tem seu reduto eleitoral na cidade de Piracicaba (SP) e se posiciona contra a vontade popular, pode-se lançar uma campanha digital concentrada num raio de 50 quilômetros de Piracicaba, denunciando sua posição. Ou a ausência de posições. Mais do que isso, com os doadores de campanha identificados, a população local passa a cobrar desses doadores – e de seus negócios – explicações sobre tal apoio. No Mapa do Impeachment, já reunimos informações sobre os doadores de campanha de cada parlamentar e já aplicamos essa estratégia de cobrança pela internet. Esse método será aperfeiçoado para as votações cruciais que temos pela frente.

Diante disso, um deputado, vereador ou senador terá que escolher entre benefício próprio e popularidade – leia-se, reeleição.

Com essa constante vigilância e ação, os parlamentares do futuro – futuro este que começa agora – vão perceber que terão enormes benefícios políticos se começarem a se comportar da forma que a população clama. Consultando, seguindo a vontade da sociedade e prestando contas a ela. Se o fizerem, terão público e eleitores cativos. Caso contrário, arruinarão suas carreiras políticas. O povo, com nova consciência e ferramentas, munido de mais informações, não mais admitirá ter falsos representantes.

Listas eleitorais

Já nas eleições de 2018 o Vem Pra Rua deseja trazer listas com nomes de políticos que não seguiram critérios mínimos de representatividade. Por exemplo, o que justifica um deputado ou senador não anunciar publicamente sua posição, até o último momento, perante um assunto tão relevante quanto o impeachment da presidente? Será que algum de seus eleitores esperava esse comportamento no momento em que o elegeu? Por que esconde sua intenção de quem diz representar? Esse tipo de comportamento não pode mais ser tolerado.

Publicaremos pelos próximos muitos anos os nomes de todos os parlamentares que esconderam suas intenções de seu eleitorado, para que ninguém os esqueça. Chega de impunidade ética. Comecemos a fase de prestação de contas.

Suprapartidarismo

Só acreditamos ser possível fazer isso porque estamos decididos a nunca perder a essência suprapartidária do movimento. Para realizar a cobrança política necessária, o Vem Pra Rua precisa ser independente e não estar dentro da estrutura de poder. Quando carrega políticos ou candidatos dentro de seus quadros, um movimento se depara com dilemas indesejáveis. Vale a pena montar um protesto se o risco de insucesso diminui as chances de eleição de um candidato? Sairíamos às ruas contra um político eleito pelo movimento? Como evitar que um membro que seja candidato use a plataforma do Vem Pra Rua para sua autopromoção e benefício, em detrimento do trabalho em grupo do qual dependemos? Como podemos estar livres para criticar pesadamente um partido que aloca dinheiro para um candidato do movimento?

Por causa disso, os membros do Vem Pra Rua podem seguir carreira política e se candidatar, e nós os incentivamos a fazê-lo, mas, a partir do momento que tomam essa decisão, necessariamente se desvinculam do movimento.

Esse foi o caso de Adriana Sousa, ex-líder do Vem Pra Rua no Piauí. Ela decidiu se candidatar a vereadora pelo PPS e, consequentemente, teve que sair do movimento. "O Vem Pra Rua me causou uma paixão pela política que jamais na minha vida imaginei que pudesse ter. Decidi dar um passo para a frente", diz ela. "Já fizemos muito nas ruas e fora delas, com um trabalho de mudança de mentalidade. Mas, de repente, encontrei uma forma mais incisiva de atuar, com a possibilidade de exercer a política partidária."

Acreditamos que, se o Vem Pra Rua despertar o desejo pela prática política em muitos de seus membros e abrir o caminho para que eles se lancem efetivamente na gestão pública, política ou não, estará contribuindo para a renovação política. Como veremos adiante, esta é apenas uma das formas de promovê-la.

100 Catanduvas

A estratégia de agir no detalhe, participando ativamente do sistema público, sem se contaminar pelo seu lado espúrio, foi colocada em prática de maneira exemplar em Catanduva, cidade de 112 mil habitantes no interior de São Paulo. As atividades locais começaram em dezembro de 2014, quando um grupo de amigos sentiu a necessidade de se manifestar politicamente. Eles estavam indignados com a vitória de Dilma nas eleições presidenciais de 2014. A empresária Patricia Madeira foi a primeira a entrar em contato conosco. Em seguida, entraram para o recém-criado grupo o ortopedista Roberto Lima e a diretora de teatro Teka Mastrocola. "Nós nos identificamos prontamente com o Vem Pra Rua", diz Roberto. "Organizamos o movimento aqui e passamos a atuar não apenas nas questões nacionais, mas também nos problemas locais."

Catanduva foi a primeira divisão municipal do Vem Pra Rua. Uma das primeiras ações que o grupo promoveu foi para o controle da dengue. Entre o final de 2014 e o início de 2015, a cidade viveu uma epidemia da doença. Em março de 2015, de cada 11 moradores, um tinha dengue, segundo noticiado pelo site G1. Os voluntários do Vem Pra Rua se mobilizaram para colocar *outdoors,* realizar passeatas e distribuir panfletos para conscientizar a população sobre a importância do combate à dengue. Além de disseminar informações, o grupo distribuiu gratuitamente sementes de *Crotalaria*, uma planta que atrai a libélula, que se alimenta do *Aedes aegypti,* mosquito transmissor da dengue. O grupo também se manifestava na Câmara Municipal, cobrando medidas dos vereadores. Com as ações voluntárias e a cobrança na Câmara e na Prefeitura, o número de casos diminuiu de um ano para o outro.

Outra ação promovida pelo grupo foi a colocação de um caixote que servia de palanque, em locais movimentados na cidade, para que os cidadãos pudessem subir e expor livremente suas ideias, insatisfações e demandas às autoridades públicas. Tratava-se de uma ação relâmpago para chamar a atenção sobre o que estava acontecendo na cidade. Com isso, o grupo criou um vínculo maior com a população. Essa iniciativa foi eficaz para se ter conhecimento dos problemas mais urgentes da cidade, pois dava literalmente voz ao cidadão.

No dia 25 de agosto de 2015, a ex-presidente Dilma Rousseff foi até Catanduva para a inauguração de casas populares. Seu discurso estava marcado para as 11 horas da manhã. O grupo fez um trabalho junto ao comércio local, convencendo os comerciantes a fecharem as portas e colocarem panos pretos indicando luto no exato momento em que a presidente iniciou sua fala. Enquanto isso, integrantes do movimento e donos de lojas saíram às ruas em passeata. Essa ação foi divulgada em sites como O Antagonista e o portal G1.

O grupo de Catanduva adotou a mesma postura ativa em relação a outros problemas locais. A Câmara Municipal se tornou uma importante fonte de informação do grupo. Junto com vereadores de oposição, o movimento detectava as carências e os desvios e passava a atuar de forma pacífica e legítima em relação a eles. Simultaneamente, organizavam manifestos e atos de repúdio. "No início, nem os políticos, nem a sociedade levaram o grupo a sério, imaginando que fosse apenas 'fogo de palha' e que logo desistiríamos", afirma Roberto. "Com o passar do tempo, conquistamos o respeito de todos. Hoje, quando o Vem Pra Rua toma uma posição, todos prestam atenção e aguardam o que virá pela frente. O impacto imediato foi a transformação na postura dos vereadores. Hoje eles sabem muito bem que existe um grupo que monitora os parlamentares e que compartilha as informações com a sociedade." Roberto atribui o sucesso do grupo à união de seus integrantes. "Há uma distribuição de tarefas de acordo com a habilidade e disponibilidade de cada um. Nós nos reunimos semanalmente e participamos de todas as sessões ordinárias da Câmara Municipal. Os integrantes do grupo são cidadãos com credibilidade na história da comunidade, absolutamente apartidários e sem qualquer vínculo ou interesse particular e/ou institucional. São pessoas comuns, movidas pela indignação com a atual situação e verdadeiramente apaixonadas pela sua cidade e pelo Brasil." Ressaltamos que essas "pessoas comuns" têm um trabalho remunerado e encontram tempo para fazer um trabalho crucial como cidadãos.

O comportamento dos vereadores de Catanduva, diante de um grupo de vigilância da sociedade, está mudando. Será que esse modelo pode ser replicado em cidades pelo Brasil afora?

A segunda divisão municipal do Vem Pra Rua foi a de São Paulo, criada em julho de 2015. Durante uma reunião do grupo, Luciana Feldman levantou o tema: "Eu acho maravilhoso estarmos trabalhando sobre questões nacionais, mas temos eleições municipais no ano que vem. Precisamos ter uma estrutura mais forte em São Paulo, a cidade mais populosa do país". E assim começou o Vem Pra Rua Sampa. Um dos primeiros atos do grupo foi levar uma carta à Câmara Municipal, dizendo que estávamos de olho em tudo que os vereadores faziam, inclusive nos projetos aprovados. A carta foi lida pelo vereador Gilberto Natalini, que acabou se tornando um dos apoiadores das causas do Vem Pra Rua.

Logo depois, o grupo organizou uma das ações que mais repercutiram na imprensa, o "cabidaço": manifestantes penduraram cabides nas grades da fachada da Câmara Municipal em protesto à contratação de assessores parlamentares que os vereadores pleiteavam, no dia 4 de agosto de 2015. A ideia era simbolizar os "cabides de empregos". Isso porque, no mês anterior, a Câmara havia autorizado os 55 vereadores a aumentar de 18 para 30 o número de assessores por gabinete, com custo aproximado de R$ 900 mensais por contratação. A verba para o pagamento de assessores continuaria em R$ 130 mil por mês. Ainda assim, os gabinetes nem teriam espaço para comportar essa quantidade de assessores.

Entre outros veículos, o ato foi noticiado pelo site G1: "O protesto pacífico mobilizou menos de 30 pessoas. Manifestantes cercaram vereadores nos corredores da Câmara para questionar sobre a contratação, o que provocou discussões e constrangimentos". O grupo abordava os vereadores perguntando qual sua posição: contrário ou favorável à contratação de assessores. O decreto não foi revogado, mas nenhum vereador contratou mais assessores.

Com a intenção de disseminar a presença municipal do movimento e influenciar a política local, lançamos o projeto "100 Catanduvas". A ideia é usar o modelo da primeira – e muito bem-sucedida – iniciativa do país para replicar a estratégia pelo Brasil inteiro. Esse trabalho já está em curso e representa um dos mais importantes projetos do Vem Pra Rua. Com as lideranças municipais, ajudamos a transformar a gestão pública das comunidades, buscando eficiência e transparência nos governos. É uma forma de exercer a cidadania também em âmbito municipal, de garantir que o prefeito e os vereadores estejam fazendo aquilo que o povo espera deles.

Sim, é possível

O Vem Pra Rua ajudou a realizar as maiores manifestações da história do Brasil, senão do mundo. E elas tinham um combustível improvável: o engajamento político de uma sociedade que não se interessou pelo tema nas últimas três décadas. Talvez tenhamos conseguido isso porque o movimento nasceu como uma expressão sincera e democrática da nossa indignação. Mas conseguimos, acima de tudo, por não termos tido medo de tentar o novo e fracassar. Por não termos usado o passado como baliza para o futuro. Por ressignificar o que é possível.

Nosso desejo é que o movimento continue fazendo história. Mais do que encontrar um novo caminho, queremos construí-lo em cima de novas crenças, novas tecnologias, novas possibilidades. Queremos fazê-lo junto com brasileiros que também acreditam que agora vai ser diferente, que a mudança não é passageira. Aprendemos com os bons exemplos, que podem estar na iniciativa privada, em países mais desenvolvidos e até em algumas exceções no próprio setor público brasileiro. Acima de tudo, porém, estamos abertos ao novo, ao que se fizer necessário para levar o Brasil a um novo patamar.

É no mínimo irônico que um dos fundadores do PT, o sociólogo e ex-deputado federal Paulo Delgado (hoje desvinculado do partido), seja um dos que melhor explicam essa nossa pretensão – ou missão – de construir um jeito novo de fazer política no país. "O Vem Pra Rua não deve se preocupar em ajustar a sua personalidade às ideologias desse tempo. Se fizer isso, vai dar com os burros n'água. O que seus integrantes estão construindo é outra ideologia, uma ideologia nova. E, às vezes, ideologias demoram para ser construídas. Se quiserem logo se enquadrar nesse ou naquele estado da arte brasileira, não vão achar um lugar. Porque, no Brasil, até agora foi assim: o pior é sempre certo. E é isso que o movimento quer mudar."

Não agiremos com pressa, mas depressa, pois há muitos sofrendo pela irresponsabilidade de poucos e pela inércia de vários. Para isso nos apoiamos nos sinais já visíveis de mudança da sociedade para seguir em frente. Afastar a presidente da República que estava governando contra o país foi só a primeira medida – emergencial. A revolução que realmente nos interessa acontecerá em cada um dos brasileiros, trocando a reclamação pela ação, o sofá pelas ruas, o papel de vítima pelo de protagonista.

Finalmente, essa revolução se refletirá no Congresso Nacional, em uma mudança de postura dos políticos, como uma consequência inevitável. Porque não queremos morar com as nossas famílias em redomas de vidro enquanto assistimos a outros morrerem de fome do outro lado da rua, ou do outro lado do país. Queremos ser livres para viver em um lugar que combine o melhor do ser humano. Um país em que a mesma voz que grita "gol", em apoio à seleção brasileira de futebol, também grita "não" contra a impunidade e a corrupção. Um país em que a alegria não é só um estado de espírito de quem sabe aceitar a vida como ela é, mas principalmente um sentimento que impulsiona a clamar e conquistar tudo que se deseja. Queremos viver num país em que o calor humano das pessoas se traduz também em cuidado com todos os desconhecidos que vivem ao redor. Um país possível, por ser dono de seu destino. Um país chamado Brasil, do qual você, tanto quanto nós, temos que tomar conta.

Agradecimentos

Seria impossível construir e manter, sozinhos, um movimento como se tornou o Vem Pra Rua sem a dedicação diuturna de um grande número de pessoas. Por isso, a lista é extensa – são tantas pessoas para agradecer que nos dá calafrios em tentar fazer jus a todos que estiveram próximo de nós nessa incrível jornada.

Desde o início

Queremos iniciar agradecendo aos que acreditaram na nossa ideia e abraçaram a causa desde a primeira saída: Camilla Vieira, Cris Valle, Eduardo Silvino, Rodrigo Chade, Rô e Tatiana Sperandéo, Zizo Ribeiro e o incrível casal Charles Putz e Verena Schultze; aos líderes das primeiras cidades que nos acompanharam: Adriana Sousa (Teresina), Joel Queiroz e Roberta Laurindo (Recife), Daniel Duarte e Fernando Herrmann (Porto Alegre), Felipe Aguillera e Patricia Mascarenha (Curitiba) e Carla Girodo (Belo Horizonte); e aos amigos que nos apoiaram desde o primeiro dia: Carlos Eduardo Carvalho (Cadu), Celso Balau, Eduardo Rossi, Eduardo e Juliana Mufarej, Humberto Laudares, Rick Lorenzi e Marcos Masagão (*in memoriam*).

Ao nosso querido Marcelo Coelho, que dispensa apresentações, e a quem não há como agradecer o suficiente.

Àqueles que se juntaram desde o início e sempre somaram: Adelaide Oliveira, Adriana Franco, Guilherme Silva, Guilherme Steagall, Henrique, Janaina Lima, Kissu, Luciana Feldman, Mauricio Pascalichio, Patrícia Bacci, Renata Tobias, Ricardo Costa, Teresa Kohler e Thais Monteiro.

Chequer agradece ao Eduardo Adas pelo exemplo de amizade e confiança incondicionais. Sem ele nada teria sido possível.

Aos que levaram o Vem Pra Rua para todo o Brasil

Aos incríveis líderes regionais que tanto trabalham pelo movimento e ajudam a manter nossa chama acesa. Entre eles, um especial obrigado a João Carlos Lima e André Gentil, de Aracaju; nossa guerreira Marcia Sarkis, de Belém do Pará; Tete, de Campo Grande; Junior Macagnam, de Cuiabá;

Alex Pereira, de Florianópolis; Marcelo Marinho e Reginaldo Martins, de Fortaleza; Jussana Vidica e Marco Lemes, de Goiânia; Núbia Santos e Clóvis de Oliveira Jr., de Ilhéus; Everton Campos, de Ipatinga; Neto Nery, de Londrina; Bruno Raphael, Henrique Bisneto e Julio Lins, de Manaus; Helen Marques, Dr. Allan e Ana Lourdes, do Maranhão; Rodrigo Vilar, de Natal; Edna Faust, Sandra Regina Klippel, Rafael Miller, Adriana Dornelles Paz Kamien e a incrível união da equipe do Paraná; Adriana Sousa e Vilson Ambrozi Filho, do Piauí; Gustavo Gesteira, Roberta B.L., Maria Dulce, Andrea e Alice, de Recife; Adriana Balthazar, sempre acompanhada de Marise Rodrigues, fazendo acontecer no Rio de Janeiro; René Fontes, do Acre; Bruna, de Roraima; Cesar Leite e Mônica Bahia, de Salvador; Federino Branches, do Tocantins; Alexandre Moretti, de Três Lagoas; Marco Lara, de Uberlândia, que nos alimentou com seus conhecimentos sobre Jamila Raqib e Gene Sharp; e Washington Olimpio, de Vitória.

À incrível equipe de Brasília liderada por Jailton Almeida: Celina Ferreira, Juliana Dias, Malu Furtado e Aldecyr Maciel. À turma guerreira de BH liderada por Carla Girodo e Kátia Pegos.

Um muito obrigado aos líderes das cidades do estado de São Paulo, especialmente ao Nando, de Araraquara; Patricia Madeira e Teka Mastrocola, de Catanduva; Paulo, de Fernandópolis; Antônio Carlos Fuscaldo, de Guarulhos; Alexandre Timóteo, de Jundiaí; Guto Schiavetto, de Limeira; Willian Bueno, de Piracicaba; Emilio Cury, de Ribeirão Preto; Marcos Roudini, de São Carlos; Roberto Lima, de São José do Rio Preto; Joana Barcellos, de São Roque; Marcio Graciano Migliorini, de Sorocaba; e Melissa e Yuri, de Taubaté.

Aos que entraram depois, mas fizeram toda a diferença

À Mari Botter, Helena Prado e sua equipe, pelo profissional e incrível trabalho de assessoria de imprensa e apoio incondicional.

Muito obrigado a Claudia Sala e Adriana; obrigado também a Emy Shayo, Elaine Diniz, Gustavo Cherubini e Rodrigo Alonço pelo incrível trabalho no mapa do impeachment; Heloisa Rossato e Paulo Augusto, nossos heróis na coordenação das panfletagens; Paula Puppi, Roberto Risk e Regina Chamma, magos de estratégias digitais.

Ao coronel Glauco Carvalho, coronel Luis Henrique Di Jacintho, capitão Wagner Lima e toda a equipe da Polícia Militar envolvida nas diversas manifestações, por estarem sempre disponíveis para coordenar a segurança em São Paulo, com inigualável nível de profissionalismo.

Aos incríveis membros que entraram recentemente e que já estão fazendo acontecer: Alessandra Pinho, André Borelli, Fabio Milnitzki, Ivan e Juliana Kraiser, Lucas Teixeira, Luis Fernando Crestana, Maria Cecília, Octavio Quartim e Taíza.

Aos que nos ajudaram em fases importantes

Allan Garcez, Ana Leite, Bruno Amaro, Bruno Sal, Cris Arcangeli, Daniel Branco, Danilo Amaral, Danilo Faro, Darcio Bracarnese, Flavio Beall, Gabi Coser, Jorge Izar, Lilia Duarde, Luiz Phillipe, Marcos Vinícius, Octavio Fakouri, Paulo Eduardo e Patricia Bueno, por terem contribuído no início.

À Luciana Reale, que se entregou de corpo e alma e até hoje nos ajuda nos momentos determinantes. Ao professor Miguel Reale Júnior, que tanto nos ensinou e apoiou. Adicionalmente, nosso muito obrigado ao jurista Hélio Bicudo e à professora Janaína Paschoal pela autoria e dedicação no processo de impeachment ao lado do professor Reale.

Ao José Horácio Ribeiro, Modesto Carvalhosa, Roberto Timoner e Roberto Delmanto Jr. pelo trabalho, coragem, ideias e segurança nas decisões.

Aos políticos que nos ouviram e sempre nos apoiaram, em especial ao vereador Gilberto Natalini, senadores Aloysio Nunes e Ronaldo Caiado, deputados Antônio Imbassahy, Carlos Sampaio, Mendonça Filho, Nelson Marchezan Jr. e Raul Jungmann.

Aos que colaboraram em diferentes momentos

Muito obrigado ao Claudio d'Santana pelo direito de usar sua canção "Eu acredito". Ao Claudiney Queiroz e Eduardo Pereira, nossos incríveis animadores. Ao Eduardo Franco, Guilherme Silva, entre tantos, por toda generosidade.

Um forte abraço e um muito obrigado ao nosso querido Marco Antonio Villa, pela coragem com que vem divulgando os esquemas sem meias-palavras.

Nosso muito obrigado à força-tarefa da Operação Lava Jato, à equipe liderada pelo juiz Sergio Moro, à incrível equipe do Ministério Público e equipe da Polícia Federal, que vêm fazendo um trabalho que servirá de exemplo para esta e as próximas gerações.

Nosso muito obrigado às organizações que se dedicam a melhorar a gestão pública do nosso país, cada um com seu foco e ideal. Em especial, nosso muito obrigado ao Alexandre e Renato, do Ranking Políticos; Carla Mayumi, do Sonho Brasileiro da Política; Claudio Gastal, do Movimento Brasil Competitivo; Germano Guimarães, do Instituto Tellus; Joice Toyota, do Vetor Brasil; Luiz Felipe D'Avila, do Centro de Liderança Pública; Marcos Vinicius de Campos, do RAPS; Regina Esteves, do Comunitas; Roberto Livianu, do Instituto Não Aceito Corrupção; e Thiago e Andrei, do Atlas Político. Muito obrigado aos nossos amigos Fernando Schüler, Gustavo Ioschpe e Ricardo Sapiro, que sempre nos ajudam com seus pontos de vista aguçados e certeiros.

À Ariane Abdallah e Marcela Bourroul, por terem feito um trabalho extraordinário na elaboração deste livro.

Aos membros e líderes dos outros movimentos, que sempre trabalharam muito próximo de nós. Um obrigado à equipe do Brasil Melhor, em especial ao Paulo Melo, Cristiane Polo, Heduan Pinheiros e Mauro Scheer; à equipe do Movimento Diferença Brasil, de Brasília; Danilo Amaral, do Acorda Brasil; Henriette Krutman, da Aliança Nacional dos Movimentos Democráticos; Nilton Caccaos, do Avança Brasil; Patricia Bueno, do Endireita Brasil; Daniel Araújo, do Movimento Brasil; Claudio Camargo, do Quero me Defender; Solange, do UPB. Obrigado ao trabalho do MBL, do Revoltados On Line e de outras dezenas de movimentos por todo o Brasil que fizeram seu papel de despertar a população para a participação cívica na política brasileira.

Às nossas famílias

Aos nossos pais e familiares, não apenas pelo apoio no processo, mas por terem nos passado os valores que temos, que são a base para tudo.

À Renata Tobias e Andrea Fukamy, pela incansável ajuda e infinita compreensão pela nossa ausência.

Por fim, obrigado às pessoas que tanto nos apoiaram sem jamais terem pleiteado reconhecimento. Obrigado também àqueles que preferiram não ser citados, mas que foram de muita importância. E aos milhares de brasileiros que estão envolvidos no trabalho de transformar o Brasil num país ético, justo, próspero, unido e competitivo. Um país do qual possamos dizer, com o peito cheio, que é nossa pátria. A todos os brasileiros que descobriram conosco que nada mudará se não nos engajarmos, se não formos à rua manifestar nossa indignação, se não sairmos do nosso conformismo e da nossa omissão. A todos que trouxeram a política ao centro de suas vidas. Obrigado àqueles que aprenderam o que Platão já ensinava milênios atrás: "Não há nada de errado com aqueles que não gostam de política, simplesmente serão governados por aqueles que gostam".

Chequer e Colin na primeira manifestação que organizaram, no Largo da Batata, em 16 de outubro de 2014

Concentração na Paulista para a última manifestação antes do segundo turno, em 25 de outubro de 2014

A manifestação do dia 25 terminou no "Deixa que eu empurro" – no centro, a faixa encomendada por Marcelo Coelho

Chequer dá entrevista durante a manifestação de 6 de dezembro de 2014

Colin como o repórter Nilo Campos, entrevistando a deputada Mara Gabrilli

Cartaz com a mão de quatro dedos manchada de petróleo, símbolo do protesto contra a corrupção na Petrobras

Em 15 de março de 2015, o número de pessoas que foram às ruas surpreendeu até os organizadores. Na foto, Janaína Lima, Chequer, Colin e Marcelo Coelho

Rogerio Chequer se prepara para ir ao ar no Roda Viva, em 23 de março de 2015

Banner anunciando a manifestação de 12 de abril reforça o caráter apartidário do Vem Pra Rua

Charles Putz e sua tradicional mensagem estampada no peito

Equipe do Vem Pra Rua São Paulo que participou da organização do 12 de abril de 2015

Fundação da Aliança Nacional dos Movimentos Democráticos, em maio de 2015

Renata com as camisetas da equipe do Vem Pra Rua

Banner de convocação para panelaço durante o programa do PT – panelaços passaram a ser outra marca do movimento

Lideranças do Vem Pra Rua se reúnem no 1º Encontro Nacional do grupo

O historiador Marco Antonio Villa e a jornalista Joice Hasselmann participam de debate no 1º Encontro Nacional

Os juristas Hélio Bicudo e Miguel Reale Júnior, coautores do pedido de impeachment, discursaram no caminhão do Vem Pra Rua

Em dia de manifestação, cada um protesta à sua maneira

Recado de um manifestante

O respeito constante e gratidão pelo incrível trabalho da Polícia Militar

Crianças e famílias levando mensagens para o país

Patricia Bacci com sua filha
Isabella coordenando mais uma
saída em São Paulo

Atores se reúnem para a manifestação
de 13 de março de 2016, no Rio de Janeiro

Banner com Paulo Ricardo chamando
para a manifestação de 13 de março

2º Encontro Nacional de Lideranças
do Vem Pra Rua, realizado em junho de 2016

Líderes do Vem Pra Rua após o sucesso do dia 13: sem o engajamento deles nada seria possível

O jornal *O Estado de S. Paulo* publica uma capa histórica

Veículos internacionais repercutem as manifestações do dia 13 de março de 2016

Homenagem do Vem Pra Rua ao juiz Sergio Moro, em evento na Livraria Cultura

Chequer e Colin comemoram após decisão favorável ao impeachment na Câmara dos Deputados

2º Encontro Nacional de Lideranças do Vem Pra Rua, realizado em junho de 2016

O "núcleo duro" do Vem Pra Rua em uma das reuniões presenciais

Equipe do Vem Pra Rua

Conselheiros do Vem Pra Rua no 2º Encontro Nacional